APRENDA COM AS *FALHAS*

APRENDA COM AS *FALHAS*

Como as empresas de sucesso
Inovam USANDO A EXPERIMENTAÇÃO

JULIANO LISSONI
Executivo, negócios e inovação, MCI Group Canada

FERNANDO SERRA
Professor de PPGA-PPGP Uninove e Conselheiro de Empresas

ALTA BOOKS
GRUPO EDITORIAL
Rio de Janeiro, 2023

Aprenda com as Falhas

Copyright © 2023 da Starlin Alta Editora e Consultoria Eireli.
ISBN: 978-85-508-1777-4

Impresso no Brasil — 1ª Edição, 2023 — Edição revisada conforme o Acordo Ortográfico da Língua Portuguesa de 2009.

Todos os direitos estão reservados e protegidos por Lei. Nenhuma parte deste livro, sem autorização prévia por escrito da editora, poderá ser reproduzida ou transmitida. A violação dos Direitos Autorais é crime estabelecido na Lei nº 9.610/98 e com punição de acordo com o artigo 184 do Código Penal.

A editora não se responsabiliza pelo conteúdo da obra, formulada exclusivamente pelo(s) autor(es).

Marcas Registradas: Todos os termos mencionados e reconhecidos como Marca Registrada e/ou Comercial são de responsabilidade de seus proprietários. A editora informa não estar associada a nenhum produto e/ou fornecedor apresentado no livro.

Erratas e arquivos de apoio: No site da editora relatamos, com a devida correção, qualquer erro encontrado em nossos livros, bem como disponibilizamos arquivos de apoio se aplicáveis à obra em questão.

Acesse o site **www.altabooks.com.br** e procure pelo título do livro desejado para ter acesso às erratas, aos arquivos de apoio e/ou a outros conteúdos aplicáveis à obra.

Suporte Técnico: A obra é comercializada na forma em que está, sem direito a suporte técnico ou orientação pessoal/exclusiva ao leitor.

A editora não se responsabiliza pela manutenção, atualização e idioma dos sites referidos pelos autores nesta obra.

Dados Internacionais de Catalogação na Publicação (CIP) de acordo com ISBD

L772a Lissoni, Juliano
Aprenda com as Falhas: como as empresas de sucesso inovam usando a experimentação e o aprendizado com as falhas / Juliano Lissoni, Fernando Serra. - Rio de Janeiro : Alta Books, 2023.
288 p. ; 16cm x 23cm.

ISBN: 978-85-508-1777-4

1. Administração de empresas. 2. Inovação. I. Serra, Fernando. II. Título.

2022-3856
CDD 658.4063
CDU 658.011.4

Elaborado por Vagner Rodolfo da Silva - CRB-8/9410

Índice para catálogo sistemático:
1. Administração : Inovação 658.4063
2. Administração : Inovação 658.011.4

Produção Editorial
Editora Alta Books

Diretor Editorial
Anderson Vieira
anderson.vieira@altabooks.com.br

Editor
José Ruggeri
j.ruggeri@altabooks.com.br

Gerência Comercial
Claudio Lima
claudio@altabooks.com.br

Gerência Marketing
Andréa Guatiello
andrea@altabooks.com.br

Coordenação Comercial
Thiago Biaggi

Coordenação de Eventos
Viviane Paiva
comercial@altabooks.com.br

Coordenação ADM/Finc.
Solange Souza

Direitos Autorais
Raquel Porto
rights@altabooks.com.br

Assistente Editorial
Ana Clara Tambasco

Produtores Editoriais
Illysabelle Trajano
Maria de Lourdes Borges
Paulo Gomes
Thales Silva
Thiê Alves

Equipe Comercial
Adenir Gomes
Ana Carolina Marinho
Ana Claudia Lima
Daiana Costa
Everson Sete
Kaique Luiz
Luana Santos
Maira Conceição
Natasha Sales

Equipe Editorial
Ana Clara Tambasco
Andreza Moraes
Arthur Candreva
Beatriz de Assis
Beatriz Frohe

Betânia Santos
Brenda Rodrigues
Erick Brandão
Elton Manhães
Fernanda Teixeira
Gabriela Paiva
Henrique Waldez
Karolayne Alves
Kelry Oliveira
Lorrahn Candido
Luana Maura
Marcelli Ferreira
Mariana Portugal
Matheus Mello
Milena Soares
Patricia Silvestre
Viviane Corrêa
Yasmin Sayonara

Marketing Editorial
Amanda Mucci
Guilherme Nunes
Livia Carvalho
Pedro Guimarães
Thiago Brito

Atuaram na edição desta obra:

Revisão Gramatical
Ana Mota
Flávia Carrara

Diagramação | Layout
Joyce Matos

Capa
Marcelli Ferreira

Editora
afiliada à:

Rua Viúva Cláudio, 291 — Bairro Industrial do Jacaré
CEP: 20.970-031 — Rio de Janeiro (RJ)
Tels.: (21) 3278-8069 / 3278-8419
www.altabooks.com.br — altabooks@altabooks.com.br
Ouvidoria: ouvidoria@altabooks.com.br

Para minha esposa, Juliana, e meu filho,
Benjamin, minhas fontes de inspiração.
JULIANO LISSONI

Para Isabel, por tudo que
experimentamos juntos.
FERNANDO SERRA

Sumário

Palavra dos Autores	ix
Prefácio	xix
CAPÍTULO 1: Todos Nós Precisamos Falhar	1
CAPÍTULO 2: A Era da Inovação Extrema	17
CAPÍTULO 3: O Dilema Organizacional	43
CAPÍTULO 4: O Mito do Fracasso	69
CAPÍTULO 5: O Que Faz Um Fracasso Ruim	91
CAPÍTULO 6: Culturas de Inovação	117
CAPÍTULO 7: A Etapa Cultural	145
CAPÍTULO 8: Uma Estrutura Para a Inovação	179
CAPÍTULO 9: Inovação Como Estratégia	197
CAPÍTULO 10: Começar do Fracasso	219
Epílogo	235
Para Saber Mais	241
Notas	249
Índice	259

Palavra dos Autores

Juliano Lissoni

O fim de semana estava se aproximando quando um e-mail de David Kliman apareceu na minha caixa de entrada. David é o fundador do The Kliman Group, uma empresa de consultoria especializada em ajudar organizações da indústria de viagens e turismo com análises estratégicas, proporcionando uma discussão aberta sobre as tendências do mercado e as necessidades dos clientes. David me enviou um e-mail como um convite para ser membro do novo Conselho Consultivo do Cliente para toda a cidade e o centro de convenções de Honolulu, Havaí. Nunca recuso uma boa oportunidade de discussão e aprendizado, acredito que há muito que podemos realizar quando estamos abertos para discutir nossos desafios.

Algum tempo depois, mencionei a colegas de trabalho minha aceitação em participar desse conselho de clientes. E então, uma reação inesperada na sala. A questão em suas mentes era: por que Honolulu precisa passar por tal processo, já que a cidade está muito bem posicionada como destino turístico? E essa foi minha suposição inicial também, já que minhas experiências anteriores estavam relacionadas a cidades que buscavam reinvenção ou reposicionamento, ou que tentavam resolver problemas disfuncionais. Mandei uma mensagem para David, pergun-

Aprenda com as FALHAS

tando qual problema que a cidade estava tentando resolver. Não havia nenhum. E foi exatamente por isso que decidiram criar um Conselho Consultivo do Cliente: ser proativo ao aceitar o feedback do cliente, antecipar tendências de mercado, preparar-se para ondas potenciais de destruição criativa. Não por causa de problemas, mas sim para serem líderes de transformação.

Uma citação do ex-secretário de Estado dos EUA, Collin Powell, veio imediatamente à minha mente: "'Se não está quebrado, não conserte', é o slogan dos complacentes". A quebra pode acontecer de várias maneiras, às vezes em um processo lento, outras vezes de uma maneira muito rápida. Especialmente nos atuais mercados acelerados capacitados pela tecnologia, ele nem precisa mais ser quebrado, e apenas um "algo" melhor é o suficiente para substituir nossos produtos ou serviços. Ou, como diz a sabedoria empresarial, quando você percebe que está quebrado, é porque está quebrado há muito tempo. O caso no Havaí foi de um grupo de instituições que decidiu não esperar até que as coisas dessem errado, e se moveram com antecipação, em uma perspectiva aberta para aprender e abraçar tendências e, com isso, dar um passo à frente.

Coloquei isso em perspectiva e percebi que o dilema do inovador é um dano autoinfligido. Em resumo, o dilema do inovador é sobre organizações que criam inovação com sucesso, mas não podem continuar inovando no longo prazo. Em outras palavras, mesmo quando as empresas pensam que estão fazendo a coisa certa, algo novo aparece na frente, vindo, na maioria das vezes, de uma fonte inesperada. O mundo está chegando a um ponto em que as vantagens competitivas são transitórias, o que significa que confiar que estamos fazendo a coisa certa não é suficiente para enfrentar os desafios que vêm pela frente. E é um dano autoinfligido porque tendemos a projetar estruturas para maximizar o retorno de uma vantagem existente, e apenas pensar um pouco em manter os olhos abertos para oportunidades de curta duração. Às vezes parece que as empresas estão presas à Primeira Lei do Movimento de Newton, como se pretendessem permanecer em movimento até que sejam acionadas por uma força externa, na falta de capacidade ou von-

Palavra dos Autores

tade de mudar de direção por si mesmas, exigindo um fator externo para causar tal mudança. Outras vezes, as empresas não prestam muita atenção aos sinais vindos de novos entrantes e pensam como o princípio da sucessão ecológica nas florestas, em que as espécies pioneiras são substituídas ao longo do tempo por uma floresta madura.

Como o guru da tecnologia Daniel Burrus disse uma vez, as organizações ficam para trás por não serem capazes de prever o futuro, ou quando não entendem a diferença entre tendências difíceis que acontecerão e tendências suaves que podem acontecer. Pode se materializar para indivíduos, empresas ou cidades: é difícil voltar quando somos deixados para trás. Uma rápida olhada na lista da *Fortune 500*, de 1955 a 2016, mostra que apenas 12% das empresas ainda estão lá. A maioria delas foi ultrapassada por concorrentes mais rápidos, acabou sendo adquirida ou simplesmente deixou de existir. Não importa o quão bom você seja, se não continuar se transformando por dentro, maiores são as chances de que alguém melhor venha e tome seu lugar no mercado. Triste, mas é verdade.

Podemos encontrar informações em todos os lugares com histórias sobre a realidade direta no que diz respeito à taxa de mortalidade de empresas. Essas perspectivas nos mostram que as empresas caem por causa da arrogância, da extrema burocracia, do enfraquecimento do relacionamento com o cliente, da falta de agilidade ou do ambiente que se move tão rápido que é impossível acompanhar. Evolução e transformação fazem parte de um tópico que traz sentimentos mistos de empolgação e preocupação (ou até pânico). Podemos aprender muito com exemplos de empresas de diferentes setores que encontraram reinvenção e longevidade. E também podemos aprender muito com aquelas que não o fizeram.

Nas últimas três décadas, o advento de tecnologia acessível nivelou o cenário para todos. A primeira onda do Vale do Silício nos trouxe Oracle, Cisco e muitas outras empresas revolucionárias e de alta tecnologia. Naquela época, porém, era senso comum separar as empresas de tecnologia das empresas não tecnológicas. Essa separação criou um falso entendimento de que a tecnologia estava evoluindo apenas para empresas dentro do ecossistema de tecnologia. Então, uma nova onda chegou

Aprenda com as FALHAS

e as *startups* do Vale do Silício mostraram e ainda estão mostrando às empresas tradicionais que todos os setores podem ser reinventados pela tecnologia. Essa foi, de fato, a sentença de morte para muitas empresas pegas despreparadas para lidar com a evolução acelerada. Mais recentemente, no entanto, temos visto um grande esforço das empresas não tecnológicas para se estabelecerem nessa nova realidade. Todos nós conhecemos o motivo: todo negócio é um negócio de tecnologia.

No basquete, uma famosa regra diz que não importa o quão grande seja a sua vantagem de pontos, você não pode se deixar sentir confortável. Mas a realidade não é a mesma nos negócios. Quando se trata de um grande grupo de empresas bem estabelecidas, um comportamento comum é manter essa falsa sensação de ter uma vantagem competitiva. E quando você está muito confortável, não há razão para inovar, certo? Em outras palavras, se não estiver quebrado, não conserte. A complacência está em toda parte. Essa foi a razão por trás do desaparecimento de muitas empresas como a Kodak ou a Blockbuster. A complacência e a dificuldade de entender as mudanças necessárias no contexto é o motivo pelo qual a equipe do Atlanta Falcons perdeu o Super Bowl LI, e é o mesmo motivo pelo qual a Toys "R" Us fechou as portas no mercado norte-americano. Sentir-se confortável está na natureza humana: evitar riscos e não abraçar coisas não convencionais, seja por medo ou excesso de sucesso. As empresas que confiam nessa falsa sensação de ter uma vantagem competitiva permanente não se desafiam perguntando: e se?

A história, entretanto, mostra que a transformação contínua é a proficiência mais importante que uma empresa precisa desenvolver. A transformação contínua é resultado da inovação, não apenas da melhoria. A transformação contínua vem de perguntar "*e se*" com mais frequência. Quando olhamos para duas listas diferentes, aquela com as empresas mais valiosas e aquela com as empresas mais inovadoras, você verá que os nomes frequentemente correspondem. O consultor de gestão e escritor Peter Drucker costumava dizer que marketing e inovação são as duas responsabilidades fundamentais de toda empresa. No entanto, neste mundo de tecnologia em ritmo acelerado, a inovação elevada

Palavra dos Autores

parece ser a resposta mais importante. Disruptivo, incremental, inovador, você escolhe. A verdade é que a inovação se tornou um novo tipo de Santo Graal.

A inovação disruptiva logo se tornou um dos chavões favoritos do mercado. Mas a interrupção está acontecendo há muito tempo. A invenção do fogo, da roda, da agricultura e de muitas outras inovações transformou o início da vida humana, da mesma forma que o computador, a internet, o smartphone, a Amazon, a Apple e o Lyft estão transformando nossas vidas. Para diferentes sociedades, inovação e disrupção têm significados diferentes. E quando se trata desta sociedade da informação, a tecnologia faz com que tudo pareça perturbador. Isso é conhecido há um bom tempo, embora a maioria de nós não tenha prestado atenção. A Blockbuster ficava confortável demais para ganhar muito dinheiro cobrando taxas extras dos clientes por devoluções atrasadas, e não prestava atenção ao fato de que a banda larga e o streaming estavam à beira de uma revolução. A Toys "R" Us sabia que o *e-commerce* estava mudando o cenário, mas a mentalidade convencional prevaleceu.

O fato de algumas empresas ultrapassarem outras ou serem superadas por outras não é novo. O que estamos vendo, no entanto, é este ambiente único em que os titulares foram constantemente derrotados pelos novos entrantes. Por que é possível que empresas bem estabelecidas sejam ultrapassadas por *startups*, quando estas teoricamente têm recursos limitados, e as primeiras frequentemente têm mais dinheiro e talentos para investir em inovação?

Graças a um mundo digital, em que as informações estão amplamente disponíveis em diferentes canais, desde uma pesquisa no Google até assistir às notícias e às entrevistas no YouTube, tivemos a oportunidade de pesquisar diferentes listas de empresas: as que estão sendo substituídas, uma lista de disruptores e uma lista de algum tipo de organização "à prova de ruptura". E investigando cada história, algumas descobertas são inquestionáveis: as empresas que acompanham o ritmo são aquelas com culturas de alta experimentação e tolerância a falhas. Curiosamente, isso está no cerne do que as *startups* fazem! Elas criam, prototipam e depois tentam. E quando funciona, elas transformam os mercados. As empresas que mantêm uma forte cultura de tolerância ao risco e liberdade para inventar são as que encontram beleza no fracasso.

Fracasso, um conceito altamente evitado nas organizações tradicionais. Para ser honesto, em empresas bem estabelecidas, o fracasso é um assassino de carreira. As pessoas, em geral, têm medo de seguir rotas não convencionais porque são formal ou informalmente instruídas a não fazê-lo! Mas as empresas "à prova de ruptura" não fazem rodeios quando se trata de inovação. Elas verdadeiramente forjam suas culturas para assumir riscos, têm líderes tolerantes ao fracasso, têm estruturas para experimentação e rapidamente adotam bons experimentos na estratégia. A Amazon encontrou os serviços da web pela experimentação, o fundador da Starbucks, Howard Schultz, trouxe a empresa de volta aos trilhos pela experimentação, Adobe, Valve, C2, Grupo RBS, Google, Apple e muitas outras foram capazes de aprender essa lição antes de todo o mundo. Experimentação controlada e falha controlada: a capacidade de falhar em vez de cair é o que torna estas empresas notáveis.

Nos últimos vinte e cinco anos de minha vida empresarial, lembro-me de estar sempre no meio da tempestade. Sempre estive envolvido com descoberta e inovação, na maior parte do tempo estive envolvido com unidades de negócios que não representavam necessariamente o *core business* das empresas. Na maioria das vezes, meu papel foi ser o *outlier*. Como consequência, cometi incontáveis erros. Tive muitos fracassos. Mas dia após dia, ano após ano, pude ver a evolução acontecendo em grande escala. Demorei a entender o fracasso, mas quando analisei como empresas de sucesso estão se transformando, percebi a importância do conceito. Simplificando, elas sabem que inovação e fracasso são inseparáveis.

Este livro não é um manifesto ao fracasso. É um livro sobre organizações transformadoras. E essas são os que vão além da busca pela "inovação Santo Graal", usando diferentes ferramentas e abordagens. As organizações transformadoras têm uma compreensão clara de que a

Palavra dos Autores

cultura e a liderança desempenham um papel significativo no sucesso da inovação. Olhando para o passado, vinte anos atrás, o Santo Graal era uma estratégia competitiva. As empresas passaram a organizar retiros de executivos e a contratar empresas de consultoria para auxiliá-las no desenho da estratégia. Planos incríveis foram criados e armazenados no fundo das gavetas e, em um piscar de olhos, o problema passou a ser como executar estratégias. Estamos observando um comportamento semelhante agora no que diz respeito à inovação: reunimos as pessoas para gerar ideias, mas sofremos ao lidar com os resultados. Muito mais conversa, um pouco menos de ação. A verdade é que, se sua cultura organizacional não estiver pronta para a experimentação e o fracasso, provavelmente você será aquele que tentará alugar DVDs no mundo do *streaming* de banda larga.

Existem muitas fontes de informação apresentando evidências convincentes de que as empresas não devem criar estratégias fora de seu negócio principal. Essa evidência robusta incluiu estatísticas sobre quão melhor é o desempenho das empresas que atuam em áreas conhecidas. Mas agora, quando a tecnologia eliminou barreiras, qual é o seu negócio principal? É provável que seja uma coisa mutante, enquanto nossas estratégias ainda são baseadas em antigas suposições. Entender como evitar o risco de ficar preso a pensamentos arraigados é principalmente o motivo pelo qual as empresas precisam criar experimentação, aprendizado validado e absorção de sucessos na estratégia. Essa é uma virada de jogo. Experimentação, entretanto, não é diversificação. Trata-se de substituir suposições por hipóteses. É sobre nos perguntar "e se", é sobre criar pequenas apostas, gerar aprendizagens validadas e implementar plenamente os resultados satisfatórios.

O fracasso não deve ser uma coisa assustadora. Não abraçar as oportunidades, no entanto, é prejudicial. E espero que, depois de ler este livro, você possa começar a criar as abordagens culturais e estruturais para a experimentação e a prontidão para o fracasso. Como disse o consultor de gestão Jason Jennings, você terá que beijar muitos sapos antes de encontrar um príncipe. Como veremos neste livro, empresas

Aprenda com as **FALHAS**

capazes de criar transformação contínua são aquelas que não têm medo de procurar sapos para beijar. Elas simplesmente sabem que inovação e fracasso são inseparáveis.

A experimentação deve se tornar uma parte fundamental da cultura, estrutura e estratégia da empresa. Ajuda a evitar os danos autoinfligidos pela inovação. A verdade é que, se queremos construir organizações transformadoras, precisamos criar culturas inquisitivas, porque a inovação também é resultado de empoderamento e engajamento, é o resultado da substituição de suposições pela simples pergunta "e se". É o resultado de nossa capacidade de aprender como começar do fracasso.

Eu realmente espero que você encontre beleza no fracasso.

Aproveite o passeio!

Fernando Serra

Ao longo de nossos praticamente 20 anos de amizade, eu e Juliano conversamos e debatemos sobre os paradoxos e desafios da gestão. Quando ele apareceu com o *draft* do livro para colaborarmos, aceitei imediatamente. Seria difícil negar! Desde a década de 1990 tenho pesquisado sobre declínio organizacional. As empresas falham mais que acertam. No entanto, o declínio organizacional não acontece porque necessariamente erramos, mas porque nos acomodamos e vivemos do sucesso e das decisões do passado. Porque não agimos quando precisamos. Porque ficamos presos às estruturas de poder e com foco somente o resultado no curto prazo.

Lembro-me da ideia inicial de estudar declínio. Um dos primeiros trabalhos foi avaliar o declínio das maiores e melhores empresas brasileiras ao longo de 31 anos, entre 1974 e 2005. Em cada ano, na revista *Exame*, eram apresentadas as 500 maiores empresas. Ao longo dos anos que estudamos, cerca de 2.880 empresas passaram pelo *ranking*, ou seja, cerca de 83% das empresas já não estavam mais na lista. Constatamos uma alta taxa de declínio das empresas mesmo em períodos calmos da economia.[1] Mas a falha catastrófica tinha muito mais a ver com rigidez e não compreensão das mudanças.[2]

Em nosso livro queremos reforçar a aprendizagem a partir da experimentação e das falhas ao longo do processo de inovação. Concordamos com a tipologia de três níveis de falhas organizacionais proposta por McMillan e Overall (2017).[3] Os processos de aprendizagem organizacional podem levar a falhas mais simples ligadas às lacunas de competências de aprendizagem, que podem ser agravadas por processos de planejamento e implementação de estratégia deficientes. Mas é a capacidade de agilidade organizacional que pode levar às falhas catastróficas. Tento reforçar isso nos conselhos e comitês em que participo nas diversas empresas.

O processo de aprendizagem implica em experimentar e aprender com as falhas.[4] As falhas catastróficas estão ligadas a não aprendizagem e a plataformas organizacionais inadequadas. Aprender com a experimentação e as falhas implica em mudar e adaptar. Na tomada de decisão organizacional, tendemos a nos basear nas decisões que deram certo no passado e nos protegemos das falhas em vez de aprender com elas. Precisamos incorporar a experiência da área da saúde, ou seja, aprender com a doença.[5]

A Kodak foi um exemplo clássico.[6] A empresa manteve sua atenção nas áreas que sempre sustentaram a empresa, com foco no curto prazo. Não atendeu à necessidade de inovar para o futuro. A Kodak nunca deixou de inventar. "A empresa inventou a máquina digital antes de se tornar um negócio, e o fez em 1975. Não seguiu em frente porque canibalizaria seu grande mercado de películas, materiais químicos para películas e papéis para revelação e impressão." Rigidez de decisão de gestores em manter o *status quo* é sempre um motivo. Outro motivo é lembrar que para que a empresa dê resultado ela se estrutura, investe, forma pessoas e, naturalmente, existe uma resistência à mudança. Também, os decisores tendem a justificar e manter suas decisões para se protegerem e protegerem resultados e bônus no curto prazo. Isso aconteceu na Kodak e em praticamente todas as empresas que perdem competitividade. A busca pela ambidestria é fundamental. É preciso garantir o curto prazo (*exploitation*) e construir o futuro pela experimentação e inovação (*exploration*).

Existem diversas empresas que foram capazes de fazê-lo em certos momentos de sua história. Exemplos clássicos foram a Honda, Swatch, GE, Microsoft e Southwest Airlines. É um compromisso entre governança (incluindo o foco estratégico e o papel da liderança e da equipe executiva no desenvolvimento de uma nova cultura), estrutura de capital (a partir da compreensão de que é preciso garantir o curto prazo e o uso adequado dos recursos e capacidades), mas também de inovar, apostar na incorporação de novas tecnologias e novos processos, aprendendo e desenvolvendo novas capacidades.[7] Em nosso livro, exploramos histórias de diversas empresas para ajudar na compreensão da importância de experimentar e aprender com a falha.

Enfatizamos que a experimentação é fundamental para a inovação. A captura do valor proporcionado pela inovação dependerá da aceitação pelo mercado e pelo reconhecimento dos concorrentes.[8] A experimentação ajuda não só a aprender com as falhas durante o caminho pela aprendizagem, mas a não chamar atenção antecipada e na criação de uma cultura de inovação. Pela minha experiência como conselheiro, mesmo antes, e com a pandemia da Covid-19, as empresas ficaram mais atentas com a experimentação para garantir a adaptação e seus novos caminhos.

No entanto, este não é um livro com base somente na nossa experiência. Ele incorpora aspectos da gestão baseada em evidências. Nossa experiência, nossos dados e nossas informações e evidências científicas. Ao final do livro, incorporamos trabalhos acadêmicos que pensamos ser úteis para complementar o conteúdo e para o aprofundamento do leitor.

Esperamos que o livro ajude a iniciá-lo neste novo caminho, do presente para o futuro.

Prefácio

Nesta obra, os professores Lissoni e Serra nos dão uma perspectiva ampla de como experimentação, com seus erros e acertos, são uma parte fundamental da construção do futuro de qualquer negócio. Os autores, ao longo do livro, debatem diversos aspectos importantes para a gestão do amanhã. Os assuntos abordados refletem pensamentos clássicos e desafios atuais para a sobrevivência das empresas.

Em 1960, Theodore Levitt publicou um dos artigos mais importantes na área de gestão, a *Miopia em Marketing*. Nesse artigo, Levitt defende que o problema das empresas é a definição limitada do que significa seu negócio, em vez de enxergar sob uma perspectiva mais ampla, mais aberta à inovação. Desde então, mais de sessenta anos se passaram e os autores argumentam que o artigo de Levitt parece mais atual do que nunca. Acrescentam que vivemos agora em tempos de vantagens competitivas que não são sustentáveis, pois o avanço tecnológico gera um fluxo de inovação jamais visto. Concordo, pois esses aspectos acelerarão ainda mais.

Meu saudoso amigo e guru Peter Drucker definiu inovação de uma maneira simples: as empresas precisam aprender a inovar ou não sobreviverão. Ele foi muito claro ao estabelecer o papel da liderança: "Os gestores devem converter as necessidades da sociedade em oportunidades para um negócio lucrativo." Encontrar necessidades e transformá-las em oportunidades tem sido um mantra que guia a estratégia das empresas de todos os tamanhos.

Eis que agora vivemos em tempos de desenvolvimento tecnológico exponencialmente acelerado, em que os sistemas de gestão resistem em não acompanhar. Muitas das teorias de negócios ainda são voltadas para o passado, assim como muitos modelos de gestão. Os autores ressaltam esse problema. A cultura organizacional eventualmente cria processos que se repetem. Isso gera estruturas e estratégias que se repetem também. No livro, isso é reconhecido como miopia em marketing: as empresas insistem em manter um foco limitado (míope) na venda de produtos e serviços, em vez de ver o "quadro geral" do que os consumidores realmente desejam.

A aceleração tecnológica, no entanto, cria novas soluções que podem gerar valor para consumidores, muito além daquilo que aqueles reconhecem como produto ou serviço. A inovação se torna ágil, e, na maioria das vezes, é proveniente de novos negócios e empreendedores que identificam as limitações nos produtos e serviços existentes com muito mais rapidez. Isso não deveria ser a regra, já que grandes empresas possuem habilidades e recursos de maior alcance, mas se veem geralmente envolvidas por uma trama inovadora inesperada.

Milan Kundera em *A Insustentável Leveza do Ser*, fala sobre o mito do eterno retorno de Nietzsche, em que qualquer evento que se repete indefinidamente, acaba tendo menos valor: "Se a Revolução Francesa devesse se repetir eternamente, a historiografia francesa se mostraria menos orgulhosa de Robespierre." E como Schumpeter nos ensinou, o capitalismo jamais seria estático e está em constante evolução. Então, a dinâmica moderna de negócios precisa estimular o novo, ou, pelo menos, adotar o mantra de Jim Collins, que diz que as empresas precisam preservar o "core", e, ao mesmo tempo, estimular o progresso.

Os autores discutem que as estratégias, sejam elas deliberadas ou emergentes, precisam absorver essa necessidade de não confiar apenas num passado de sucesso, mas buscar um futuro de oportunidades. Esse novo contexto precisa do que chamamos de experimentação. O conceito de estratégia deliberada precisa ser revisto para uma estratégia evolutiva, capaz de absorver com muito mais agilidade os sinais de mercado, a responder a eles de forma rápida, assim como fazem empresas como a Amazon. Mas não é somente na estratégia. Mais importante ainda é sua revisão dos elementos culturais que formam a teia fundamental de como uma empresa é criada e prospera. A cultura da experimentação, e, por conseguinte, da tolerância ao erro, é um passo fundamental rumo à inovação.

No livro, os autores também apresentam sugestões de artigos acadêmicos para leitura adicional e aprofundamento, que, de certa forma, reforçam as suas ideias e as diversas histórias que apresentam ao longo da obra. É um livro de leitura fácil e que provoca diversas e importantes reflexões aos leitores. Após a leitura você vai se desafiar a experimentar na busca do hoje e para o amanhã.

Bem-vindo à era da inovação ágil. Bem-vindo à era da experimentação!

José Salibi Neto

Coautor de *O que as Escolas de Negócios Não Ensinam* com
Sandro Magaldi, e cofundador da HSM

Capítulo **1**

Todos Nós Precisamos Falhar

"Não corremos dos riscos. Corremos para eles. Corremos o risco de ir além das fronteiras da indústria de jogos para alcançar os novos jogadores e os atuais."
"O conceito de melhoria tem mais de uma definição."

SATORU IWATA

"Iwata era um homem inclinado a seguir a estrada menos percorrida."

THE GUARDIAN

Era 2004; uma sala lotada dentro da E3, a maior conferência de jogos do mundo, em Los Angeles, estava cheia de emoção quando o apresentador mostrou o novo Nintendo DS Dual Screen, uma revolução na interface da tecnologia de jogos. O novo aparelho foi comemorado por sua tecnologia de toque, sendo também pioneiro em oferecer conexão wi-fi, uma máquina transformadora para conectar pessoas, conforme anunciado. Satoru Iwata, então CEO da Nintendo,

Aprenda com as **FALHAS**

segurou o novo produto no ar e disse: "Estamos todos orgulhosos por isso". E então completou: "A Nintendo está trabalhando em nosso próximo sistema e com esse sistema criaremos uma revolução nos jogos."[1] Foi o primeiro lançamento de produto significativo da Nintendo sob a liderança de Iwata.

Iwata foi o primeiro presidente fora da família do fundador, e inicialmente esperava-se que sua liderança se concentrasse principalmente no lado dos negócios. Mas Iwata era diferente. Ele era um jogador (gamer) e, por ser jogador, dedicou todos os esforços iniciais para fazer a empresa se concentrar mais no desenvolvimento de jogos. O lançamento do DS foi gigantesco e, como relatou o site de entretenimento IGN: "ainda mais revolucionário foi o lançamento do Wii dois anos depois. O presidente Iwata supervisionou o desenvolvimento do sistema, corajosamente avançou com jogos controlados por movimento como o foco do novo console, foi mais uma vez criticado por céticos em toda a indústria e, mais uma vez, mostrou a eles grandes vendas. A Nintendo retomou a liderança do mercado com a força do Wii, algo que ninguém teria pensado ser possível após a queda que começou na era N64. Mas, com Iwata, aconteceu."[2] O novo CEO havia indicado claramente que a empresa estava prestes a continuar seguindo o caminho da inovação.

O mercado de consoles para games sempre foi altamente competitivo, motivo pelo qual nunca foi fácil para a Nintendo. E, honestamente, as coisas pioraram quando a Sony lançou o primeiro PlayStation, em 1994. A Nintendo era considerada uma empresa de reação lenta, com números ficando atrás das grandes realizações da Sony. O lançamento do novo DS, entretanto, estava indicando que os tempos seriam diferentes, já que Iwata apresentou sua visão de criar o próximo produto de massa. Sua visão era explorar diferentes áreas de design em que outros produtores de consoles tradicionais como Sony e Microsoft não estivessem presentes. O que Iwata queria era criar novos tipos de jogos, e sua visão era criar um dispositivo de entretenimento cujos usuários pudessem jogar do início ao fim, não importando seu nível de habilidade.

A Nintendo começou como uma pequena empresa em 1889, em Kyoto, Japão, produzindo um jogo de cartas, o Hanafuda. Essas cartas eram feitas à mão e responsáveis pela popularidade da empresa. Em 1947, a empresa ainda atuava no mercado de cartas, fornecendo-as de forma diversificada e sob diversos acordos, como o licenciamento com a Disney, criando cartas com personagens dos filmes da gigante do entretenimento. Com um movimento estratégico para implementar uma nova visão do negócio principal da empresa, a Nintendo Playing Card Co. foi renomeada como Nintendo pelo presidente Hiroshi Yamauchi. Com essa nova visão, a experimentação se tornou a regra e levou a Nintendo a explorar tipos de negócios altamente diversificados, como uma empresa de táxis, rede Love Hotels, arroz instantâneo e muitos outros.

Nessa fase de diversificação, a Nintendo também entrou no mercado de brinquedos, lançando a arma-laser Nintendo Beam Gun, e Ele-Conga, uma bateria eletrônica programável. Mas foi em 1972 que a empresa decidiu experimentar um novo tipo de produto: os jogos eletrônicos. Foi uma virada de jogo, literalmente. Trabalhando junto com a Magnavox, e posteriormente representando o parceiro no Japão, a Nintendo começou a entrar na indústria de jogos. Foi no início da década de 1980, quando começamos a ver os jogos de arcade, e não é difícil se lembrar de toda a emoção trazida pelas aventuras de um personagem parecido com um macaco/gorila chamado Donkey Kong.

Durante seus primeiros dias na Nintendo, Satoru Iwata foi alocado em uma divisão da empresa chamada HAL. Tinha o objetivo de ajustar o desenvolvimento financeiro e de produtos, eventualmente se tornando presidente da HAL. Então, em 2002, Iwata se tornou o presidente da Nintendo. Foi o cérebro por trás de alguns dos sucessos mais importantes da empresa: Super Smash Bros, um jogo de batalha de arena baseado em personagens da Nintendo, em que o próprio Iwata codificou o protótipo. Algum tempo depois, outro sucesso: Nintendo Wii foi o resultado de algo representado por uma palavra que veremos bastante neste livro: experimentação. Foi experimentando diferentes interfaces e controles de movimento que a equipe de desenvolvimento de produto chegou com o mundialmente famoso Wii. A Nintendo criou seu próprio oceano azul[3], lançando um console revolucionário que combinava com a reação do movimento do jogador.

A história da Nintendo se assemelha à trajetória de um jogador inovador. Em 1985, a empresa lançou o Nintendo Entertainment System, e vimos a chegada de Super Mario Bros. Logo, o Game Boy, lançado em 1989, atingiu 118 milhões de vendas. Super Mario Bros estava recebendo diferentes versões e atualizações. O novo sucesso veio em meados de 1996, com o Nintendo 64. O ano do GameCube foi 2001, ele era um console de videogame doméstico. E sob a liderança de Iwata, Nintendo DS e Wii tornaram-se algumas das plataformas de jogos mais vendidas de todos os tempos.

Por ocasião do falecimento de Satoru Iwata, em 2015, o jornal britânico *The Guardian* publicou uma reportagem contando a história de como ele mudou a indústria de jogos e o que a Nintendo foi capaz de realizar com o lançamento do Wii: "Quando o Wii foi revelado, a indústria zombou mais uma vez. Os processadores gráficos eram inferiores aos das últimas máquinas PlayStation e Xbox e o controle remoto do Wii parecia um truque. Mas então as pessoas começaram a jogar os primeiros títulos como Wii Sports e Wii Play — eles eram intuitivos, divertidos e sociais. Qualquer um pode se envolver. O boca a boca se espalhou e, em meados de 2007, o Wii vendeu mais unidades do que o PS3 e o Xbox 360 juntos."[4] Iwata estava, de fato, inclinado a seguir a estrada menos percorrida.

A Nintendo é um caso de sucesso, mas também é um caso de sucessivos fracassos. Mantendo sua própria visão, a empresa nunca temeu tentar mudar as regras de engajamento. A inovação sempre foi uma coisa séria e a empresa segue seus princípios. Ben Kuchera, jornalista do site especializado em jogos, Polygon, relatou que a Nintendo venceu o ano de 2017, ao cometer erros como matar seu produto mais popular (NES Classic), ao vender consoles inacabados, ao canibalizar seu próprio console, ao vender Mario Kart novamente, dentre outras coisas. A verdade é que a Nintendo não tem medo da experimentação, mesmo que isso leve a uma mudança em seu negócio principal[5], como mostra a história.

Iwata faleceu em 2015, mas a Nintendo continua pressionando por experimentação para gerar inovação. Em outubro de 2016, a empresa anunciou o Nintendo Switch, um console híbrido com controladores removíveis. Para competir no mercado de games para celular, agora ameaçado por gigantes como Apple e Tencent, a Nintendo fechou parceria com outra empresa japonesa, a DeNa, para projetar jogos compostos por seus personagens originais, mas com foco exclusivo em dispositivos inteligentes. Nem tudo são flores na trajetória da Nintendo. Em 2021 a empresa lançou o novo console Switch, que frustrou a expectativa de seus consumidores mais fiéis.[6]

O que vem por aí para a Nintendo? Os limites entre a tecnologia e outros setores tornaram-se confusos, e temos visto gigantes da tecnologia entrando em mercados que não consideravam antes. As empresas de tecnologia entraram nas áreas de finanças, saúde, transporte e outros. Uma empresa de tecnologia tradicional, a Intel, adquiriu a Mobileye, uma empresa israelense especializada em tecnologias sem drivers, o que nos faz questionar qual é o negócio principal da Intel, afinal? A Nintendo agora pretende entrar na área da saúde. Um recente aviso sobre alteração parcial do contrato social enviado aos acionistas da empresa descreve que a Nintendo deseja adicionar "desenvolvimento, fabricação e vendas de dispositivos médicos e dispositivos de saúde", e também "desenvolvimento, fabricação e venda de software de computador."[7]

As novas competências essenciais

A história da Nintendo nos diz muito sobre como as competências essenciais são transitórias e por que as empresas precisam abraçar a mudança para ter sucesso neste mundo acelerado. Os limites entre o que é ou não o *core business* de uma empresa agora são baixos e confusos. Todos os dias, podemos encontrar novas histórias de sucesso de recém-chegados pegando uma grande fatia do bolo, só porque eles chegaram com uma tecnologia inovadora ou uma combinação de recursos que os operadores tradicionais estão ocupados demais para prestar atenção. Um dos chavões mais usados de todos os tempos é "disrupção". Você deve ter visto muito essa palavra em notícias, livros, revistas, programas de TV e assim por diante. Tornou-se um desejo tão grande para todas as empresas que podemos compará-lo com a busca do Santo Graal, um vaso de tamanha importância que poderia gerar poderes milagrosos que proporcionam felicidade, juventude eterna e abundância infinita.

Felicidade, juventude eterna e abundância infinita. Parece o que nossas empresas estão procurando, certo? No entanto, não é uma busca fácil. Neste novo mundo, oferecer produtos e serviços para satisfazer às necessidades dos clientes não é suficiente. Somos constantemente informados de que precisamos ser disruptivos. Disseram que precisávamos ser os próximos Uber, Airbnb, Lyft, Reddit, Vice, Spotify, Mobileye e outros unicórnios que vieram do nada e assumiram o controle de setores de negócios inteiros sendo... lá vai... disruptivos. Como disse o fundador da Ebookadabra, Tom Grayson: "Há um motivo pelo qual isso é chamado de um negócio disruptivo e outras pessoas não estão fazendo isso. Porque não é fácil."[8]

É como se estivéssemos passando por uma nova fronteira, pois muitos especialistas estão tratando este momento como a nova Revolução Industrial. Nossos setores e nossas indústrias tradicionais foram virados de cabeça para baixo, quando deixamos de viver o tempo em que eficiência e escala eram as palavras de ordem. Agora, é como disrupção, criatividade e inovação tornaram-se as palavras que dão sentido à existência da empresa. E essa nova onda autoestruturada de destruição criativa deixou grandes empresas para trás, só porque a tecnologia nos tornou capazes de virar as coisas de cabeça para baixo, sendo um Davi gigante lutando contra um pequeno Golias. Como observou o empresário e capitalista de risco americano Peter Thiel, as bases de novas grandes empresas são extraordinariamente contraintuitivas.

A Tesla se tornou mais valiosa que a General Motors, mesmo que esta produza e venda muito mais carros do que aquela.[9] Quando vemos a valorização de mercado de unicórnios como Uber ou Airbnb, empresas que começaram como integradoras de setores altamente fragmentados, nos perguntamos: onde estávamos quando isso aconteceu? Como observou o especialista norte-americano em gestão, Gary Hamel: "as empresas do Vale do Silício estão desafiando a aristocracia industrial em campos tão diversos como varejo de automóveis, seguros, venda de livros e mídia de transmissão. Mas a competição real entre a velha e a nova economia está ocorrendo não entre empresas individuais, mas entre regimes notavelmente diferentes."[10] O fato é que o pensamento contraintuitivo e a imaginação sem restrições são forças impulsionadas entre as empresas que estão criando novo valor econômico.

Quando lemos sobre um recém-chegado mudando o ecossistema com base em uma solução que não existia antes, a primeira coisa que sempre nos vem à mente é por que empresas bem estabelecidas não são capazes de cobrir as lacunas de mercado por si mesmas? Por que empresas bem estabelecidas se recusam a admitir que os produtos ou serviços atuais não representam mais vantagens competitivas? Às vezes, parece que a busca pelo Santo Graal é para gerar valor para o acionista, não para buscar a perpetuidade. As evidências indicam, no entanto, que manter o foco apenas na criação de valor para o acionista pode ser prejudicial para o comprometimento que o processo de inovação exige.

As empresas não caem porque são atingidas por forças perturbadoras vindas de fora. As empresas caem porque se recusam a se afastar da velha maneira de pensar, da mesma maneira de fazer, e insistem em viver em constante negação. A ilusão de ser o líder do mercado, ou de alguma forma estar no controle da situação, é uma das formas mais comuns de ser superada. Estruturas fixas para exploração só são passivos quando o mercado exige que façamos as coisas de maneira diferente. Mas quem se importa com isso quando vivemos tempos de receitas constantes, certo? Essa mentalidade de curto prazo é o que usamos para desistir do futuro em troca de riqueza no curto prazo.

Aprenda com as **FALHAS**

A Kodak vivia o sonho de vendas notáveis e seus líderes foram incapazes de reconhecer a nova onda, que, aliás, foi inventada internamente. A Blockbuster se recusou a ver como a internet de banda larga estava mudando a forma como as pessoas consumiam entretenimento online e não reconheceu que um nicho de negócios representado pela Netflix poderia assumir o controle de todo o mercado. Blackberry e Nokia, e até mesmo a Microsoft, diminuíram a importância do que a Apple tinha em andamento, e o iPhone agora ganha quase 80% da lucratividade do mercado de smartphones. O ex-CEO da Microsoft Steve Ballmer foi outro que se juntou ao coro negativo sobre a Apple, dizendo que cobrar quinhentos dólares tornaria o iPhone o telefone mais caro do mundo, e o recurso sem teclado não tinha nenhum apelo comercial[11]. Em 2007, a Microsoft estava vendendo milhões de telefones por ano, enquanto a Apple era apenas uma recém-chegada.

Tudo o que lemos sobre ruptura aponta para uma direção de percepção unificada que parece que as grandes empresas sempre perderão a batalha contra *startups* ágeis, como se empresas estabelecidas fossem apenas gigantes incapazes de gerar suas próprias ondas de destruição criativa. Disseram-nos que crescimento significa tamanho e tamanho significa burocracia. Quanto maior fica, menor é o apetite por correr riscos, e a base do DNA inovador desaparece.

Isso é particularmente estranho, porque empresas bem estabelecidas geralmente estão cheias de recursos, incluindo pessoas, capital e tecnologia. Essas empresas têm canais de distribuição, design e desenvolvimento de produtos bem projetados e possuem ativos significativos que poderiam ser facilmente alocados para gerar o próximo produto vencedor. Deveria ser muito mais fácil para empresas bem estabelecidas simplesmente alocar o conjunto certo de habilidades e recursos e gerar novas oportunidades de negócios com base, às vezes, na reinvenção de todo o setor. As *startups* são sempre reconhecidas por suas capacidades de agilidade, o que é um fator-chave para a inovação. Por outro lado, a história mostra que as grandes empresas não sabem jogar de forma ágil, porque ágil não faz parte do imaginário de quem busca ascensão de carreira. Não atrai atenção, e o pensamento tradicional diz que subir na escada corporativa significa gerenciar grandes unidades de negócios, com mais pessoas e muito dinheiro. Como sabemos, as organizações são uma terra fértil para interações políticas e o poder é usado para obter e manter o controle sobre os recursos. Então... ágil? Não, obrigado.

Em 2008, um dos grupos hoteleiros mais importantes do mundo, com filiais em quase todos os lugares, relatou receitas de mais de US$12 bilhões. No mesmo ano, Brian Chesky e Joe Gebbia estavam arrecadando dinheiro para iniciar sua nova empresa. Eles compraram caixas de edição especial para as eleições de um cereal durante a Convenção dos Democratas, em preparação para as próximas eleições nos EUA. Brian e Joe venderam as caixas de cereais por quarenta dólares cada, num total de quinhentas caixas, e levantaram mais de US$20 mil dólares. Esse foi o financiamento inicial por trás da criação do Airbnb. Em 2017, o valor de mercado do Airbnb ultrapassou US$31 bilhões. No mesmo ano, o maior grupo hoteleiro do mundo tinha um valor de mercado de cerca de US$35 bilhões. Quando um competidor existente é incapaz, inconsciente ou desinteressado em lidar com a mudança, estamos vivendo em tempos de extrema miopia estratégica?

Richard Foster, professor da Yale School of Management, identificou que o tempo médio de vida de uma empresa S&P 500 nos EUA ia de 67 anos na década de 1920 para 15.[12] Um segundo estudo revelou que essa janela foi reduzida para 10 anos. E as principais razões por trás dessa tendência são a falta de capacidade de reação diante de tecnologias inovadoras, novas demandas de clientes ou a chegada de novos modelos de negócios. As descobertas do professor Foster foram além, mostrando que o sucesso é um dos grandes fatores de mortalidade, pois torna as empresas delirantes e arrogantes. A separação entre gestão e inovação desempenha um papel significativo, mas é a cultura organizacional que desempenha o papel definitivo. E, como observou o escritor Eric Ries: "uma vez que as organizações atingem um certo tamanho, elas começam a morrer lentamente, por dentro. Elas param de inovar." As

Aprenda com as FALHAS

empresas passam a se concentrar em fazer, em vez de aprender, quando aprender é uma das habilidades fundamentais para a inovação.

Por outro lado, o que torna outras empresas tão distintas em sua capacidade de se reinventar e, às vezes, de recriar ecossistemas inteiros? Como a Nintendo, fundada em 1889, mantém o ritmo da inovação, ou como a Intel está sempre surfando na onda mais recente? Como a IBM se reinventou como empresa, o Google foi capaz de manter sua posição como um gigante da tecnologia e a Amazon supera significativamente os concorrentes? Uma forma simplificada de explicar indica que essas empresas se veem como sistemas naturais, em que a eliminação de erros nas tentativas de sobreviver e reproduzir é a busca pela evolução.

Empresas bem-sucedidas, de todos os tamanhos, têm um compromisso inquebrantável com o aprendizado, que começa com o risco e o fracasso. Enquanto também concentram recursos em seu negócio principal, essas empresas abrem portas gigantes para a exploração, colocando-se em posição de gerar ondas de destruição criativa. Em outras palavras, eles aprenderam a lidar com o dilema do inovador.

Estamos em uma plataforma em chamas

LEGO (cujo nome é uma contração de *leg godt* traduzido como "brinque bem") tornou-se a marca mais poderosa do mundo em 2015, a empresa de brinquedos número um na Europa e na Ásia e entre as três principais na América do Norte. A empresa teve seus lucros quadruplicados de 2008 a 2010. Uma reviravolta surpreendente, depois de quase ficar sem dinheiro devido a um grande salto na diversificação, anos antes. Essa diversificação descontrolada jogou a empresa em parques temáticos, joias, roupas e videogames. Mas a LEGO deu a volta por cima e desenvolveu notavelmente a capacidade de manter os clientes engajados em tempos de domínio da mídia social e estabeleceu o ritmo certo de experimentação em filmes, programas de TV e novas oportunidades.

Diferentemente de empresas que se distanciam muito do (suposto) *core business*, a LEGO se destacou por brinquedos de sucesso, e com altas doses de inovação: lançamento do Ninjago com temática ninja, os robôs programáveis Mindstorms, produtos para crianças mais velhas como LEGO Architecture, LEGO Friends, LEGO Idea (um site de *crowdsourcing* no qual os superfãs podem enviar ideias e sugestões) e produtos focados em captar o público feminino. Como observa um relatório do *The Guardian:* "nada disso aconteceu por acaso. Diz-se que a LEGO realiza o maior estudo etnográfico de crianças do mundo."[13] Ao combinar os mundos físico e virtual usando o LEGO Life, a empresa torna as criações infantis instantaneamente reconhecíveis, o que ajuda a gerar mais vendas. Agora, a LEGO está pesquisando VR (*Virtual Reality*) e AR (*Augmented Reality*) como a nova fronteira de integração entre os dois mundos. A "Apple dos Brinquedos" conduz muitos de seus experimentos dentro do Future Lab, uma equipe secreta de P&D (pesquisa e desenvolvimento) encarregada de "inventar experiências lúdicas totalmente novas e tecnologicamente aprimoradas para crianças de todo o mundo".

A LEGO é um exemplo de empresa capaz de manter o *core* e estimular o progresso. Ao mesmo tempo que a empresa continua a fornecer os tradicionais brinquedos de "tijolos" para brincar, sua ambidestra unidade Future Lab concentra-se na próxima onda de destruição criativa. E, como veremos em outros exemplos de empresas que criaram a ponte da inovação, o pensamento criativo oriundo desse tipo de laboratório de inovação se espalhou, passando a fazer parte da estratégia.

Por estar atenta a um mercado em mudança, mantendo as portas abertas para a inovação interna e externa (em parceria com universidades), a LEGO tornou-se uma potência focada na missão fundamental de continuar a criar experiências de jogo inovadoras. Future Lab é como a LEGO atua de forma ambidestra, ao ser intencionalmente separada de outras unidades de design dentro da empresa. Como diz o chefe do Future Lab, Soren Holm: "Temos uma tendência de trabalhar em experiências que estão muito distantes do que a LEGO faz hoje. A percepção pode ser tipo, 'Vamos lá, pessoal, isso nunca vai funcionar'. E é tão fácil matar uma ideia." Ao usar a abordagem de *design thinking* para a inovação, o Future Lab mantém todos os olhos nas tendências e ajuda o resto da empresa a entender que o jogo físico e o jogo digital não estão mais separados.

Anos atrás, a empresa estava focada na diversificação e, ao investir em novos tipos de negócios, a LEGO quase saiu do mercado. No entanto, sob a liderança do CEO Jorgen Vig Knudstorp, a LEGO tornou-se uma empresa voltada para a experimentação em vez da diversificação. Em vez de suposições, hipóteses. Agora a empresa cria protótipos para testar continuamente as águas, às vezes criando protótipos que vão contra os critérios de qualidade de alto nível da empresa. Esse caminho foi percorrido pela compreensão de que a experimentação levará inevitavelmente a cometer erros. Mas é exatamente assim que empresas bem estabelecidas olham para a inovação: fábricas de falhas controladas. Em 2011, a LEGO lançou o LEGO Universe, relacionado ao *World of Warcraft*, o famoso jogo online. Os resultados nunca atingiram as expectativas, mas serviram como um grande aprendizado. Isso levou à criação do Future Lab, um lugar onde os erros são convidados a vir.

Como observou o CEO Knudstorp, a principal contribuição do Future Lab é que "nos levou a alguns conceitos extremamente interessantes, embora 90% ou mais nunca tenham sido lançados, mas quando a empresa faz essa exploração, ela se torna muito mais inteligente sobre tudo, desde diferentes modelos de negócios até maneiras de desenvolver uma experiência lúdica significativa. E se torna mais sábia sobre as coisas que realmente faz." A principal e fundamental tarefa do Future Lab: experimentação. Não se tratava apenas de inovar, mas de criar as raízes fundamentais para que isso acontecesse da maneira adequada: abraçar uma cultura de tolerância ao risco e formar uma estrutura para gerar inovação.

Seu mercado interno de ideias

O que a LEGO estava interessada em criar era uma fonte verdadeiramente interna de inovação. É uma mistura de empreendedorismo interno combinado com pesquisa científica. E, por mais que o físico e filósofo Thomas Kuhn tenha explicado que às vezes é muito difícil resolver um problema no domínio em que ele surgiu, um mercado interno de ideias pode ajudar a enfrentar muitos dos desafios. Quando as lideranças afirmam que desejam apoiar o empreendedorismo interno, podemos ver que a sobrevivência ao enfrentar uma mudança radical no ambiente pode vir de uma estrutura econômica interna. Em outras palavras, o intraempreendedorismo pode ser a resposta para inovação e geração de valor.

Deve ser um pouco menos de conversa e um pouco mais de ação. Conforme observou Len Schlesinger, presidente do Babson College, as empresas costumam pedir às pessoas que se comportem como empreendedores internos em um ambiente de negócios que é naturalmente hostil a elas. Mas o fato é, e como veremos nos próximos capítulos, empresas bem estabelecidas e bem-sucedidas foram capazes de organizar essa estrutura interna de empreendedorismo. Os exemplos de empresas de sucesso lutando por seu Santo Graal corporativo estão repletos de alguns elementos notáveis. Essas empresas poderiam criar mercados internos para ideias e talentos. Enquanto a maioria das empresas sofre com a falta de engajamento e capacitação, os que estão no banco do motorista já aprenderam que uma cultura que realmente incentiva o empreendedorismo interno pode ser a resposta. Regra número um da transformação: trata-se de pessoas.

Por muito tempo, temos nos concentrado na distinção entre *core business* e diversificação. A verdade é que histórias que podemos encontrar em livros e artigos argumentam que, no passado recente, a diversificação mal compensou. No entanto, tanto a Nintendo quanto a LEGO são exemplos de como as empresas trocaram a diversificação pela experimentação. Esta última acabará por levar à primeira, mas os experimentos são baseados em nossa curiosidade, enquanto a diversificação geralmente vem de certezas. As empresas aprenderam da maneira mais difícil que tentar alcançar outros mercados ou clientes com outros tipos de serviços era uma decisão custosa. A experimentação pode trazer as respostas e pode ser desenvolvida por diversas ferramentas, desde os métodos de inicialização enxuta do empreendedor Steve Blank até Business Model Canvas do consultor Alex Osterwalder. As fontes de inovação podem ser eficazes em uma ampla variedade de contextos. Regra de transformação número dois: trata-se de um processo.

Uma parte significativa das histórias de sucesso que veremos neste livro traz evidências convincentes de que a liderança desempenha o papel mais significativo. A liderança tolerante ao fracasso empurra as pessoas além da maneira que costumávamos ver os fracassos. Elas veem o fracasso não como o oposto do sucesso, mas como um complemento natural de assumir riscos e inovar. Líderes tolerantes ao fracasso podem alinhar cultura, estruturar uma estratégia de forma que as empresas, enquanto mantêm o foco na qualidade e execução, também podem desenvolver uma forte capacidade de gerar experimentos e lidar com as falhas. Não se trata de "OU", trata-se de "E". Muitos exemplos também mostram que as empresas lideradas por líderes tolerantes ao fracasso são aquelas com pessoas mais capacitadas e engajadas. Regra número três da transformação: trata-se de liderança.

A razão subjacente está principalmente dentro da cultura organizacional da empresa. A cultura carrega nossos valores, nossas crenças fundamentais sobre o que é certo ou errado. Uma empresa que não abraça a ideia de fracasso em um escopo mais amplo, provavelmente não criará os valores subjacentes para as pessoas criarem experimentação. Ferramentas de inovação são mais do que bem-vindas, uma vez que primeiro descobrimos como estabelecer o conjunto certo de valores e crenças que permitirão que essas ferramentas gerem valor. Os líderes tolerantes ao fracasso sabem como é importante recompensar o sucesso e o fracasso, em vez de criar jogos de culpa quando as coisas dão errado. Regra de transformação número quatro: trata-se de cultura organizacional.

Nos capítulos seguintes, exploraremos o significado do fracasso, veremos como é difícil manter o ritmo neste mundo em rápida mudança e perceberemos a diferença entre as empresas que foram capazes de criar inovação contínua e as que capitularam sob o fim de vantagens competitivas. Exploraremos o papel fundamental da cultura organizacional e como podemos criar novos elementos que podem ajudar nossas empresas a estarem "prontas para o fracasso". Além disso, como a cultura precisa estar alinhada com seus dois melhores amigos: estrutura e estratégia.

A estrutura é um marco fundamental para o sucesso das empresas inovadoras. Combinando diferentes abordagens para a inovação incremental e revolucionária, ela pode preservar o núcleo e estimular o progresso. A inovação requer seu próprio sistema de governança que permite a idealização, a descoberta e o teste. Você precisa de um lugar para começar a beijar sapos, quer dizer, para começar experimentos em pequena escala. Eventualmente, os experimentos se transformarão em novos modelos de negócios, que podem mudar completamente a estratégia da empresa. Regra de transformação número cinco: trata-se de estrutura.

Também revisaremos os conceitos fundamentais de estratégia e como as empresas inovadoras são rápidas em adotar experimentos válidos em sua estratégia. Como Gary Pisano, professor de administração de empresas e membro do Projeto de Competitividade dos EUA na Harvard Business School observou: "O problema é que a capacidade de inovação de uma organização origina-se de um sistema de inovação: um conjunto coerente de processos e estruturas interdependentes que ditam como a empresa busca novos problemas e novas soluções, sintetiza ideias em um conceito de negócio e designs de produtos e seleciona quais projetos serão financiados."[14] Quando as vantagens competitivas não são mais duradouras e as barreiras de entrada também podem ser rapidamente destruídas por avanços tecnológicos acelerados, o que resta para a estratégia? Como veremos, torna-se uma coisa mutante. Regra de transformação número seis: trata-se também de estratégia.

O empreendedorismo é uma coisa poderosa. O empreendedorismo interno também é uma coisa poderosa e pode ser uma parte fundamental do sucesso da empresa. Nesse mundo altamente competitivo, a realidade é que não podemos mais separar gestão da inovação, não podemos mais jogar com as mesmas regras que nos ensinaram que a evolução exige apenas burocracia e processos. Eles são importantes, é claro, mas não podem ser deixados sozinhos. Nosso papel como líder também deve estar focado na criação de ambientes onde a experimentação e o aprendizado nunca sejam esquecidos. É o oposto, pois estes são os principais motores do crescimento. Como disse certa vez o fundador da IBM, Thomas Watson, a maneira mais rápida de ter sucesso é dobrar a taxa de falhas e, agora, a tecnologia nos permite criar falhas de maneira rápida e barata. A verdade é que a inovação sustentável requer uma tomada de risco inteligente. E isso abre nossas mentes para pensar mais como cientistas, para trocar suposições por hipóteses, para criar experimentos controlados que podem representar o sucesso futuro da empresa.

Como você pode ver, este livro é sobre inovação. Mais importante, é sobre as razões subjacentes de que algumas empresas são mais propensas a inovar do que outras. Este livro é sobre como os líderes podem criar o futuro aplicando uma combinação de elementos que vêm da transformação cultural, formando estruturas e adotando estrategicamente novos modelos de negócios. No entanto, nas raízes desse processo está a capacidade de aprender com as falhas.

Capítulo 2

A Era da Inovação Extrema

Tínhamos uma série curta, chamada Family Album, *que foi cancelada após seis episódios. Então, estávamos em pânico, imaginando se eles nos deixariam voltar ao ar novamente. Esse foi um dos dois pilotos que estávamos desenvolvendo naquela temporada, sendo o outro um da Fox que não teve sucesso. Este parecia fluir a cada passo do caminho e era fácil de escrever, enquanto o lance da Fox era terrível. E tínhamos medo de que a NBC não aceitasse o programa e a Fox escolhesse o errado.*[1]

Foi assim que o escritor e produtor americano David Crane, um dos criadores de *Friends*, contou recentemente a história de como o programa de TV mundialmente famoso foi inventado. O primeiro episódio foi ao ar em setembro de 1994. Ainda hoje em dia *Friends* é reconhecido como um programa de TV atemporal. A temporada final foi classificada em sexto lugar entre as mais assistidas na história. Atingiu mais de 52 milhões de espectadores no episódio final, em 2004. Recebeu seis People's Choice Awards para séries de TV favoritas, sete Emmy Awards, dois Actor Screen Guild Awards e vários prêmios de escolha adolescente. A série recebeu muitas indicações, incluindo Jennifer

Aniston como Melhor Atriz do Globo de Ouro em série de comédia.[2] Dezenas de anos depois, *Friends* ainda estava recebendo US$1 bilhão por ano em receita de distribuição. Em 2014, a Netflix investiu meio milhão de dólares por episódio para ir ao ar em seu *streaming*.[3]

Mas *Friends* não foi o primeiro programa de TV que Marta Kauffman e David Crane tentaram montar. Anos antes, eles lançaram o *Family Album*, que nunca conquistou o público. A comédia sobre uma família em uma sala de estar foi um fracasso. Foi cancelada após alguns episódios. Agora imagine que Kauffman e Crane, por qualquer motivo que você possa imaginar, tivessem decidido desistir depois de fracassar com o *Family Album*? Ou imagine que o ex-presidente da NBC, Warren Littlefield, os teria conhecido, ouvido a apresentação de uma nova comédia e depois decidido que não iria investir em um novo projeto que eles fossem dirigir?

Seinfeld teve uma história semelhante. O primeiro impacto entre os executivos de TV foi como um programa de TV ruim. Um programa que nunca seria capaz de atingir uma audiência significativa. O primeiro episódio a ir ao ar foi um fracasso completo. Felizmente, para seu imenso público, eles não pararam. Dez anos depois, *Seinfeld* estava no topo da classificação da Nielsen e gerando mais de US$1 bilhão em receitas.[4] Em 2014, *Seinfeld* relatou mais de US$3 bilhões em receitas desde que foi vendida para distribuição. E se Jerry Seinfeld tivesse decidido parar e ir para casa? A chamada reinvenção das comédias de TV nunca se materializaria.

Ambos, *Friends* e *Seinfeld*, foram grandes sucessos, e são completamente diferentes um do outro. Em *Friends* o foco estava nos personagens. *Seinfeld* tinha sua única regra: "Sem abraços, sem aprendizagem". Embora voltados a alimentar emoções diferentes, ambos os programas foram resultado da persistência. Ao criar algo novo, não há atalhos, as coisas não acontecem da noite para o dia. A inovação não chega apenas por ter uma grande ideia, mas como consequência de manter mentes curiosas e persistentes.

A Era da Inovação Extrema

Como escreveu o especialista em inteligência emocional Harvey Deutschendorf, a persistência é uma competência fundamental para o sucesso, e a diferença em favor daqueles que têm sucesso é sua capacidade de continuar quando os outros desistem. As bases da persistência são individuais e organizacionais. Requer visão, desejo de realização, confiança interior, autodisciplina, adaptação, aprendizado e capacidade de prosperar em ambientes desconfortáveis. Uma organização capaz de criar as bases para a persistência acabará criando as bases para a inovação. Resumindo, a capacidade de inovação é um resultado direto do engajamento.

Se conseguirmos construir uma cultura de engajamento, maiores serão as chances de estarmos no grupo de transformação contínua. Equipes totalmente engajadas e capacitadas, apoiadas por uma visão unificada e um ambiente de aprendizagem, serão autossuficientes. O problema, entretanto, é que a maioria das empresas não é capaz de construir engajamento. Uma pesquisa realizada pela Gallup, em 2014, apresentou que apenas 13% dos funcionários são altamente engajados, quando o dobro desse valor é apresentado como o grupo dos altamente descomprometidos.[5] Um relatório semelhante fornecido pela Glassdoor mostra que apenas 54% dos funcionários recomendam sua empresa como local de trabalho. Na verdade, poucas pessoas consideram o ambiente de trabalho envolvente.

Quando olhamos com mais detalhes, podemos ver que um dos fatores-chave que destroem o engajamento é a "cultura da culpa". Quando as coisas dão errado, os dedos começam a apontar em todas as direções, então os resultados vão desde enterrar informações, ocultar erros, evitar assumir riscos e até matar o aprendizado interno. Além disso, a abertura para a inovação vem de um senso de coesão, que é desconsiderado pela cultura da culpa. Em outras palavras, dizemos que permitimos que as pessoas experimentem coisas, mas as penalizamos quando falham, quando erram. A intolerância a erros destrói o engajamento. Sem engajamento, a inovação simplesmente não acontecerá. Outro estudo da Gallup descobriu que 59% dos funcionários engajados confiam que seu trabalho atual traz à tona suas ideias mais criativas, em comparação

Aprenda com as FALHAS

com apenas 3% dos funcionários desinteressados. Além disso, 74% dos funcionários engajados dão aos seus clientes ideias inovadoras, em comparação com apenas 13% dos funcionários que não se engajam.[6]

Um amigo compartilhou recentemente uma passagem de sua vida profissional. Ele foi contratado pelo novo CEO da empresa para auxiliar na criação de uma grande transformação de processos dentro da organização. O problema era clássico: a empresa estava perdendo participação de mercado, e algo precisava ser feito para retroceder a curva de crescimento. Ele disse, muito desapontado, que depois de cinco anos eles não conseguiram mover um único metro. Cada vez que o tema de um novo programa ou processo surgia, ou discussão sobre qual novo produto lançar estava em andamento, a reação das pessoas seguia o mesmo caminho: "não é a maneira como fazemos as coisas aqui". O executivo acabou por procurar outro emprego. Em tempos de extrema inovação e vantagens competitivas transitórias, repetir as fórmulas continuamente não é um terreno fértil para criar o futuro. Quando uma cultura organizacional está repleta de anticorpos, nenhuma persistência individual sobreviverá.

Mais do que nunca, precisamos de culturas tolerantes e de aprendizado com a falha

Desde a invenção do tempo, os seres humanos têm usado a abordagem heurística para construir a civilização. A evolução é o resultado da eliminação de erros nas tentativas de sobrevivência e reprodução. Ou, como costumava dizer o filósofo britânico-austríaco Karl Poper: "Animais e até plantas resolvem problemas. E eles resolvem seus problemas pelo método de soluções experimentais competitivas e pela eliminação de erros."[7] A evolução, por si só, é baseada em erros cometidos pelas células, que forçam os organismos a desenvolver mecanismos para lidar com as consequências.[8]

Nossos organismos são recipientes naturais para tentativa e erro. Nossos cérebros são máquinas de teste em que, uma vez encontrada a relação entre *input* e resultado, tendemos a estabelecer comportamentos.

A Era da Inovação Extrema

E, embora o cérebro humano mude ao longo da vida de uma pessoa, pouco se sabe sobre os mecanismos por trás da criação das sinapses ou da degeneração.[9] Nós, seres humanos, não temos a mente aberta por natureza. Essa é, de fato, uma tarefa mental contraintuitiva. O psicólogo e epistemólogo suíço Jean Piaget chama isso de *schema*. Observou que uma combinação de nossas experiências, a maneira como interagimos com o ambiente social e nossas crenças fazem parte desse esquema. Sempre tentamos fazer as coisas se encaixarem em nosso entendimento, nosso esquema. Então, quando uma informação desconhecida chega, temos duas opções: ou a encaixamos em nosso sistema de processamento ou precisamos criar um novo sistema para absorvê-la.[10]

Isso se reflete naturalmente em nossos ambientes organizacionais. Na maioria das vezes, nossas sinapses organizacionais são criadas com base nas experiências anteriores. À medida que a evolução ocorre, entramos nos esquemas tradicionais de burocracia e controle. Colocamos muito mais foco na excelência da execução e esquecemos que uma regra por trás da inovação é o fracasso. Tornamo-nos criadores em vez de aprendizes. O problema mais comum? Um choque entre sistemas de comando e controle enfrentando realidades contraintuitivas e não convencionais. Podemos ter as respostas para perguntas que não existem mais. A verdade é que *Friends* e *Seinfeld* são mais o resultado da exceção, não da regra. Sofremos mais em nossas escolhas estratégicas. Nossas estratégias são baseadas em antigas suposições. Não nos perguntamos se nossa estratégia é ruim!

A estratégia é uma combinação de processos deliberados e exploratórios. É também resultado de sinapses organizacionais. Como professor de Management Studies na McGill University em Montreal, Canadá, Henry Mintzberg defendeu que, ao estabelecer uma estratégia, as organizações devem ser capazes de incorporar o feedback do mercado e se adaptar, um conceito que ele chamou de estratégias emergentes. No final das contas, não importa como chamemos, em uma coisa vamos concordar: a previsibilidade acabou, a consistência não é mais a regra, e

Aprenda com as FALHAS

não podemos confiar apenas no planejamento estratégico deliberado. É hora de degenerar algumas sinapses.

Mais do que nunca, somos desafiados por tempos inquietantes, em que nossas intuições são, para dizer o mínimo, questionáveis. Na era da inovação em massa que requer muita adaptação, a falta de vontade de mudar e evoluir, sem dúvida, criará inércia e complacência, e ambas estão na direção oposta de para onde o mundo está indo sob esta enorme tempestade global.

A tempestade global

O primeiro telefonema foi feito em 1876, enquanto o primeiro iPhone entrou no mercado em 2007. A invenção de James Hargreaves em 1764 (Jenny) pode ser considerada a primeira iniciativa em robótica para a tecelagem, já o Google Schaft apareceu em 2010. A impressora foi inventada em 1448, e a primeira impressora 3D foi lançada somente em 1984.[11] Levou apenas treze anos para ser possível decodificar o genoma. Enquanto o rádio atingiu apenas cinquenta milhões de usuários depois de trinta e oito anos, o Twitter conseguiu atingir o mesmo número em menos de nove meses. A inteligência artificial deu os primeiros passos pelo trabalho de Alan Turin em 1950, e embora ainda usemos o teste de Turing para testar a capacidade da máquina para a resolução de problemas complexos, já visualizamos o complexo desenvolvimento em I.A., como o surgimento de carros autônomos, cuidados de saúde e muito mais.[12] As pesquisas em inteligência artificial tiveram o que se chamou "Inverno de I.A.", um período de interesse e investimento reduzidos. Esse período foi rompido pela pesquisa do Professor Geoffrey Hinton, da Universidade de Toronto, conhecido como um dos criadores do *Deep Learning*. A descoberta mudou os rumos da inteligência artificial, e esta se tornou uma nova corrida do ouro para os gigantes globais de tecnologia.[13]

Em 1995, a Microsoft lançou o Internet Explorer, também no início dos anos 1990 o telefone celular estava começando a se espalhar, dando às pessoas a liberdade de andar e falar. Em 1997, o iPhone chegou ao mercado e mudou tudo. Em 2015, o mundo atingiu 3,2 bilhões de pessoas conectadas pela internet. Além disso, o uso de dados móveis cresceu mais do que exponencialmente. No passado, no final de 2010, os dados móveis eram o dobro dos dados de voz. Desconsiderando o tempo gasto em ligações, nosso uso diário do smartphone é de três horas e quarenta minutos, e verificamos nossos smartphones em média a cada 6,5 minutos.

Nos últimos anos, vimos o surgimento das plataformas, serviços de mobilidade tradicionais sendo alterados por Uber, BlaBlaCar, Lyft; o consumo de mídia tornou-se colaborativo por meio do Facebook (Meta), Reddit, Medium; a educação online nunca foi tão popular graças ao Duolingo ou Coursera; não telefonamos para fazer reservas nos restaurantes, apenas usamos OpenTable ou YellowPages e o problema está resolvido. E muitos, muitos outros. Basicamente, a ascensão das plataformas é considerada uma mudança sísmica nos modelos de negócios. E isso é só o começo!

A combinação de tecnologia acelerada com um mundo a distância é o que chamamos de tempestade global. Na verdade, e embora ainda consideremos o Vale do Silício como uma referência de inovação, não podemos prever de onde virá a onda de destruição criativa. A Uber e o Lyft foram criados na Costa Oeste dos EUA, mas o Waze foi inventado em Israel e adquirido pelo Google. E enquanto lemos muito sobre como a Amazon e o Walmart estão lutando pela liderança na combinação de vendas online e offline, o Alibaba acumulou mais de US$25 bilhões em vendas durante o Singles Day em 2017, o que é 25 vezes o que a Amazon vendeu em seu Prime Day.[14] A Tencent China se tornou, em 2017, a quinta maior empresa do mundo em capitalização de mercado, substituindo o Facebook (atual Meta) na posição do *ranking*. A maior empresa da Ásia com lucratividade sustentável é apenas outro exemplo dessa enorme tempestade global que está afetando a vida dos negócios.

Na verdade, o mundo mudou muito rápido. Basta dar uma volta para observar isso. Agora estamos trocando mensagens de texto enquanto caminhamos, carros elétricos exibem suas cores brancas por toda parte, podemos assistir à Netflix durante a viagem de metrô, lentes especiais podem nos dizer quando a insulina é necessária, e praticamos exercícios com equipamento de realidade virtual, assistimos a novos conteúdos com realidade aumentada, e a lista continua indefinidamente. A questão fundamental não é calcular a velocidade da mudança, mas o que ela representa para empresas de todos os portes e setores. Já entramos no futuro!

As mudanças geram impactos em escala e afetam setores direta e indiretamente. Uma simples análise da evolução das mídias sociais nos mostra isso. É notório o impacto de novas mídias como o YouTube na publicidade. De acordo com o YouTube *report* de junho de 2021, a plataforma tem mais de dois bilhões de usuários pelo mundo, 74% da população adulta nos EUA faz uso da plataforma e há um universo gigantesco de criadores de conteúdo, alguns deles com receitas substanciais. Um dos efeitos ainda não totalmente investigado é o impacto na economia do DIY (*do it yourself*). Criadores nos ensinam a fazer em casa coisas que precisávamos confiar a terceiros, tais como substituir a bomba de sucção da lavadora de louças.

Uma breve história a partir de 2002

Em 2002, o ator americano Tom Cruise desempenhou o papel principal num filme reconhecido como notável: *Minority Report*, uma produção de ficção neocientífica dirigida pelo mundialmente famoso diretor de cinema Steven Spielberg. A história é baseada num conto de Philip K. Dick, em que um "Chefe do Pré-Crime", um departamento de polícia, é especializado em solucionar crimes antes que eles realmente aconteçam. Os crimes são previstos pelos "precogs" da ficção científica. O tema central do enredo é a questão entre o livre arbítrio e o determinismo, mas também abrange a presença de tecnologias em nossas vidas.

A Era da Inovação Extrema

Minority Report foi além de exibir apenas recursos de ficção científica. Tornou-se o filme que previu o futuro da tecnologia[15]. Spielberg provavelmente cometeu um erro: as previsões eram para o ano de 2054, mas, na realidade, muitas das coisas já estavam disponíveis em 2014. Quarenta anos antes! Reconhecimento facial (no dispositivo pessoal Samsung ou iPhone X), publicidade personalizada (Google, Facebook), combate ao crime preditivo (cidades de Los Angeles e Santa Cruz, nos EUA, usam algoritmos para prevenir o crime), interface baseada no usuário (Nintendo Wii), carros sem motorista (dê uma olhada na nova tecnologia sem motorista da GM), casas automatizadas por voz (Google Home, Amazon Echo, Wink Hub) e muito mais.

Você pode dizer que *precogs* também não existem. Eu concordo. Eles não existem como os personagens do filme. No entanto, se você colocar em perspectiva o reconhecimento facial e visual inovador e combinar com alguns algoritmos, podemos facilmente fornecer uma experiência muito semelhante. Um sistema inovador de segurança interna nos EUA pode "sentir" se você está planejando fazer algo contra a lei com base nos movimentos dos olhos e nas taxas de audição. Esse algoritmo não é um *precog*? Que se considere, no entanto, as questões éticas desse tema. O maior desafio está relacionado ao viés em inteligência artificial. Muito se debate dos dias de hoje que a programação dos algoritmos tem sido influenciada por fatores culturais, e isso se tornou algo perigoso.

O ponto principal aqui não é discutir sobre semelhanças e diferenças entre o que Spielberg mostrou em 2002 e o que temos em nossas mãos. Alguns de vocês podem argumentar que o famoso filme *Blade Runner*, baseado em um livro de Philip K. Dick, mostrou carros voadores em 2019, mas será que estamos longe disso? Então, digamos que temos quase tudo em nossas mãos. A verdadeira questão é que tudo aconteceu muito rápido! Veja o que está acontecendo com a inteligência artificial e as tecnologias de aprendizado profundo, movendo-se em um ritmo tão acelerado que não sabemos se podemos acompanhar.[16] E, apesar de toda a evolução e desenvolvimento tecnológico, nossas mentes ainda são as mesmas, as estruturas do cérebro e a maneira como estabelecemos sinapses são as mesmas.[17] Alguns pesquisadores afirmam que essa nova modernidade afeta negativamente o nosso cérebro.[18]

Não é uma questão de saber se nossos cérebros vão se adaptar a tanta inovação, mas se nós, como seres humanos, nos adaptaremos RÁPIDO O BASTANTE a tanta inovação. Ou devemos chamá-la de inovação extrema?

Inovação extrema e o fim da vantagem competitiva

O filme *Minority Report* foi parte de uma discussão durante um almoço em uma conferência em que participamos na cidade de Toronto, no Canadá. O tópico principal da conversa foi como a inovação e a ruptura ainda mudarão nosso mundo, e como a ficção científica nos ajudou a navegar nessa jornada. Como vimos, os elementos futurísticos de *Minority Report* vieram com dezenas de anos de antecedência. Na verdade, os tempos são para o que o autor americano Sandy Carter chamou de era da inovação extrema. Tecnologias inovadoras que geram novos conceitos, revolucionando ecossistemas inteiros, e ciclos foram encurtados, provando que, como Carter observou: "A necessidade de inovação é maior do que nunca, mas ninguém parece ter um roteiro sobre como fazê-la, ou como deve funcionar em uma situação prática e estar alinhado com a estratégia e os objetivos corporativos mais amplos."[19]

Estes novos tempos exploratórios exigem que olhemos além, e realmente exercitemos a abertura de nossa mentalidade. Os tempos atuais exigem uma resposta rápida. As escolhas deliberadas não são mais a única abordagem. Embora precisemos ter nossos planos estratégicos para apoiar nossa análise, esse processo não pode ser baseado em suposições antigas. Como escreveu Rita Gunther McGrath, professora da Wharton School, hoje em dia o sucesso deve depender em grande parte do desenvolvimento da proficiência em inovação.[20] Em resumo, proficiência em inovação é a capacidade de gerar ideação, abertura para descoberta, habilidades de incubação e prontidão para aceleração. A incubação, especificamente, discorre sobre a capacidade da empresa de experimentar, validar no mercado e de transformar a ideia em implementação de um novo modelo de negócios. E, conforme reforçado pelo consultor de inovação Greg Satell: "Se quisermos inovar com eficácia, precisamos olhar além das sequências lineares de eventos e ter uma visão mais ampla."[21]

O conceito de vantagem competitiva sustentável tem sido amplamente discutido na visão baseada em recursos, pelo professor Jay Barney. Ele sustentou que, dentre os pontos fortes da empresa, o conjunto certo de capacidades poderia gerar algo único e especial para a organização. Como consequência, essa seria a fonte de uma vantagem de valor, rara, difícil de imitar e de substituir, posicionando vantagem em relação aos competidores, que lutariam, mas não ganhariam. Isso permaneceu verdade por muito tempo, mas depois a tecnologia acelerou bruscamente e muitas empresas perceberam que suas vantagens não são mais permanentes.

Como observou McGrath, para entender a nova lógica da estratégia, precisamos ter em mente que a estabilidade é a coisa mais perigosa em ambientes altamente dinâmicos. Pior do que isso, culturas e estruturas profundamente arraigadas na exploração de vantagem competitiva estão ansiosas para se tornar um passivo e, eventualmente, deixar as empresas para trás. Em 2007, a primeira página da *Forbes* mostrou o CEO da Nokia e uma manchete poderosa: "Nokia: um bilhão de clientes. Alguém pode alcançar o rei dos celulares?"[22] Então a Apple lançou o iPhone no mesmo ano, e o resto da história todos conhecemos. Se a Nokia estivesse lendo o contexto com menos suposições, essa história seria diferente? Quais foram as razões por trás das decisões tomadas por empresas que perdem esses saltos estratégicos? Não apenas a Nokia, mas também a Microsoft, que àquela época vendia milhões de aparelhos telefônicos por ano, interpretou mal a mudança. O ex-CEO Steve Balmer, anos depois, reconheceu o grande erro: "A Apple inovou no modelo de negócios, tentamos demais manter nosso modelo vivo em vez de mudar para um novo modelo. Não seguimos o caminho certo."[23]

Em estudo publicado no *Administrative Science Quarterly*, os professores Timo O. Vuori e Quy N. Huy exploraram a questão: *O que matou a Nokia*[24], tentando explicar os motivos da queda da gigante. Em sua explicação, o principal motivo foi a incapacidade da empresa de gerar inovação. A alta gerência e a média gerência estavam tão perdidas em batalhas internas que não conseguiam chegar a um acordo sobre uma questão simples e direta: a empresa deveria lançar um smartphone ou desenvolver um software avançado? Em algum momento, a alta direção da empresa pressionava acaloradamente por resultados em *touchscreen* e outros recursos de forma a enfrentar a pressão do mercado. Pior do que isso, ficou claro para os gerentes de topo que não havia competência real de software dentro da empresa. Não no nível para competir no novo contexto exigido. A Nokia estava procurando algo para vender e tentar se manter viva competindo contra o sucesso do iPhone. Em outras palavras, quando a Nokia percebeu que seu bloco de gelo estava derretendo, era tarde demais, a temperatura externa causou a tal entropia e tornou a queda irreversível.

A Nokia tentou encontrar soluções para seu dilema de inovação, mas não estava claro se a empresa era capaz de entender as profundas mudanças no cenário. Dois meses após o lançamento do iPhone, a Nokia decidiu comprar a empresa de navegação e roteiro Navteq, pagando mais de US$8 bilhões, esperando dominar o mapeamento e as informações online móveis. A Navteq, a essa altura, controlava a maior parte do mercado de sensores rodoviários, afirmando ser capaz de fornecer monitoramento de tráfego em tempo real. Os executivos da Nokia perceberam que isso poderia ser o carro-chefe para competir com o Google Maps ou o aplicativo de mapas da Apple. O problema era que os componentes externos agiam contra os desejos da Nokia, novamente. Uma empresa israelense, Waze, lançou de um aplicativo capaz de capturar informações de *crowdsourcing* de usuários de smartphones, permitindo monitoramento de tráfego em tempo real sem ter que se comprometer com grandes investimentos em ativos fixos. Conforme observado pelo autor futurista Salim Ismail: "em dois anos, o Waze estava coletando

A Era da Inovação Extrema

dados de tráfego de tantas fontes quanto os sensores rodoviários da Navteq e, em quatro anos, tinha dez vezes mais fontes."[25]

A Nokia não conseguiu encontrar sua proficiência em inovação? Para encontrar uma resposta melhor, precisamos olhar os bastidores e entender que tipo de decisões foram tomadas e, em seguida, tentar explicar os resultados. O especialista em tecnologia Daniel Gleeson, em um artigo do *TechCrunch*, trouxe algumas explicações adicionais. Argumentou que a Nokia calculou mal a mudança do ecossistema, tentando ser uma empresa de hardware em um mundo de forças concorrentes que mostram uma mistura de software e hardware.[26] Por subestimar as complexas mudanças no ambiente, a Nokia teve um medo relutante de mudar o foco do hardware para algo mais complexo. Em outras palavras, a Nokia não queria comprometer seus produtos principais. O foco muito estrito no *core business* da empresa e o medo de comprometê-lo fizeram com que a empresa fosse deixada para trás.

Inovação extrema significa que a abordagem tradicional para a análise da indústria, marcando muito especificamente quem é que não é nosso concorrente, simplesmente não é mais viável. Isso é mais óbvio em setores diretamente afetados pela revolução digital. Veja o exemplo da Virgin Records. A empresa estava em movimento de abrir centenas de lojas de discos em todo o mundo, e então o iTunes apareceu e a música online tornou-se disponível. Mas, nesse caso, a Virgin foi feroz em reagir, fechando lojas e entrando rapidamente em novos modelos de negócios, como telefones celulares e tecnologias em evolução.

As vantagens duram pouco e uma abordagem única não é mais útil.

Uma nova miopia em marketing?

O dilema da Nokia não é único. É semelhante ao que outras empresas estão enfrentando. Desde 1960, quando Theodore Levitt publicou na HBR o artigo *Marketing Myopia*, somos obcecados em entender as razões por trás das escolhas estratégicas. A lição de Levitt é bastante simples: "O crescimento sustentado depende de quão amplamente você define seu negócio e quão cuidadosamente você avalia as necessidades de seus clientes". O exemplo clássico que Levitt apresentou foi a ferrovia, que falhou em alcançar um crescimento sustentável porque usava um foco tão estreito, olhando para o negócio de ferrovias em vez de transporte. Então, com o advento de estradas, navios, carros, caminhões e assim por diante, tudo mudou, e as ferrovias foram deixadas para trás.

Aqui estamos, mais de sessenta anos depois, discutindo o mesmo dilema de uma empresa que entendia seu negócio como hardware (poderíamos dizer ferrovia), em vez de um ecossistema mais complexo, incluindo também o software. Em uma recente conferência de serviços financeiros em Toronto, Petra Hielkema, do Banco Central Holandês, usou uma metáfora para explicar o dilema entre bancos e *startups* de *fintech*. Disse que alguns dos concorrentes estão disputando quem tem a bicicleta mais inovadora e qual sobreviverá, mas poucos estão prestando atenção se as estradas ainda existirão no futuro. A verdade é que as empresas precisam entender por que existem, em vez de se concentrar no que fazem.

Podemos continuar falando sobre empresas que enfrentaram situações semelhantes. Empresas que se foram por não conseguirem lidar com as mudanças do mercado, pelo menos não no momento adequado. Como as empresas caem? Elas se veem como recipientes de sucesso e suas sinapses organizacionais são geradas com base na mesma entrada de dados e resultados. Elas não desafiam a Primeira Lei do Movimento de Newton. Em ambientes corporativos, o padrão é ficar cheio de suposições, e essa é a força motriz por trás de nossa falta de capacidade para mudar. Evitamos tentar um novo caminho, porque temos certeza de que estamos no caminho certo.

As raízes do problema estão, na maioria das vezes, dentro de nossa cultura organizacional. As empresas encontrarão diferentes respostas para os desafios externos com base (ou influenciadas) pela maneira como veem esses desafios. A cultura organizacional são os óculos que usamos para olhar para fora. Nossa percepção é afetada por nossas crenças, nossos valores, nossas suposições e até a nossa estratégia. Vamos usar

A Era da Inovação Extrema

uma rotina diária simples para entender esse ponto. É meio-dia e está um lindo dia quente e ensolarado lá fora, como um dos poucos que temos durante o verão em Toronto. Você precisa ir para um compromisso externo, então irá de carro. Como seu carro está estacionado do lado de fora, você entra, fecha a porta e coloca seus óculos de sol. O que acontece a seguir é que seus óculos de sol ficarão embaçados pelo impacto do calor no ambiente contra as lentes. O que você deveria fazer? Ligar o motor do carro e dirigir imediatamente? Ou dedicar alguns segundos para limpar seus óculos de sol?

O problema é que a maioria das empresas não tem tempo para ajustar os "óculos de sol culturais", e continua dirigindo sem levar em consideração as mudanças ao seu redor. As chances de um acidente aumentarão ao dirigir com as lentes embaçadas, pois as chances de seguir na direção errada são extremamente perigosas para empresas que não analisam suas suposições de vez em quando.

Outra maneira de explicar o papel da cultura organizacional é imaginar a construção de uma casa dentro de sua mente. Você tem um bom projeto para uma bela casa e começa a construí-la. Como a maioria das casas, tem mais paredes do que janelas, o que nos dá pequenos lugares para olhar para fora e, claro, nos dá a sensação de proteção. Então você decora sua casa, escolhendo uma boa cor para as paredes internas, os móveis certos, o carpete, os objetos e assim por diante. O tempo passa e você se sente muito confortável dentro da casa que construiu e decorou. Mas esse conforto é o principal motivo da complacência, o que leva à inação. O mundo lá fora está mudando, mas você se sente confortável demais para mudar. E é fácil de entender, já que você investiu tanto psicologicamente na criação de seu próprio ambiente que pensar em se livrar de seus móveis favoritos ou mudar as cores se tornou uma escolha difícil. Até que seja tarde demais.

Você pode pensar que as empresas têm uma lógica diferente, mas não, a lógica é a mesma. Gastamos muito tempo e esforço na construção e manutenção de nossas culturas organizacionais, mas esse mundo acelerado exige que ajustemos nossas lentes ou tenhamos grandes janelas em nossa casa. Precisamos olhar para fora com mais frequência, para verificar o que está acontecendo. Sei que é difícil dizer o que é certo e o que é errado, até porque diferentes empresas enfrentam diferentes desafios externos. No entanto, minha pergunta é: você está reservando um tempo para revisar essas suposições que são os blocos de construção da cultura que está tentando estabelecer? Está olhando de forma ampla, na perspectiva do ecossistema? Como pode ter certeza de que seu bloco de gelo não começou a derreter?

As mudanças estão vindo de todos os lugares. Por muitos anos, os anúncios classificados foram uma das principais fontes de receita dos jornais. Com a presença cada vez maior da internet no dia a dia, alguns dos maiores jornais do mundo começaram a lucrar com essa mudança, transformando os anúncios em papel em anúncios digitais. O conceito sem dúvida foi uma boa decisão, pois os leitores também estavam migrando do papel para a internet. Oferecer aos leitores essa alternativa seria uma inovação natural do produto. Mas foi só isso. Não era um modelo de negócios inovador. Então a *Craigslist* chegou ao mercado e desafiou as suposições que quase todos os jornais tinham naquela época. Era tão óbvio que as pessoas ainda precisam de anúncios classificados para oferecer suas coisas. Não eram tão óbvios os modos alternativos de fazê-lo.

A *Craigslist* foi criado por Craig Newman, em 1995, como uma lista de distribuição de e-mail para amigos na área da baía de São Francisco. Transformou-se em um serviço na internet um ano depois, expandindo-se rapidamente pela América do Norte. O pensamento inicial de Craig era apenas uma lista de distribuição de eventos, mas logo se tornou um sistema de postagem de eventos. Mais e mais pessoas começaram a se inscrever e postar. Em seguida, evoluiu para muitas outras seções de postagem, incluindo fóruns de discussão, itens pessoais para venda, procura de emprego e um bom lugar para encontrar vários tipos de serviços. A empresa de pesquisa de mercado Statistic Brain, em setembro de 2016,

A Era da Inovação Extrema

relatou que a *Craigslist* atingiu 20 bilhões de visualizações de página por mês. Que número para um novato no setor!

A criação de um novo modelo de negócios baseado na economia compartilhada estava criando um momento desafiador a uma das principais fontes de receita dos jornais. E a *Craigslist* estava conseguindo isso com apenas 25 funcionários, enquanto os gigantes da mídia costumavam precisar de mais de oito vezes essa quantidade para conseguir o mesmo. Um estudo da Stern School of Business da Universidade de Nova Iorque (NYU) concluiu que a *Craigslist* poderia comer mais de US$5 bilhões da indústria de anúncios classificados. Da mesma forma que a Nokia investiu na Navteq para tentar controlar o mercado de sensores rodoviários sem considerar grandes mudanças em todo o ecossistema, muitos jornais viram sua receita de anúncios classificados desaparecer com a simples escolha de tentar replicar um modelo de negócios de papel em um mundo digital, em vez de criar um modelo de negócios totalmente digital. Mesmo com esse sucesso e potencial, a *Craiglist* está sofrendo mais recentemente e tendo o seu modelo de negócio desafiado.[27] Outras inovações surgiram a partir dos princípios do modelo de negócios do *Craiglist*, tais como AirBnb e Zillow.

Aqui, de novo, ilustramos que vantagens competitivas são provisórias, temporárias. Mesmo uma inovação que impactou o ecossistema também é alvo da mudança contínua. Com receitas decrescentes, esse outrora novo entrante agora enfrenta o avanço do Facebook (Meta), através da opção "Marketplace", e que mais e mais está sendo adotado por usuários do gigante global.

Olhando para dentro

Anos atrás, costumávamos nos referir à Nokia como uma empresa inovadora, capaz de reinventar seu negócio principal. Fundada em 1865 e começando como uma indústria de papel, a empresa se tornou um gigantesco conglomerado de tecnologia e um império de telefonia celular, uma história notável de uma empresa que se recriou com sucesso. Em

Aprenda com as **FALHAS**

muitas reuniões com colegas, lembro-me de quantas discussões tivemos sobre as variáveis entre manter o foco no negócio principal e expandir além das capacidades atuais da empresa para reinventar o futuro. A Nokia estava lá, uma referência para todos nós. Até o momento em que essa complacência tomou conta. A batalha foi perdida devido à inércia de toda a empresa.

Neste mundo acelerado, ondas de inovação estão destruindo alguns dos limites que costumávamos ver, criando um ambiente inovador sem limites. Também foi um lembrete de como a abertura de mentalidades e a manutenção de nossas capacidades para explorar além do negócio principal são partes fundamentais da inovação. Precisamos desenvolver proficiência em inovação como uma chave para ajustar, competir e sobreviver em tais tempos. Essa nova maneira de ver as coisas pode exigir um novo conjunto de habilidades e novos arranjos culturais que permitirão que o fracasso aconteça antes de cair. Precisamos evitar o jogo da culpa, de forma a criar uma cultura de engajamento, pois não queremos ser a empresa que foi substituída porque "nossos caras não se falavam".

Quem decide o caminho certo para uma empresa? As mesmas pessoas responsáveis pelas decisões sobre o futuro e a evolução também são os guardiões. Não podemos culpá-los, pois é uma tarefa difícil operar desenvolvendo a capacidade de executar e gerar lucro e, ao mesmo tempo, tentar criar proficiência em inovação. Como observou o Reitor Associado para Estudos de Liderança na Yale School of Management, Jeffrey Sonnenfeld, temos muitas pesquisas sobre liderança e governança corporativa mostrando que a burocracia está ultrapassando os CEOs. Eles não têm tempo para ouvir e, eventualmente, descobrem coisas quando é tarde demais.[28]

Além disso, você já considerou o longo prazo que uma ideia deve escalar para chegar ao topo? Como disse Gary Hamel: "A estratégia é definida no topo. O poder está diminuindo. Grandes líderes apontam pequenos líderes. Indivíduos competem para promoção. A compensação se correlaciona com a posição. Tarefas são atribuídas. Os gerentes avaliam o desempenho. As regras circunscrevem estritamente a discricionariedade."[29] Essa é a lista de momentos por trás de por que dizemos que a cultura come estratégia no café da manhã. Quando um pensamento inovador vem de baixo ou do meio, ele enfrenta uma longa caminhada até o topo e, na maioria das vezes, essa coisa inovadora é morta no meio do caminho por intermediários. Se você deseja propor uma nova iniciativa que desafie o *status quo*, pode se preparar para o impacto, porque ele pode vir pesadamente.

Jogo de culpa, complacência, inércia, aversão ao risco, qualquer coisa que você disser. A verdade é que matamos a inovação de dentro, não de fora.

Por que ainda é difícil falar sobre mudança?

Fora de nossos limites, ouvimos que a disposição para mudar é boa, e a resistência à mudança é ruim. Em nossos limites internos, geralmente pensamos o contrário. Dentro dos corredores das organizações, a mudança é interpretada como perda de controle, incerteza (melhor o diabo que você conhece, do que o diabo que não conhece), mudanças secretas, ameaça aos nossos hábitos, perda de dignidade por estar errado, medo da obsolescência, mais trabalho a fazer, novas lutas de poder interno, coisas dolorosas e medo de fantasmas do passado. É uma lista completa de percepções. Mudança significa desconforto, mas, como costumava dizer o consultor de gestão Peter Drucker: "se não estamos sentindo desconforto, provavelmente estamos fazendo de maneira errada".

Em tempos de extrema inovação e vantagens competitivas transitórias, a mudança não é mais uma opção. É a única opção. Do contrário, ficaremos presos a suposições antigas. Construir uma organização duradoura significa prontidão para mudar as ações, mesmo se não mudarmos a visão. Requer aceitar e abraçar as ondas de destruição criativa e ser proficiente em persistência e resiliência. É um mercado relativamente sem barreiras em que vivemos hoje. Como observou a professora Rita McGrath: "A inovação costumava estar lá e a estratégia estava aqui, mas agora são inseparáveis. A ideia de aprender com o fracasso, a noção de estudar portfólios de negócios e o conceito de construir novas capacidades estão todos ligados quando você considera o novo ambiente competitivo e como as empresas precisam mudar para ter sucesso dentro dele."[30]

FIGURA 1 – O Triângulo da Mudança

FONTE: Mintzberg, MIT Sloan, Rhythm of Change[31]

Em 2003, o professor e consultor de gestão Henry Mintzberg escreveu um artigo sobre o ritmo de mudança, sustentando que "percebemos que nosso ambiente está em constante fluxo porque só percebemos as coisas que mudam (...) estabilidade e continuidade também formam a base de nossa experiência."[32] Mintzberg sustentou que um dos tipos de mudança, a Mudança Dramática, é, na maioria das vezes, gerada por crise ou oportunidade, e desce do topo. Significa que devemos confiar que a alta administração nos dará orientação completa sobre qual oportunidade explorar, qual produto buscar e assim por diante. Os tipos de mudança são ilustrados na Figura 1.

O que Mintzberg estava explicando é que mudanças dramáticas (ou disruptivas) devem ser equilibradas em toda a organização, em um verdadeiro processo de engajamento. Não deve ser uma tarefa apenas para a alta administração. Sua visão baseava-se na criação de uma fórmula de experimentação dentro dos limites da mudança orgânica, de forma que o rejuvenescimento da empresa surgisse de dentro, potencialmente gerando uma revolução e levando a empresa à frente não por crise, mas por invenção. Fazer um movimento em vez de esperar que a Primeira Lei de Newton aconteça! Mintzberg observou: "Associamos a revolução a atos dramáticos que mudam uma sociedade. No entanto, muitas revoluções, na verdade, começam com pequenas ações orgânicas — uma "festa do chá" em Boston ou a tomada da Bastilha em Paris (que libertou apenas um punhado de prisioneiros!). Esses atos desencadeiam o drama; e aí surge a liderança, mas só se as condições, organicamente, forem adequadas."[33] A Uber foi criada após o fundador Travis Kalanick ter problemas para encontrar um táxi. O Airbnb foi criado porque os fundadores não tinham um lugar para ficar para uma conferência. A GoPro foi inventada porque um surfista queria ser capaz de capturar seus momentos sem usar equipamento profissional. Leva apenas uma faísca para iniciar uma revolução.

A experimentação está no cerne da aprendizagem. Pequenos experimentos desordenados podem desencadear transformações. Como sustentou Mintzberg, as pequenas iniciativas são o ponto de partida para mudanças nos negócios e na sociedade: "Isso não é revolução, embora as consequências possam ser revolucionárias". Mudança, experimentação, inovação. Muitas vezes isso soa como *buzzwords*. Conheço pessoas que se cansam só de ouvir essas palavras. Mas devemos, mais do que nunca, prestar muita atenção a elas. Como advertiu o consultor de gestão Jim Collins: "se empresas como Motorola, Circuit City e Fannie Mae — ícones que já serviram como modelos de excelência — podem sucumbir às forças da gravidade, então ninguém está imune."[34]

As empresas estão constantemente em perigo, que vem, na maioria das vezes, de dentro. Pode ser, como afirma Collins, o sucesso acumulado que leva à arrogância e, então, a liderança perde de vista a realidade; ou a sensação de que tudo ou qualquer coisa possa ser realizada. Como a natureza nos ensina, uma força motriz da evolução vem dos erros que as células cometem. A evolução vem da divisão celular, mas um dos piores inimigos de todos os tempos, o câncer, também é trazido pela divisão celular. Porém, há uma pequena diferença: as células cancerosas se dividem quebrando as regras de divisão controlada que as células saudáveis seguem.[35] Isso significa que o câncer é um subproduto da evolução. Nossa ânsia indisciplinada de entrar em novos mercados, ou lançar novos produtos, é a razão fundamental pela qual as empresas perdem valor. Tentar uma expansão indisciplinada pode se transformar em nada mais do que uma grande aventura ousada. Ou pode destruir você.

Como Collins observou, a dificuldade de aceitar informações que vão contra nossas suposições é outra causa de falha. Tendemos a ignorar dados que vão contra nossas crenças e dar mais poder às informações que sustentam nossa forma de pensar (falta de experimentos!). Então, quando as coisas correm mal, culpamos os fatores externos. Em outros casos, em tempos de crise, deixamos grandes decisões para nossos medos, em vez de nos concentrar em ações deliberadas. Quando as coisas se repetem, as empresas podem chegar ao que Collins chama de quinto estágio: capitulação à irrelevância ou morte.

O caminho a seguir começa pela cura das doenças internas. Uma das principais funções da liderança é construir consistência e autodisciplina para continuar desafiando todas as partes da empresa. A sabedoria convencional não tem espaço em tempos contraintuitivos. Os líderes precisam promover uma cultura de experimentação, uma cultura curiosa de "e se", e persistência. Precisamos criar as razões subjacentes para evitar que a empresa fique em uma posição estagnada.

Framework da nova estratégia?

Henry Mintzberg foi mal compreendido por muitos quando apresentou o conceito de estratégias emergentes. Ou, talvez, simplesmente não fosse o momento certo. Nossos cérebros são treinados para capturar valor a partir de um planejamento estratégico bem estabelecido, com análise de forças competitivas, criação de vantagens competitivas e posicionamento, para entender como gerar crescimento e resultados em longo prazo. Mas isso não é suficiente. Os tempos exigem proficiência em inovação, o que significa que é um processo que nunca para. Não se trata apenas de criar um plano estratégico e ajustá-lo à medida que fluímos. Na verdade, trata-se de misturar duas capacidades: estratégia e experimentação. Ideação, descoberta e experimentos em pequena escala devem ser parte do caminho a seguir.

A experimentação deve fazer parte do novo planejamento. E com base na premissa de preservar o *core business* e criar novas arenas para atuar, que as empresas devem buscar a combinação de ambos. Michael Porter afirmou que os empreendedores têm a vantagem, pois podem encontrar facilmente um ponto cego para penetrar. No entanto, quando abraçamos essa experimentação como parte de nossa estratégia, podemos ver que mesmo uma grande empresa também pode criar vantagem empreendedora. Principalmente quando uma organização tem mais recursos para financiar experimentos. Portas abertas para descoberta são necessárias. Como mostrou um estudo da McKinsey & Company, quase todas as inovações bem-sucedidas ocorrem na interseção de um problema valioso a ser resolvido, uma tecnologia que permite uma solução e um modelo de negócios que gera dinheiro com isso.[36]

Aprenda com as **FALHAS**

O que está faltando, então? A experimentação ocorre onde as crenças inovadoras são baseadas em autonomia, liberdade, assumir riscos. E o mais importante: tolerância para as eventuais falhas no meio do caminho. Mas uma pedra no meio do caminho é inerente a esse processo: ainda é mais fácil falar do que praticar. Como observa o professor de Psicologia e Economia Comportamental da Duke University, Dan Ariely: "As empresas pagam quantias incríveis de dinheiro para obter respostas de consultores com confiança superdesenvolvida em sua própria intuição. Os gerentes contam com grupos de foco — uma dúzia de pessoas discutindo sobre algo sobre o qual sabem pouco — para definir estratégias. E, ainda assim, as empresas não farão experiências para encontrar evidências do caminho certo a seguir."[37]

Alguns poucos anos foram suficientes para o *Huffington Post* passar de cerca de 3 milhões para 44 milhões de leitores. Rivalizando com o *The New York Times*, a empresa produz cerca de 600 a 1.000 peças de conteúdo original todos os dias, rastreamento de notícias e análises baseadas em métricas. Vê seu papel na indústria editorial como pensar rápido e ser rápido.[38] Sua criadora, Arianna Huffington, foi rejeitada 36 vezes por diferentes editores. Eles estavam olhando para a direção certa ou protegendo o *status quo*? Uma editora, pensando sob a mentalidade de experimentação, não tentaria pressionar por algo? Talvez essas empresas não tenham permitido que os tomadores de decisão possam falhar?

Red Hastings tentou vender a Netflix para a Blockbuster por US$50 milhões em 2000. A fotografia digital foi inventada dentro da Kodak. A Nokia não prestou atenção à revolução do smartphone. A Blackberry negou as capacidades revolucionárias do iPhone. A Sony decidiu processar o Napster em vez de abraçar as revoluções da música digital e da economia do compartilhamento. Se essas empresas fossem mais abertas para experimentar ideias inovadoras, a história seria diferente? Michael Eisner decidiu que o AdWords não era o jeito da Disney, e o Google ultrapassou o InfoSeek, uma empresa anteriormente adquirida pela Disney sob a gestão de Eisner. A Zipcar foi inventada por uma mãe de três filhos com um carro, procurando resolver um problema simples: nem ela, nem o marido, precisavam do carro o dia inteiro. Quando Robin Chase criou a Zipcar, ela teve uma visão que simplesmente refletia suas necessidades: acesso conveniente, confiável e rápido aos carros.[39] Por que as locadoras de veículos tradicionais, tecnicamente com muito mais recursos do que os 68 dólares que Robin Chase tinha no banco, não surgiram com uma solução adicional no portfólio, oferecendo compartilhamento em vez de aluguel de carros?

Essa é a pergunta que nos fazemos todos os dias, quando vemos um novo empresário navegando nos pontos cegos ignorados pelos competidores tradicionais. Mas também vemos novas luzes à frente. Estamos vendo uma transformação acontecendo em muitas outras empresas. Estamos vendo empresas mesclando comprometimento estratégico com capacidade de gerar experimentação. A IBM, por exemplo, tradicionalmente confiava na pesquisa básica como fonte de sucesso em produtos e serviços. No entanto, a empresa decidiu se abrir para a experimentação, utilizando abordagem colaborativa para resolução de problemas. A empresa continua trazendo diversidade de talentos, mas também está aberta para trazer a bordo algo que possa representar uma oportunidade. A IBM desenvolveu um forte compromisso com as comunidades de código aberto, entendendo que alguns problemas não podem ser resolvidos apenas por recursos internos.[40]

As empresas que estão fazendo a transição, e prosperando neste mundo acelerado, são aquelas que podem navegar entre o compromisso com a execução estratégica e a abertura para experimentação. Elas se veem não protegendo o *status quo*, mas abertas à transformação. E uma das características mais importantes dessas empresas é que elas não têm medo de arriscar, não têm medo de falhar.

Capítulo 3

O Dilema Organizacional

*A única razão pela qual não fizemos isso antes é porque
os caras não falavam uns com os outros.* [1]

Imagine a seguinte declaração:

Já vendemos mais de 200 milhões de unidades. Somos o resultado da inovação aliada aos hábitos de mídia das pessoas. Somos altamente dedicados aos nossos clientes. No mês passado, nosso produto subiu 43% em vendas, superando essa 'novidade' lançada por nosso concorrente. Somos líderes mundiais em tecnologia e sabemos como fazer tocadores de música portáteis, nosso produto tem sido um sucesso absurdo e estamos prestes a lançar uma versão mais leve, que mostrará as capacidades inovadoras de nossa cultura de hardware.

Antes de começar a supor, essa não é uma declaração de Steve Jobs! Na verdade, não é uma declaração, mas uma coleção de frases mencionadas durante os anos 2000, quando o Walkman da Sony estava sendo desafiado pelo iPod da Apple. Embora nunca tenham estado juntas no mesmo depoimento, cada uma das frases foi comunicada pela empresa e foi coletada por várias fontes de 2004 e 2009. Pouco antes de a Sony encerrar a produção do Walkman. E essas são palavras associadas a um produto revolucionário inventado no final dos anos 70, o Walkman, que se tornou uma grande conquista para a indústria musical. A Sony era, de fato, uma líder mundial em tecnologia. Mas chegou ao fim em 23 de outubro de 2001, data em que Steve Jobs anunciou ao mundo a nova revolução na música, o iPod. Desde então, a Apple se tornou a referência para os avanços tecnológicos amigáveis mais significativos.

Em 1979, uma brilhante tecnologia de cassete magnética — que foi inventada em 1963 para os jornalistas gravarem entrevistas — revolucionou o mercado, por causa de Masaru Ibuka, cofundador da Sony. Como ele tinha que viajar muito, pediu aos engenheiros que projetassem um dispositivo de reprodução equipado com fones de ouvido. Então, animado com o desenvolvimento, Masaru levou a invenção ao CEO, Akio Morita, e pediu-lhe que o usasse enquanto caminhava. A descoberta veio imediatamente: a Sony tinha um enorme potencial em suas mãos.

A Sony tornou-se, então, referência em design e dispositivos eletrônicos miniaturizados. O Walkman veio como um *blockbuster*. A empresa vendeu mais de cinquenta mil dispositivos nos primeiros dois meses. Na década de 1980, o Walkman tornou-se uma referência para uma geração. A popularidade cresceu tanto que Aiwa, Panasonic e Toshiba logo passaram a competir em dispositivos portáteis de música. Durante a década de 1990, o Walkman tornou-se ainda mais popular, e a Sony lançava novas versões, que incluíam receptores de sinal de rádio, à prova d'água e com reforço de tons graves.

O mundo passava por mudanças e a música passava dos formatos cassete e vinil para os discos compactos. Então a Sony lançou uma evolução do Walkman: o Discman, capaz de trazer centenas de formatos diferentes. Um de nós (Juliano) teve um Walkman. Um lindo aparelho amarelo no qual costumava ouvir os músicos preferidos da época, como o Iron Maiden, enquanto estava correndo ou caminhando. Tentou fazer a transição, mas o Discman nunca funcionou corretamente quando tentou usá-lo. Talvez você tenha tido uma experiência semelhante ao tentar fazer o mesmo. Os aparelhos de CD tinham um grande problema

O Dilema Organizacional

para continuar tocando as faixas enquanto o corpo absorvia o impacto da corrida.

A música digital estava em transformação e a Sony percebeu isso. Como produtor de hardware, inovações tecnológicas estavam em andamento. No outono de 1999, durante uma exposição de tecnologia em Las Vegas, a empresa lançou dois reprodutores de música digital (o iPod foi lançado apenas em 2001): o Memory Stick Walkman e o Vaio Music Clip. A música digital finalmente estava disponível.

O mercado de música portátil, no entanto, estava começando a sofrer uma grande mudança sísmica. Uma tecnologia de compartilhamento de arquivos inventada na Califórnia estava possibilitando o acesso gratuito à música. Esse software, o Napster, veio como uma bomba nuclear para a indústria musical, que não estava preparada para lidar com a cultura de "compartilhar em vez de comprar". Somente em 2000, essa novidade já atingia mais de vinte milhões de usuários. O documentário *Downloaded*, que conta a história do Napster, traz um resumo dessa revolução, nas palavras do guru da tecnologia John Perry Barlow: "Não houve *ramp up*. Não houve transição. Foi como aquele famoso tiro de *2001: Uma Odisseia no Espaço*, quando o macaco pré-histórico joga um osso no ar e ele se transforma em uma nave espacial. O Napster foi um salto ridículo à frente."[2]

Então, dentro dos corredores da Sony, um grande desafio estava acontecendo. Sendo uma grande empresa com armas em diferentes setores, a mentalidade de silo estava levando a um jogo perigoso. A Sony Music estava mais focada no combate à pirataria e ao *freeloading*. O acesso à música digital foi tratado como um inimigo, não como parte do futuro. Como consequência, a empresa criou sua autoproteção ao reduzir a capacidade de seus próprios produtos de acessar uma ampla gama de músicas. Os dois aparelhos lançados pela Sony em Las Vegas tinham 64Mb de memória, o que permite armazenar cerca de vinte músicas apenas.[3] A verdade é que não apenas a Sony calculou mal o comportamento transitório.

Em 2001, o iPod foi lançado. Antes disso, Steve Jobs costumava referir-se aos dispositivos portáteis disponíveis no momento para música como uma porcaria.[4] Ele viu uma oportunidade para a Apple criar seu próprio dispositivo mp3. Sua visão era baseada em um dispositivo que poderia ser integrado ao iTunes e revolucionar a experiência do cliente com música digital. Mesmo assim, estava chegando em um período turbulento para a Apple, quando a empresa não estava nem perto de ser financeiramente sólida.

Primeiro, o iTunes chegou ao mercado. O iPod foi lançado nove meses depois. Vendo todo o drama em torno da música digital ocorrendo, Jobs viu as ofertas atuais baseadas em extratores de CDs, ao colocar músicas em computadores e depois tentar organizar *playlists*, como algo extremamente complexo para os clientes. Decidiu investir em um dispositivo simples projetado para experimentar e tornar a vida das pessoas mais fácil. Quando o iPod foi criado, a Apple já tinha uma solução de *back-end* para seu conteúdo. A combinação de iPod e iTunes trouxe um novo padrão para o mercado.

A Apple, então, tornou-se a referência em avanços tecnológicos neste século. Parte de seu sucesso veio da criação de um dispositivo combinado com um *back-end* de conteúdo, dando aos clientes a capacidade de encontrar áudio de alta qualidade. Essa foi a mudança fundamental na indústria da música digital. Não apenas para música. O iTunes e o iPod logo foram capazes de armazenar filmes, fotos e assim por diante. Depois de todos esses anos e chegando em 2017, o iTunes é o que usávamos para encontrar alguns dos conteúdos que queríamos, como assistir à nova temporada de *The Walking Dead*.

Não foi a Sony, nem mesmo a Apple, que tornou a música digital tão popular. Foi o Napster que criou um software de compartilhamento de arquivos permitindo que as pessoas simplesmente baixassem arquivos para ouvir. A Sony viu isso como um perigo. A Apple viu isso como uma oportunidade. O inventor do Walkman e referência do áudio portátil foi atacado pela Apple e pela transformação digital. O jogo era sobre integração. A Apple viu isso muito antes da Sony, que entrou na realidade de um mundo em mudança apenas em 2004.

Não nos entenda mal. A Sony ainda é uma empresa grande e sólida, mas os livros de negócios sempre repetirão como a empresa foi rompida, não pela Apple, não por um cara que trabalhava em seu quarto, mas uma empresa ultrapassada por sua própria mentalidade. Devemos culpar os executivos da Sony por isso? Você pode dizer que sim. Mas deixe-nos dizer: quando o mercado nos força a nos mover rápido demais, tendemos a pensar que sabemos tudo o que estamos fazendo. Em uma boa porcentagem das vezes, não sabemos. Esse é um dilema enorme.

Como a história continua se repetindo, mesmo um gigante da tecnologia como a Apple não foi capaz de preencher todas as lacunas. Logo, uma nova solução surgiu com música por assinatura, o Spotify. E a saga continua: Apple Music lidera nas faixas musicais (catálogo de mais de 70 milhões de músicas), Spotify nos podcasts. A Apple Music leva alguma vantagem ao oferecer exclusividades para videoclipes.

O Dilema do Inovador

Clayton Christensen, professor de administração da Harvard Business School, publicou o Dilema do Inovador em 1997, muito antes da guerra entre a Sony e a Apple para controlar a música portátil. Uma das descobertas mais importantes está na essência do que é chamado de dilema: "Simplificando, quando as melhores empresas tiveram sucesso, elas o fizeram porque ouviram atentamente seus clientes e investiram agressivamente em tecnologia, produtos e recursos de manufatura que satisfariam as necessidades da próxima geração de seus clientes. Mas, paradoxalmente, quando as melhores empresas posteriormente fracassaram, foi pelos mesmos motivos — elas ouviram atentamente seus clientes e investiram agressivamente em tecnologia, produtos e recursos de manufatura que satisfizeram as necessidades da próxima geração de seus clientes."[5] Essa frase soa, como diz a história, como o conselho que o advogado de Henry Ford recebeu do presidente do Michigan Savings Banks: "o cavalo veio para ficar, mas o automóvel é apenas uma novidade, uma moda passageira".

Essa referência de Clayton Christensen é mais recente do que nunca. A verdade é que se temos uma empresa sólida, com resultados sólidos, e nos vemos bem-sucedidos, tendemos a acreditar que poderíamos enfrentar novos desafios com as mesmas respostas e ferramentas. A Sony estava investindo em tecnologia, a quantidade de novos dispositivos Walkman e Discman disponíveis estava crescendo à medida que a empresa buscava novos modelos mais leves e brilhantes. Eles se viam como referência de uma empresa de hardware com uma sensação de sucesso imbatível. E a Sony foi desafiada por uma sequência de inovações externas que surgiram do nada.

Você diria que as agências de viagens fizeram algo errado? Se você costumava comprar passagens aéreas há vinte anos, provavelmente teve que ir a uma agência de viagens e voltar para casa com um livro de papel contendo sua passagem aérea. Então, a internet veio e facilitou a vida de todos, o que foi rapidamente adaptado pelas agências de viagens. Em algum momento, Expedia, Kayak e Travelocity combinaram os dados online disponíveis, criaram alguns algoritmos e eliminaram a necessidade de agentes de viagens tradicionais. As empresas estavam em um processo de adaptação a esse ambiente desconhecido, mas uma solução rápida veio como um tsunami.

Podemos dizer o mesmo sobre os jornais. Não é que eles estavam errados, mas o mundo estava mudando para uma solução mais eficiente. Como uma recente campanha de marketing do *The New York Times* posicionou: jornal não é sobre papel, mas sobre notícias. As livrarias convencionais ainda estão aqui e adoramos visitá-las. Mas nenhuma loja física terá um estoque comparável ao da Amazon. Não é que as livrarias tradicionais fizessem algo errado. Elas simplesmente não ouviram os sinais provenientes dos avanços tecnológicos.

O LinkedIn facilita o recrutamento de empregos, assim como o Monster. Não consideramos mais a Enciclopédia Britânica, vamos di-

O Dilema Organizacional

retamente para a Wikipedia. Carros sem motorista estão chegando e, mais cedo ou mais tarde, tecnologias de drones reinventarão a entrega. A Udemy e o Coursera estão criando novas formas de ensino e aprendizagem, e isso é apenas o começo. Um dia, a filha de uma amiga disse que as mães não eram mais necessárias, agora que ela tinha o Google. Se alguns representantes da nova geração dizem jocosamente que as mães podem ser substituídas pelo Google, imagine o impacto nas empresas. As crianças não aceitam mais um simples "não sei". Elas querem que você "pergunte para a Siri".

Não se trata de certo ou errado. A equação é muito mais complexa do que isso. Nossas crenças e premissas trazem algum nível de cegueira. Coisas como estarmos vivendo em um mercado sólido. Nosso produto ou serviço é amado e estamos felizes porque continuamos melhorando. Mas neste mundo de tempestade global, a tecnologia muda muito rápido. Não podemos impedir que um empreendedor inovador venha e nos traga problemas, roube nossa participação de mercado ou crie algo que nos tire dele.

A vantagem do empreendedor

Em 1996, em um artigo publicado pela *Harvard Business Review*, o professor Michael Porter, da Harvard University, dava um conselho a empresas bem estabelecidas: cuidado com a vantagem do empreendedor. Sua mensagem foi clara: se um *incumbent* ou um empreendedor precisam encontrar uma posição para competir, os novos participantes terão a vantagem. O posicionamento exigirá muita criatividade e, quando novos entrantes encontram setores, mercados ou tecnologias que não são ocupados de maneira adequada, um empreendedor pode caber em uma parte negligenciada por concorrentes estabelecidos.

Vejamos o exemplo da empresa sueca de móveis e artigos de decoração, Ikea. A empresa foi referência em inovação. Ao estabelecer uma nova forma de construir e embalar móveis, a empresa criou uma solução que combina preço baixo e design. De uma pequena empresa criada em

Aprenda com as **FALHAS**

1943, em Smaland, no sul da Suécia, a Ikea conquistou o mundo com base na visão do fundador, Ingvar Kamprad, de permitir que "pessoas com recursos limitados mobíliem suas casas como pessoas ricas". E funcionou! Mas houve uma troca. Se você comprar na Ikea, deve levar para casa e montar sozinho. E há muitos anos aceitamos essa compensação.

Recentemente, a empresa atingiu US$3,3 bilhões em receita líquida, com um notável crescimento de 31% em cinco anos.[6] Com base na missão do fundador, a Ikea se concentra em fornecer preços baixos de forma consistente, compensados por grandes vendas de estoque. A empresa poderia aplicar o modelo de negócios na cadeia de valor, o que a ajuda a garantir preços baixos dos fornecedores. Mas, novamente, se você comprar móveis da Ikea, deve estar pronto para montá-los sozinho, pois a empresa dispensa o máximo de mão de obra possível e terceiriza para o cliente a responsabilidade pela montagem das peças. Tudo faz parte da escolha estratégica da Ikea e do alinhamento da cadeia de valor: não apenas a parte de montagem, mas também o uso de móveis planos embalados, o que torna mais fácil ir para casa com a compra diretamente na loja. Sem despesas de colagem, entrega ou montagem. Que modelo de negócio!

Podemos dizer que a Ikea torna a vida do cliente mais barata, mas não significa que a torna mais fácil. E, como disse Michael Porter, uma parte negligenciada do mercado naturalmente cria uma oportunidade para um novo participante. E assim foi, Leah Busque, uma empresária, ao sair para jantar à noite, surgiu com a ideia de criar uma empresa que combinasse trabalhadores com pessoas que os procurassem.[7] Esse foi o marco zero para o TaskRabbit.

O início da empresa foi baseado no fornecimento de uma plataforma para as pessoas ganharem um dinheiro extra, ajudando outras pessoas em várias formas de atividades, como pequenos reparos domésticos ou limpeza doméstica. Em 2016, oito anos após a fundação, a nova CEO Stacy Brown-Philpot pressionou pelo lançamento de um novo aplicativo móvel acelerando a correspondência entre pessoas e tarefas, e ainda mais, a empresa desenvolveu parcerias como prestadora de serviços para montagem de itens. Logo, os *freelancers* de serviço disponíveis eram frequentemente chamados para montar móveis da Ikea. Exatamente! E o que acontece a seguir? No início de 2017, a Ikea comprou o TaskRabbit.[8] Então o TaskRabbit virou uma subsidiária independente. Essa aquisição visou proteger os negócios da Ikea, criando uma extensão de seu negócio principal.

TaskRabbit é outro exemplo de empreendedor. Um novo entrante que encontrou uma posição esquecida no mercado, da mesma forma que a Ikea fez anteriormente. O TaskRabbit surgiu no mercado com o objetivo de estabelecer uma posição baseada em atividades diferenciadas, alicerçadas no cerne da economia do compartilhamento. Os empreendedores podem facilmente realizar algum potencial onde as grandes empresas não estão olhando. Foi o mesmo quando a Netflix surgiu como um nicho de negócios, mas, nesse caso, a Blockbuster se recusou a adquiri-los. Como diria Tom Peter, tempos loucos exigem organizações loucas, em uma referência ao fato de que o único ativo real da empresa é a imaginação humana.

Como a Vice Media mudou a forma que vemos as notícias

A Vice Media foi fundada por Suroosh Alvi, Gavin McInnes e Shane Smith em Montreal, Quebec, no ano de 1994. Suroosh, filho de imigrantes paquistaneses, nasceu em Toronto, mas iniciou o negócio no norte, que nos primeiros dias foi denominado *Voice of Montreal*. A empresa foi fundada com base em um único princípio: um manifesto pela autenticidade, o que causou alguns problemas para os fundadores, pois também foi rotulado como muito provocativo, polêmico e de conteúdo politicamente incorreto.

No início, os três sócios tinham apenas um pequeno escritório por quatro meses, e como exemplo do verdadeiro espírito empreendedor, como o dinheiro não vinha, os fundadores contavam com a previdência para pagar as contas e sobreviver. A estrutura e o financiamento eram muito simples, pois cada parceiro trazia cinco mil dólares canadenses. Então, em 1996, o nome foi mudado para Vice, e a visão era produzir conteúdo real estando o mais próximo possível das fontes. Era a raiz do manifesto da empresa, e os fundadores mantiveram um estilo bruto, liberdade de criação e publicação, incluindo anúncios, em que os clientes podiam comprar uma página e fazer o que quisessem. Outra fonte de problemas, de fato. Naquela época, ser enxuto era o código, eles tinham que imprimir cópias com base em quanto vendiam de publicidade.

Em 1998, eles venderam 25% da Vice para um investidor, que os realocou para a cidade de Nova York. A empresa recebeu financiamento de US$250 mil e mudou-se para Nova York com uma grande ambição: queria falar sobre o mundo. Por pressão dos investidores, a empresa tentou diversificar e se tornar marca multicanal, faturar no *e-commerce* e depois abrir o capital. Então, eles adicionaram divisão de cinema, moda, TV e música em uma estratégia de diversificação rápida. A moda, por exemplo, tinha uma loja física. Algum tempo depois, entretanto, Suroosh e seus sócios perceberam que a Vice tratava de conteúdo, não de varejo, não de moda. Conteúdo, sim, mas com um sabor diferente.

A Vice conseguiu sobreviver ao estouro da bolha da internet, mesmo tendo zero caixa para executar suas atividades. A empresa acabou se tornando uma referência na "nova mídia", um veículo que abraçou a tecnologia e a globalização em altos padrões. Em 2013, a Fox comprou ações da Vice Media pagando US$70 milhões de dólares, logo a capitalização de mercado saltou para US$1,4 bilhão, e em 2017 a empresa atingiu uma avaliação de US$5 bilhões. Em setembro de 2021 a empresa levantou US$135 milhões para financiar suas iniciativas de crescimento, "incluindo a expansão das ofertas diretas ao consumidor da Vice, oportunidades de licenciamento de conteúdo, expansão comercial e experiencial, bem como fusões e aquisições."[9]

O Dilema Organizacional

É mais um exemplo de como os empreendedores fazem seu caminho, encontrando as lacunas do mercado. A pergunta que ainda permanece é: por que nenhuma das empresas de mídia bem estabelecidas percebeu que os consumidores estavam mudando, o mercado estava mudando e reagiu lentamente? A falta de mentalidade de *startup*, talvez?

A mentalidade de *startup*

Os empresários estão construindo o futuro em muitas economias. Como vimos, eles procuram lacunas nos alicerces do mercado. Lugares onde as grandes empresas não estão competindo. Com o fluxo de informações e a capacidade de organizar dados que agora estão disponíveis em todos os lugares, novos empreendedores — agora chamados de fundadores de *startups* — estão encontrando lacunas grandes, às vezes gigantes. O princípio da destruição criativa se aplica fortemente às ideias inovadoras que geram mais negócios.

Novos negócios, no entanto, também estão morrendo. Um estudo da Fundação Kauffman mostrou que mesmo nós temos uma nova *startup* a cada dois minutos, e a cada oitenta segundos uma nova empresa morre. Isso significa que o ambiente de negócios não é mais bom? Ou significa que mais empreendedores estão tentando fazer a coisa certa? A Fundação Kauffman e o Instituto para Competitividade e Prosperidade relataram que, nos últimos vinte e cinco anos, quase todos os empregos do setor privado foram criados por empresas com menos de cinco anos de idade.[10]

Não só as empresas formais estão ocupando um espaço no mercado, mas também o talento de muitos profissionais da área de tecnologia tem sido capaz de criar soluções que nunca pensamos. Desde 2008, mais de 300 mil desenvolvedores escreveram mais de 2 milhões de aplicativos, que foram baixados mais de 140 bilhões de vezes. Nessa nova economia digital e acelerada, às vezes não percebemos a diferença entre uma empresa e uma pessoa ou um pequeno grupo de amigos.

Aprenda com as FALHAS

A mountain bike não foi inventada em um laboratório ou por pessoas rabiscando dentro de uma grande empresa. Foi criada por ciclistas na Califórnia, que estavam tendo problemas para explorar caminhos não pavimentados com bicicletas tradicionais. O TaskRabbit, como vimos, não nasceu dentro de um departamento de P&D, mas na mente de quem percebeu que seu problema era o mesmo de muitas outras pessoas, e então uma nova empresa foi criada. Zipcar foi criado porque Robin Chase percebeu que nem ela nem o marido precisavam de um carro o dia inteiro. Quantas vezes você já ouviu a frase: "a necessidade é a mãe da invenção"?

Em 1999, a *Harvard Business Review* publicou um artigo do especialista americano em gestão, Gary Hamel. Em seu artigo, Hamel incentivou as empresas a abraçar as maravilhas do empreendedorismo, inspiradas pelo que estava acontecendo no Vale do Silício. Naquela época, os recém-chegados na vanguarda da revolução empresarial, como Cisco, Amazon, AOL, Dell e outros, começaram a desafiar os jogadores atuais, que costumavam ser dominantes em diferentes setores. O conselho de Hamel parece ter sido escrito apenas alguns dias atrás: "Encare: lá fora, em alguma garagem, um empresário está forjando uma bala com o nome da sua empresa. Depois que a bala sair do cano, você não conseguirá se esquivar. Você só tem uma opção: tem que atirar primeiro. Tem que inovar mais do que os inovadores, superar os empreendedores. Parece impossível para uma empresa estabelecida há décadas? E é, você precisa estar disposto a desafiar quase todas as suposições que tem sobre como impulsionar a inovação e a criação de riqueza em sua empresa."[11]

Depois de duas décadas, a tecnologia tornou-se um componente fundamental para todas as empresas. Podemos usar um chavão para explicar: todo negócio é um negócio de tecnologia. No passado, a maioria das empresas não se via no jogo da tecnologia, então não prestou atenção nenhuma aos conselhos de Hamel. Se colocarmos em perspectiva, qual foi a mudança mais notável na gestão? Na verdade, a maioria das empresas continua usando estruturas, sistemas e processos divisionais ou funcionais. A tomada de decisões não mudou muito, o poder ainda

O Dilema Organizacional

está no topo, a estratégia de controle da alta administração, e essa lista continua indefinidamente. Em muitas empresas bem estabelecidas, o mercado de ideias ainda é controlado por apenas alguns tomadores de decisão, e é difícil chamar a atenção das pessoas. Fica ainda mais difícil quando a decisão é relegada apenas à figura do CEO.

Quando buscarmos inspiração nessas novas e revolucionárias *startups* do Vale do Silício, veremos que não se trata apenas de inovação. Por trás da cultura do Vale do Silício, está a experimentação, o risco, a prontidão para o fracasso. É como se deve "não dizer não" a uma ideia. Isso é especialmente reforçado pela fragmentação das coisas boas que estão sendo criadas, e pela disponibilidade de empresas de capital de risco para defender, de forma que o poder não esteja concentrado em apenas uma ou em poucas pessoas. Se um investidor disser não, outro poderá dizer sim, e é difícil encontrar uma sequência de portas fechadas. Assim, os empreendedores sentem que podem criar e impulsionar suas ideias, porque eventualmente encontrarão um grande "sim". Dentro das organizações tradicionais, sabemos o que fazer, certo? Um sonoro "não" significa "esqueça". Os inovadores nunca deixam suas criações irem embora sem tentar mais vezes.

Dentro de nossas fronteiras organizacionais tradicionais há uma razão pela qual não gostamos de ideias inovadoras. Estamos, na maioria das vezes, protegendo nossa própria criação. Mesmo a mudança da Uber na cadeia de comando, o que podemos chamar de mudança de procedimento, trouxe muitas dores de cabeça para o fundador, Travis Kalanick. Quando ideias inovadoras ameaçam nossos produtos ou serviços e, como consequência, ameaçam nossos empregos, jogamos o jogo do poder. É apenas instinto humano, reforçado pelos elementos de nossa cultura organizacional. Os vencedores levam tudo, e nós queremos estar entre eles, então se algo vier para tentar mudar nossa maldição de ação, nós reagimos.

Uma das citações mais famosas usada por empresários no Canadá é do lendário jogador de hóquei Walter Gretzky: "Patine para onde o disco está indo, não para onde ele esteve". Essa frase se tornou quase um famoso clichê. O problema é que falamos, mas não fazemos o que falamos. É fácil dizer que devemos interromper nosso próprio negócio antes que outra pessoa o faça. Quantas vezes do seu dia você tenta imaginar como o mercado ficará em dez ou vinte anos? Talvez cinco anos? Você está muito ocupado, eu sei. Todos nós estamos muito ocupados.

Como mostra um estudo da McKinsey, a maioria dos CEOs: "acha extremamente desafiador reformular sua empresa enquanto enfrenta as batalhas do dia a dia em todas as frentes para lutar contra a concorrência, aumentar as receitas e cortar os custos."[12] Responder às expectativas é uma tarefa que enfrenta muitas barreiras, como custos crescentes ou regulamentações inconsistentes, o que traz conflitos para executar uma estratégia pensando no curto e no longo prazo. De acordo com o relatório da McKinsey: "a maioria das empresas, no entanto, luta para alcançar o crescimento impulsionado pela inovação. Inovar para atender às demandas em constante mudança dos clientes por produtos e serviços sustentáveis e éticos adiciona uma dimensão desafiadora a essa busca, que muitas empresas estão apenas começando a abordar. Isso provavelmente explica por que um número menor de CEOs está fazendo mudanças significativas para maximizar o valor social de sua P&D e inovação e desenvolver produtos e serviços éticos."[13]

O que vemos não é apenas o dilema de um inovador, é um dilema organizacional abrangente. Os desafios de execução e criação de valor para os acionistas às vezes lutam contra encontrar energia para criar novos modelos de negócios. Em alguns casos, como observou o pesquisador do Fórum para Crescimento e Inovação da Harvard Business School, Maxwell Wessel: "as grandes empresas são realmente ruins em inovação porque foram projetadas para serem ruins em inovação."[14] Quando as empresas se tornam grandes, o lucro é o elemento de medição. O incentivo para a descoberta é substituído pela urgência de entregar. Em outras palavras, as empresas tornaram-se máquinas projetadas para executar. O aprendizado acabou!

O Dilema Organizacional

É, de fato, um resultado natural. As organizações precisam sobreviver, crescer e se tornar referências em seus setores. A literatura de gestão ensina que as empresas precisam encontrar a estrutura organizacional certa para cada período de seus ciclos de vida. Aprendemos como estudar a evolução e mudança organizacional com base na compreensão de estágios que são sequenciais e envolvem uma ampla gama de atividades organizacionais. Uma das publicações mais importantes sobre evolução organizacional é do economista americano e professor da Universidade do Sul da Califórnia, Larry Greiner, em um artigo da *HBR* de 1972, que sustenta que cada período evolutivo cria sua própria revolução, às vezes exigindo estruturas diferentes e, principalmente, equilibrado pela natureza das soluções de gestão para cada situação.[15]

Em suma, esse conceito sustenta que as empresas partem da criatividade. Esse é o primeiro componente para o crescimento, que se apoia numa estrutura concentrada no fundador, geralmente de orientação técnica ou empreendedora. Então, as empresas chegam a uma crise de liderança. A mentalidade empreendedora não é mais a resposta para fazer frente às necessidades de processos e de mais estrutura. As empresas, então, saltam para um novo escopo organizacional, a fase da direção, quando ocorre o crescimento sustentável a partir de uma liderança capaz e diretiva, que mais cedo ou mais tarde lançará a empresa em uma crise de autonomia, caracterizada por muitos processos e restrições, e pela necessidade, pois a execução leva a evitar a inovação.

Nesse momento, as organizações exigem maior autonomia para as pessoas, passando a empresa para o estágio de delegação, em que as estruturas passam a ser descentralizadas, dando ao gestor maior autoridade e incentivo. Esse estágio culmina em um problema genuíno, quando a alta administração percebe que está perdendo o controle. Essa crise de controle tende a colocar a organização de volta em uma estrutura centralizada, em que a alta administração recupera total poder e controle. As vencedoras são as empresas que conseguem coordenar responsabilidades e administração, criando uma nova etapa: a coordenação.

O estágio de coordenação traz seus próprios custos e benefícios emocionais. Normalmente, o maior custo emocional é a falta de confiança, pois a coordenação exige relatórios excessivos, levando a empresa a uma crise burocrática, em que tanto os gerentes quanto os funcionários criticam o sistema burocrático que evoluiu. Os processos superam a solução de problemas e a inovação desaparece. Surge uma nova fase, agora chamada de colaboração. Essa fase traz novo empreendedorismo, diversidade, controle social e autodisciplina. A empresa torna-se mais flexível e o trabalho em equipe é a ferramenta para a solução de problemas.

Durante todas essas fases evolutivas, você percebeu quantas vezes podemos ver a inovação desaparecer? Nossas empresas tornam-se muito complexas! Não é surpresa que os CEOs não tenham tempo para se dividir entre preservar o núcleo e criar o futuro!

O problema é que hoje a complexidade não respeita mais essas etapas. Uma empresa que está passando de um estágio de criatividade para uma estrutura mais formalizada pode enfrentar um novo concorrente na manhã seguinte. Enquanto a Uber está enfrentando uma reestruturação interna e uma nova governança, o Waze está testando uma nova funcionalidade de compartilhamento de transporte. A inovação vem da experimentação e a abordagem tradicional para a evolução da empresa é um "assassino da experimentação".

Os maiores desafios para as empresas são como criar, executar e permanecer relevante. Em outras palavras, como abraçar a evolução e suas dores e, ao mesmo tempo, não matar as fontes que geraram a grande ideia em uma grande empresa. Algumas empresas, no entanto, podem fazer isso. E elas podem não por causa de seu tamanho, mas devido aos valores enraizados de suas culturas.

O Dilema Organizacional

Príncipe Kar-Mi e os mistérios do mundo espiritual

As origens do circo moderno datam de 1700, quando o sargento-major Philip Astley, após a dispensa da cavalaria, decidiu continuar mostrando seu talento como domador e treinador de cavalos. De volta a Londres, ele começou a se apresentar em uma arena circular chamada de círculo (ou circo). O design do anel de circo foi, na verdade, inventado por cavaleiros de acrobacia. Tinha essa forma circular para permitir que o público tivesse uma visão clara e usar forças centrífugas para manter o equilíbrio durante a apresentação. Eventualmente, um diâmetro de doze metros tornou-se o padrão internacional para todos os ringues de circo.[16]

O primeiro circo inaugurado por Astley foi o Amphitheatre Anglois, em 1782, mesmo ano em que um ex-membro de sua companhia, Charles Hughes, abriu um anfiteatro e uma escola de equitação em Londres. Ainda naquele ano, o cavaleiro britânico John Bill Ricketts deu início ao primeiro circo nos Estados Unidos e, mais tarde, ao primeiro circo canadense, em Montreal. Todos nós conhecemos o circo como uma estrutura tradicional temporária, mas algumas cidades naquela época tinham estruturas permanentes que rivalizavam com os teatros. Esse novo produto logo começou a evoluir, com adição de outros animais e outros tipos de performances.

O circo em barraca itinerante logo se tornou, de longe, a forma de entretenimento mais popular nos Estados Unidos. Mais tarde, passou a conquistar todos os cantos do mundo como um verdadeiro fenômeno global, que evoluiu de atos equestres para performances acrobáticas, balanceamento, malabarismo, palhaçada. Com base na inovação, o circo estava se movendo com sucesso do século XIX para o século XX. Isso se tornou a espinha dorsal do circo moderno, incluindo palhaços e animais treinados, com tendas temporárias movendo-se de cidade em cidade. Talvez tenha sido, de fato, a primeira visão da globalização. No início do século, o mágico Príncipe Ka-Mir foi um dos artistas internacionais trazidos à América para impressionar e emocionar, uma inovação criada por uma empresa na corrida para vencer os concorrentes e conquistar mais clientes.

Ao final eram: artistas incrementais, artistas inovadores e algumas mudanças aqui e ali. E dois séculos se passaram sem nenhum incumbente desafiar o modelo de negócios.

Em 1982, Guy Laliberte voltou ao Canadá após viajar pela Europa como artista de rua, apresentando-se em vários lugares. Depois de conhecer alguns acrobatas e atores de Baie-Saint-Paul, Laliberte decidiu criar o Club des Talon Hauts para oferecer apresentações públicas em parques. Dois anos depois, durante o aniversário da descoberta do Canadá, o governo de Quebec decidiu contratar uma empresa para fazer apresentações em várias partes da província. Laliberte e seu colega, Daniel Gauthier, propuseram um ato envolvendo artistas de rua e sem animais. Foi a pedra fundamental do Cirque du Soleil. Laliberte, Gauthier e outros artistas viajaram pela província de Quebec com uma pequena tenda azul e amarela com oitocentos lugares. Logo foram convidados a se apresentar em outras províncias do Canadá e, em 1987, receberam o primeiro convite para ir aos Estados Unidos. Europa e Ásia vieram depois.

Os fundadores do Cirque du Soleil removeram animais. Isso ajudou a reduzir drasticamente os custos. Investiram mais tempo e dinheiro em música, figurinos e cenografia. Essa mudança atraiu clientes não tradicionais e mudou um setor em declínio que estava competindo com muitas outras formas de entretenimento, como eventos esportivos ou videogames. O que os fundadores do Cirque du Soleil tomaram, na verdade, foi uma decisão corajosa ao remover muitos fatores que a indústria do circo costumava dar por garantidos. Tratava-se de uma *startup*, cujos fundadores identificaram uma lacuna esquecida no mercado e projetaram uma solução que não visava competir com grandes empresas circenses em nível global, mas com foco em proporcionar uma experiência única para o público. Mas com essa decisão foram responsáveis por re-

O Dilema Organizacional

inventar a experiência circense. Humildemente, Guy Laliberte definiu o sucesso do Cirque du Soleil como um "acidente organizado".

A criação do Cirque du Soleil foi um produto da experimentação, de alguém que fez coisas diferentes na indústria do entretenimento. Guy se define como alguém aberto a experimentar coisas novas: "Eu cresci neste tipo de mundo muito equilibrado de negócios e criatividade. Minha mãe era muito, muito criativa, excêntrica. E meu pai era um cara de relações públicas, um vendedor de rodas. Eu realmente acredito que um presente que minha vida me deu é esse cérebro de cinquenta por cento de negócios criativos."[17]

Parte do sucesso do Cirque du Soleil baseou-se na criação de um ambiente de negócios, abrindo espaço criativo para permitir a tentativa e o erro, e não foi fácil, pois muitos obstáculos surgiram em seu caminho. A maioria das pessoas não sabe, mas durante a viagem pelo Canadá na primeira turnê, Guy e a trupe perderam a tenda devido a uma tempestade intensa que ocorreu em uma das primeiras apresentações do Cirque du Soleil. Desde o início foi um aprendizado difícil. O caminho crítico, de fato, era estabelecer uma organização em que as pessoas fossem livres para entregar sua loucura, para apresentar ideias que pudessem ser transformadas em novos projetos. Em 25 anos, o Cirque du Soleil teve apenas um fracasso criativo, e todos os outros espetáculos foram grandes sucessos. Em 2015, vendeu uma participação majoritária para o TPG, um fundo de propriedade de investidores dos EUA e da China, e embora o número não tenha sido público, alguns relatórios estimam um negócio de US$1,5 bilhão.[18] Mas mesmo um grande sucesso como o Le Cirque não está imune aos efeitos do ambiente externo. No final de 2020, o grupo anunciou que finalmente conseguiu sair da falência, depois que a pandemia da Covid-19 forçou a operadora de circo a cancelar shows e demitir artistas.

Aprenda com as FALHAS

Pode me dar uma carona?

O termo "Economia de Compartilhamento" foi oficialmente colocado no Dicionário Oxford em 2015. Apesar de toda confusão em diferentes palavras para explicar a mudança do mercado, esse princípio de compartilhamento foi construído em um modelo que combina oferta e demanda com base em ativos subutilizados. Esse foi o princípio subjacente que originou muitas empresas como Zipcar, Uber e Lyft.

Usando recursos de geolocalização combinados com métodos de pagamento fáceis, Lyft e Uber transformaram o transporte em muitas partes do mundo, desde 2012, quando os carros particulares se tornaram uma fonte de compartilhamento de caronas. Lyft foi criada pelos empresários John Zimmer e Logan Green, quando eles combinaram um interesse comum em ajudar as pessoas a se movimentarem sem ter um carro ou depender do transporte público. John teve uma ideia depois de assistir a um curso relacionado a ecocidades, enquanto estudava hospitalidade na Universidade da Califórnia, em Santa Bárbara.

Logan Green era um jovem empresário que já trabalhava com transporte, e algumas de suas criações estão por trás do motivo pelo qual ele foi convidado para fazer parte de um conselho municipal de trânsito em Santa Bárbara. Logan logo percebeu que, dentre os muitos problemas que as cidades enfrentavam para fornecer transporte de qualidade, o preço de uma passagem de ônibus era equivalente a 30% do custo total, tornando difícil para as cidades investirem mais quando as linhas ficavam mais ocupadas. Logan era um viajante e, durante uma viagem ao Zimbábue, percebeu que as pessoas estavam compartilhando carros por necessidade. Ao voltar para os EUA, Logan decidiu lançar o site Zimride para ajudar a conectar motoristas e passageiros entre cidades por meio de redes sociais.

A Zimride estava focada em campus universitários, mas Green e Zimmer perceberam o potencial de uma rede de compartilhamento de caronas sob demanda para viagens mais curtas dentro das cidades. A Lyft foi então criada para ser uma empresa de caronas. Após quatro

O Dilema Organizacional

anos prestando esse tipo de serviço, os fundadores se perguntaram se ainda estavam fazendo a coisa certa e, caso recomeçassem, o que estariam fazendo. Naquela época, a Uber estava começando como um negócio de limusines sob demanda e não era algo que a Lyft estaria interessada em explorar. O número de pessoas que podiam pagar uma limusine preta chique não era grande, então era para ser um negócio de baixo volume. Mas então surgiu a ideia de criar um aplicativo em que os passageiros pudessem solicitar um veículo pessoal que, de outra forma, ficaria parado no estacionamento o dia todo.

Agora é normal entrar no veículo de outra pessoa, mas esse não era o caso quando eles começaram. O que Logan e Zimmer tinham em mente era a experiência de compartilhar um carro, não fornecer uma nova forma de serviço de táxi. Então, no início, a transação era baseada em doações: eu te dou uma carona, você me dá uma doação. O Zimride era um empreendimento novo e estava sendo testado dentro de uma área altamente regulamentada, de modo que não era possível oferecer um serviço formal de pagamento aos passageiros. Depois de verificar e registrar alguns drivers, os fundadores convidaram amigos para testar o serviço. Então, no segundo semestre de 2012, as coisas começaram a decolar. Eles então venderam o Zimride para uma locadora de automóveis e passaram a criar a próxima coisa: Lyft.

O nome, que está relacionado à expressão "me dê uma carona" (do inglês *lift*), atingiu dezenas de milhares de downloads de aplicativos no primeiro ano. O sucesso estava chegando, mas também os problemas começaram a chegar: limitações regulatórias, regulações de segurança, ameaça de fechamento. Zimmer e Green tinham o perfeito entendimento de que a oportunidade era enorme, mas as limitações regulatórias também eram enormes. Eles continuaram pressionando e a empresa foi crescendo, abrindo novas cidades a cada mês. Naquela época, a Uber ainda prestava serviço de carros pretos e não tinha muitos concorrentes, especialmente porque as limitações regulatórias eram enormes. Mas a Uber X acabou entrando em cena, agora ameaçando o *core business* da empresa.

A Uber foi fundada em 2008, por dois amigos, Travis Kalanick e Garret Camp, após participarem de uma conferência em Paris, França, e algumas fontes dizem que o fato de ambos os amigos não terem conseguido um táxi à noite após a conferência foi um fator-chave que levou à criação da Uber.[19]

O foco era possibilitar que as pessoas encomendassem um carro usando um aplicativo com um toque em um botão e, em seguida, cobrassem por meio do cartão de crédito do passageiro. Mas, assim como a Lyft, a empresa começou a receber ordens de cessar e desistir da agência de transporte da cidade em São Francisco. A Uber prosperou e, apesar de todos os problemas que levaram Kalanick a ser expulso do cargo de CEO, a empresa é uma das referências desta nova "era das *startups*". Recentemente, a Uber começou a explorar novas adições, ao fornecer UberEATS e UberRUSH, também oferecendo vários tipos de carros e cobrando preços diferenciados, e lançando seu cartão de crédito grátis, incluindo bônus inicial de cem dólares.

Embora ambas as empresas concorram agora no mesmo espaço, os fundadores da Lyft afirmam que se diferenciam da Uber ao tentar resolver as coisas mais importantes: confiabilidade para pegar uma carona quando você quiser e manter os custos baixos. A criação da experiência inclui tratar os motoristas melhor do que outros serviços. A Lyft está posicionada nesta economia de compartilhamento e olhando para frente para o que o futuro poderá trazer, sustentada pelas palavras de um dos fundadores, John Zimmer: "Até que consigamos que você não precise de um carro em sua cidade, nós não estaremos felizes."[20]

A experimentação interna

É sempre uma experiência valiosa ler e aprender com empreendedores que desafiaram o *status quo* ou encontraram lacunas no mercado para começar coisas novas, e então prosperaram. Mas essa é uma competência que todas as empresas devem se concentrar em construir internamente. Você sabe o que fazer quando é picado por uma cobra venenosa? Você

O Dilema Organizacional

precisa injetar o antiveneno, o soro antiofídico, um medicamento feito de anticorpos, produzido pela coleta do veneno de cobras. Na verdade, o soro antiofídico, que foi desenvolvido pela primeira vez em 1800, é o medicamento mais eficaz, seguro e necessário em um sistema de saúde.

A experimentação interna é baseada no desenvolvimento de capacidades internas das empresas. O antiveneno, para lidar com a gama de mudanças que os empreendedores e *startups* podem provocar ao encontrar os pontos cegos da empresa. Quando olhamos para empresas de sucesso, como a Amazon, o desenvolvimento dessa nova capacidade interna tornou-se um elemento-chave para o sucesso nesse mercado em ritmo acelerado. Jeff Bezos, fundador da Amazon, acredita que a experimentação e assumir riscos são razões fundamentais para o sucesso da empresa. Bezos sempre refere-se à experimentação como um grande componente da capacidade de inovação da Amazon. Bezos sabe que experimentos falham na maioria das vezes, mas dentro da cultura da Amazon, esse é o caminho do aprendizado. Ao subestimar a importância do fracasso, a Amazon projetou uma maneira de reduzir o custo individual de cada experimento e, como consequência, a empresa foi capaz de aumentar o número de experimentos, resultando em aumento da proficiência em inovação.

A experimentação pode ser a nova fonte de vantagem competitiva em um mundo desafiado pelo fim das vantagens competitivas. Não importa em que setor de mercado você está agora, fora das paredes da empresa existe a possibilidade de que um novo Napster, Netflix, Lyft ou Cirque du Soleil surja e o derrube. Permitir a criatividade e a experimentação cria estímulos e elimina a complacência. A Nokia seria retirada do mercado se a empresa tivesse a experimentação como capacidade? O circo tradicional seria capaz de criar uma inovação notável, em vez de deixar um espaço aberto para o Cirque du Soleil?

A experimentação como uma nova fonte de vantagem é o princípio central das estratégias emergentes. Em outras palavras, se quisermos ter sucesso, vamos nos dar a capacidade de gerar hipóteses, testando por meio de experimentos e, em seguida, selecionando o que dá certo. Então, se os CEOs não têm tempo, nem energia, para se dedicarem à inovação, que tal construir cultura e ambiente com autonomia e liberdade para explorar?

Precisamos criar essa disciplina de experimentação de negócios. Na maioria das vezes, os líderes não têm informações suficientes para tomar decisões, então a experiência e a intuição desempenham o papel. Como os professores de Harvard, Stefan Thomke e Jim Manzi, propuseram em um artigo da *Harvard Business Review* em 2014, as empresas deveriam recorrer mais à experimentação para encontrar novos produtos, serviços e estratégias em potencial. E, embora pareça simples, a experiência de Thomke e Manzi em estudar experimentos de negócios em muitas empresas descobriu que é difícil de conseguir na prática. Essa limitação está relacionada ao fato de as empresas não saberem o propósito claro, não terem o compromisso das partes interessadas ou não serem capazes de projetar experimentos viáveis. A conclusão é direta: "A lição não é apenas que a experimentação nos negócios pode levar a melhores maneiras de fazer as coisas. Também pode dar às empresas a confiança para derrubar a sabedoria convencional equivocada e a intuição de negócios defeituosa que até mesmo executivos experientes podem exibir. E uma tomada de decisão mais inteligente leva, em última análise, a um melhor desempenho."[21]

Mas, no final, a experimentação requer um grande compromisso com uma coisa importante: tolerância ao fracasso. Porque a experimentação é sobre assumir riscos. Somente com a criação de uma cultura e estrutura que permita que o fracasso aconteça, as empresas adotarão a inovação consistente, o tipo de inovação que evitará que novos entrantes roubem sua participação no mercado. O apresentador americano Jimmy Fallon se tornou uma das maiores referências globais no entretenimento. E isso não aconteceu sem que ele corresse riscos. Em entrevista a Guy Raz, do podcast How I Built This, Jimmy relembrou quando pediu ao cantor Paul McCartney para cantar a sua música mais conhecida, *Yesterday*, mas com uma letra diferente: Scrambled Eggs (ovos mexidos).

Correr o risco rendeu frutos, e é ate hoje lembrando com um dos grandes momentos da TV nos EUA.

Se você permitir que eles falhem, eles virão

A citação "se você construir, ele virá" tornou-se popular com o filme *Campo dos Sonhos*, estrelado por Kevin Costner, em 1989. A citação logo foi adaptada ao ambiente de negócios, com uma ligeira mudança: "eles virão". No filme, Costner é Ray Kinsell, um fazendeiro de Iowa que ouve uma voz dizendo a frase acima enquanto caminhava pelo milharal de sua propriedade. Kinsell decide seguir a voz e construir um campo de beisebol. Depois de dias e noites de espera, finalmente um jogador de beisebol aparece, e ele é Shoeless Joe Jackson, um jogador de beisebol profissional morto há muito tempo, que chegou ao campo com outros sete jogadores falecidos.

Campo dos Sonhos veio à nossa mente logo após ouvir as palavras de Guy Laliberte dizendo que o sucesso no Cirque du Soleil estava relacionado à capacidade que eles tinham em criar um ambiente que permitia que a criatividade acontecesse. Essa capacidade foi algo que Michael Porter explicou em seu artigo na *HBR* em 1996: a vantagem do empreendedor pode ser criada internamente, se você construir uma cultura e uma estrutura que permitam a experimentação.

Então, adaptamos a citação do *Campo dos Sonhos* para ser aplicada na criação de recursos internos para transformação: se você permitir que eles falhem, eles virão.

E eles virão para nos ajudar a reinventar de dentro para fora. Eles virão para não nos deixar esquecer de que precisamos manter o empreendedorismo como habilidade principal. Esse espírito interno de experimentação será a chave para desenvolver proficiência em inovação. E até lá, o fracasso não é algo contra o que lutar, mas sim incorporar como parte fundamental da nossa estrutura organizacional. Agora é hora de criar falhas inteligentes.

Capítulo **4**

O Mito do Fracasso

Falhar ou não falhar?

Durante nossa evolução, de uma forma ou de outra, passamos pelo fracasso. Das coisas mais simples às mais complexas, o fracasso está sempre lá para nos lembrar de ser cautelosos. Quantas vezes tentamos algo que não funcionou da maneira que esperávamos? Se colocarmos em perspectiva, o fracasso é algo que vive conosco. E não há nada de errado nisso. O fracasso é um fenômeno matemático e biológico reforçado pela entropia natural. O conceito de entropia diz que algo se encaixará adequadamente em um contexto quando o sistema estiver em equilíbrio com o meio ambiente. No entanto, é difícil encontrar equilíbrio, principalmente porque as forças externas do ambiente simplesmente não são controláveis.

Vamos usar um exemplo de um bloco de gelo em um ambiente controlado onde podemos aumentar ou diminuir a temperatura. Quando mantemos um ambiente congelado, o bloco de gelo mantém suas características. Diferentemente, quando aumentamos a temperatura, o bloco de gelo derrete. Nessa experiência, podemos controlar as variáveis, representadas por nossa capacidade de controlar a temperatura e proporcionar o ambiente certo para o bloco de gelo. Mas na vida, não temos controle sobre as variáveis externas.

Isso também se aplica ao ambiente de negócios. Como em outros aspectos da vida, não podemos controlar as variáveis externas. Podemos encontrar maneiras de influenciar quando, por exemplo, uma empresa cria um novo produto que se torna um elemento cultural amplamente aceito (lembre-se de quando a Apple lançou os fones de ouvido brancos). Então, para lidar com o calor do ambiente e proteger nosso bloco de gelo, tentamos criar antídotos, como planejamento estratégico ou diversificação. Assumimos que, para tentar controlar as variáveis internas para lidar com o mundo externo, precisamos de um plano bem estabelecido. Acreditamos que seguir nossa estratégia deliberada será suficiente para fazer as escolhas certas.

Fazer escolhas estratégicas de alto nível geralmente é um desafio assustador. Phanish Puranam, do INSEAD, uma vez concluiu que em ambientes corporativos as decisões são feitas principalmente em circunstâncias estressantes e comprometidas. Nosso "para onde ir" e "como ir" estão em conflito constante, porque um plano deliberado ou confiar na vantagem competitiva não é mais suficiente. Coloca muito mais pressão sobre o ombro dos executivos seniores para prever posições estratégicas. Como consequência, espera-se que venha com as escolhas certas.

Não é impossível fazer apenas escolhas certas, embora seja difícil de realizar. Certamente algumas pessoas podem ter uma pontuação melhor, digamos, ao fazer as escolhas certas. Richard Dawkins diria que um gene pode influenciar o ambiente onde o organismo habita, manipulando o comportamento desse organismo. Portanto, um tipo de fenótipo que pudesse tomar apenas (ou principalmente) decisões corretas seria capaz de ter melhores respostas para evitar que nosso bloco de gelo derretesse.

Como disse certa vez o cofundador do Google, Larry Page: "Muitas empresas não têm sucesso com o tempo. O que elas basicamente fazem de errado? Elas geralmente perdem o futuro". É o reflexo desse mundo

O Mito Do Fracasso

acelerado, em que muitas empresas continuam tentando para encontrar boas respostas para perguntas que não existem mais.

A falha é parte integrante da invenção

A Amazon começou em 1995, como um site em que as pessoas podiam comprar livros, mas Jeff Bezos sempre pensou que um dia poderia construir uma ferramenta de *e-commerce* poderosa, em que os usuários poderiam comprar de tudo. A empresa começou na garagem de Bezos. Ele teve que lidar com desafios imensos desde o início, enquanto cruzava um caminho cheio de dores de crescimento: sistemas quebrados, produtos empilhados e uma bagunça completa ao redor. Bezos estava sempre ciente dos problemas e trabalhando duro para corrigi-los, mas nunca teve medo de falhar experimentando. Parece que ele estava certo, à medida que a Amazon crescia a ponto de atingir uma capitalização de mercado de mais de US$245 bilhões no vigésimo aniversário da empresa.[1]

Nos bastidores dessa ação incrível, podemos encontrar um motivo inegável para o sucesso: a abordagem de Bezos para o fracasso. Um relatório recente do *New York Times* mencionou que "enquanto outras empresas temem cometer erros colossais, Bezos parece simplesmente não se importar. Perder milhões de dólares por algum motivo não machuca. Apenas o sucesso conta. Isso gera uma cultura ferozmente experimental que está perturbando o entretenimento, a tecnologia e, principalmente, o varejo."[2] A lógica da Amazon parece simples, embora difícil de executar: vigilância constante sobre o comportamento do consumidor e tendências do mercado, adicionando experimentação, o que pode levar tanto à melhoria quanto à transformação.

Os funcionários da Amazon podem cometer erros. Eles são convidados a falhar. Em sua Carta aos Acionistas de 2014, Bezos escreveu que a invenção vem de todos, não apenas dos líderes: "O fracasso é parte integrante da invenção. Não é opcional. Nós entendemos isso e acreditamos em falhar cedo e repetir até que acertemos. Quando esse processo funciona, isso significa que nossas falhas são relativamente pequenas em

Aprenda com as FALHAS

tamanho (a maioria dos experimentos pode começar pequena), e quando encontramos algo que está realmente funcionando para os clientes, dobramos o problema com a esperança de transformá-lo em um sucesso ainda maior. No entanto, nem sempre é tão limpo assim. Inventar é complicado. Com o tempo, é certo que falharemos em algumas grandes apostas também."[3]

Um jovem engenheiro da empresa veio até Bezos para sugerir que os recursos de nuvem da Amazon eram tão imensos que eles deveriam começar a vendê-los como um serviço para outras empresas. Esse foi um grande E SE. Isso só aconteceu por causa da cultura tolerante ao risco da Amazon.

Lembra do dilema do inovador? Mesmo empresas totalmente bem administradas podem falhar se não mudarem as premissas e práticas em face de tecnologias novas e disruptivas que podem roubar seus mercados. A Amazon não quer que alguém roube seu mercado, e ao adotar um comportamento de risco e uma cultura tolerante ao fracasso, Bezos mantém a empresa crescendo. O fracasso não é ruim, o fracasso pode ser bom. Afinal, a capacidade de projetar o fracasso por meio da experimentação pode ser a solução para o dilema do inovador.

Era muito importante não tentar

Elon Musk nasceu na África do Sul, estudou no Canadá, mas o Vale do Silício passou a ser o destino desejado. Poucos anos depois de chegar, cofundou o PayPal com Peter Thiel, Yu Pan, Max Levchin, Ken Howey e Luke Nosek (e não vou entrar nas controvérsias por trás disso). Com o passar do tempo, Musk tornou-se uma espécie de lenda do empreendedorismo, pois conseguiu vender sua primeira empresa, a Zip2, para a Compaq por US$307 milhões. Mais tarde, o eBay adquiriu o PayPal por US$1,5 bilhão.

A Zip2 foi originalmente chamada de Global Link Information Network. Foi criada com o objetivo de fornecer diretório pesquisável para empresas, conectado a um mapa, páginas amarelas digitais, o que

O Mito Do Fracasso

parece óbvio hoje, mas não era a realidade em 1995. Quatro anos depois de ser fundada, a Compaq comprou a Zip2 por US$307 milhões, o maior valor pago por uma empresa de internet antes do ano 2000.

Musk se tornou um dos milionários reconhecidos mundialmente da era pontocom. Como empresário, ele estava sempre considerando diferentes setores de mercado para encontrar lacunas ou ineficiências que pudessem representar oportunidades de negócios. Seu novo empreendimento veio dentro do setor financeiro. Musk investiu US$12 milhões de seu próprio dinheiro com a venda da Zip2 em uma empresa chamada X.com. Uma espécie de banco online. No final de 1999, Musk conheceu Max Levchin, Peter Thiel e Luke Nosek, fundadores da Confinity, uma empresa de software criada para fornecer criptografia e pagamentos para Palm Pilot. Em março de 2000, X.com e Confinity se fundiram em uma só, e a empresa foi renomeada para PayPal em junho de 2001.

Em agosto de 2001, o PayPal aceitou a oferta do eBay em um negócio avaliado em US$1,5 bilhão. O eBay queria obter controle sobre os pagamentos online, adquirindo a empresa que estava fazendo a transição principalmente de negócios dentro da própria plataforma do eBay. Após esse acordo, Musk saiu com US$180 milhões após os impostos.

Musk então decidiu que havia chegado a hora de tentar perturbar dois outros mercados: as viagens espaciais e a fabricação de carros.

Em 2003, dois colegas, Marc Tarpenning e Martin Eberhard, estavam pressionando pela criação de uma empresa de carros elétricos, começando com um carro esportivo de dois lugares e depois passando para outros modelos. Sua missão fundamental era mudar o que consideravam um mercado de motores de combustão interna não eficientes. Depois de lutar com nomes diferentes, eles decidiram dar crédito ao inventor sérvio-americano que criou o motor de indução AC (corrente alternada), Nicola Tesla.

Depois de se mudar para o escritório da empresa em Menlo Park, Califórnia, eles perceberam que precisariam de financiamento para construir um carro inteiro. Mesmo depois de garantir pequenos inves-

Aprenda com as **FALHAS**

timentos da família, amigos e alguns fundos de Venture Capital (VC), ainda era muito pouco em perspectiva do desafio industrial que tinham a essa altura. Eberhard conheceu Musk, com quem viu semelhanças na visão do futuro dos carros elétricos. Musk então investiu todo o dinheiro que lhe restava nessa aventura para transformar a indústria e ter como objetivo vencer os veículos movidos a gasolina.

Um Tesla sempre foi muito caro, desde o início. Para os fabricantes de carros tradicionais, Musk era uma piada. No entanto, em julho de 2006, a Tesla lançou o Roaster no Barker Hangar, em Santa Mônica. Começou a receber encomendas de todos os tipos de clientes, incluindo celebridades como Arnold Schwarzenegger, na época governador da Califórnia, e Michael Eisner, CEO da Disney. Em duas semanas, a Tesla vendeu 127 carros. Mas demorou quase dois anos para começar a entregá-los.[4]

Os problemas para mover o carro do design para a produção foram muito maiores do que o esperado, abrangendo problemas de custo e fornecedor, criando uma pilha de complicações nas linhas de montagem. Em 2010, Musk admitiu publicamente que estava prestes a ir à falência. Depois de investir todo o seu dinheiro na SpaceX e na Tesla, e tendo que passar por um divórcio, Musk passou da personificação do bilionário Tony Stark (do filme *Homem de Ferro*), para um problema impressionante para Wall Street e o Departamento de Energia dos EUA.[5]

Apesar dos atrasos, problemas e questionamentos ainda pairando sobre o futuro da Tesla, a empresa foi chamada por Morgan Stanley de "a empresa automotiva mais importante do mundo."[6] Em uma entrevista à *CBS 60 Minutes*, Scott Pelley perguntou como Musk percebeu que estava começando uma empresa de automóveis de sucesso. Sua resposta foi: "Bem, eu realmente não achava que a Tesla teria sucesso. Achei que provavelmente falharíamos. Mas pensei que pelo menos poderíamos resolver a falsa percepção que as pessoas têm de que um carro elétrico tem que ser feio, lento e chato como um carrinho de golfe."[7]

Scott Pelley então perguntou a Musk se ele se incomodava em tentar, mesmo que a Tesla não fosse bem-sucedida. Musk respondeu dizendo algo que sugerimos aos líderes de negócios que imprimam e pendurem na parede de suas empresas: "Se algo é importante o suficiente, você deve tentar. Mesmo se souber que o resultado provável é o fracasso."[8]

Sistemas feitos para aceitar falhas

O que Bezos e Musk têm em comum? Ambos passaram de fundadores de *startups* a empreendedores gigantes. E isso, em parte, explica seu apetite por correr riscos e como eles projetam sistemas para o fracasso. Eles entenderam que as escolhas ou respostas certas são difíceis de encontrar em um mundo complexo, então eles decidiram navegar no enorme fluxo de transformação, aceitando que para fazer isso certo, eles teriam que errar primeiro. E essa pode ser uma das percepções idiossincráticas fundamentais que separam as empresas que estão tendo sucesso neste mundo acelerado daquelas que estão sendo deixadas para trás.

Amazon e Tesla, de maneiras distintas, mostram-nos o poder da experimentação. Em um mundo perfeito, com mudanças previsíveis, os tomadores de decisão podem criar padrões para analisar e decidir, e o objetivo geralmente é fazer a coisa certa. Tradicionalmente, não criamos sistemas para cometer erros ou fazer coisas indesejáveis em relação às decisões de negócios. No entanto, às vezes, esse desejo de "jogar no seguro" para alcançar apenas os resultados certos pode trazer ainda mais perturbação e estresse. Em outras palavras, se não tolerarmos o fato de que algumas de nossas escolhas estarão erradas, o sucesso ou a sobrevivência não estarão aqui para sempre.

O que Musk e Bezos nos mostram como estender o ciclo de vida de nossa empresa e prosperar em um mundo complexo. Precisamos desenvolver proficiência em inovação. Como não sabemos os resultados com antecedência, porque é tão novo que nunca foi experimentado antes, devemos construir sistemas que nos permitam falhar.

Olhando para trás, para as principais conquistas de Musk, a SpaceX também é o resultado de sua visão de reinventar o transporte espacial. Durante os primeiros dias na SpaceX, um após o outro, os lançamentos falharam, levando a empresa a uma situação quase final. Então, o quarto lançamento foi um sucesso, concedendo à SpaceX um contrato gigante com a NASA. Musk teve uma visão e começou a fazer todas as coisas certas e a perseguir as escolhas certas, mas estava aberto ao fato de que haveria obstáculos no caminho. Grandes obstáculos na estrada, de fato.

Podemos dizer que a Tesla é um futuro como referência. Afinal, a empresa ainda está caminhando para cumprir suas metas. A Tesla é uma empresa jovem, com uma pequena fração de tempo, se comparada aos gigantes automotivos. Por trás da invenção da Tesla estava uma grande missão de produzir carros elétricos de baixo custo e altamente projetados. Depois de acumular um erro após o outro, a empresa finalmente encontrou seu caminho. Isso foi apenas cinco anos após o início. O que torna a Tesla notável é a grande missão de Elon Musk por trás disso. Ele é alguém que pensa que o mundo estava precisando de uma mudança substancial das fontes de energia tradicionais e decidiu abraçar isso em grande escala. A Tesla ainda luta para estar no caminho certo, mas Musk fez toda a indústria automotiva acelerar o ritmo com as tecnologias limpas para carros. Os clientes começaram a ficar mais abertos para mudar suas mentalidades sobre o carro que desejam.

Amazon, SpaceX e Tesla não são sistemas feitos para falhar, mas sistemas feitos para aceitar falhas por não escolher o caminho mais seguro. Essas empresas têm se esforçado para enfrentar e resolver grandes desafios. O tipo de desafio que nenhuma outra empresa tentou resolver antes. E quando você entra nesse caminho de descoberta, incorporando fracassos, desenvolver uma cultura que aprende com os erros é a única escolha. Como a professora da Harvard Business School, Amy Edmondson, escreveu: "Somente os líderes podem criar e reforçar uma cultura que neutraliza o jogo da culpa e faz as pessoas se sentirem confortáveis e responsáveis por emergir e aprender com as falhas."[9]

O Mito Do Fracasso

Compreendendo a falha

Ao considerar a inovação, precisamos entender a falha (ou o fracasso). Na verdade, por tantos motivos, existe uma boa relação entre inovação e fracasso. Principalmente porque seu cliente não se importa se você tem uma estratégia. Ele só quer seu produto ou serviço para facilitar a vida dele. Em outras palavras, as coisas podem funcionar no futuro, mesmo que não funcionem na primeira vez. Ser persistente às vezes compensa, contanto que você esteja aberto para corrigir recursos indesejáveis do produto."[10]

Por que novos produtos ou serviços falham? De acordo com um estudo dos consultores de gestão Joan Schneider e Julie Hall, publicado na *Harvard Business Review*, uma série de fatores é responsável pelas falhas de novos produtos, mas na maioria das vezes estão relacionadas a um grande foco no projeto e na fabricação, e não no cuidado que chega às condições de mercado.[11] E as condições de mercado estão diretamente relacionadas a mudanças no comportamento dos clientes. Tudo remonta ao conceito de entropia. Nossos novos produtos são o bloco de gelo que queremos fazer persistir como um bloco de gelo, mas a mudança do cliente está esquentando o ambiente e isso leva ao derretimento.

Então, a esta altura, podemos nos perguntar se vale a pena nos preocupar com inovação e mudança. Vale comentar: a taxa de morte de empresas é maior naquelas que não conseguem inovar do que nas que inovam e falham. Você entendeu a diferença? É um conceito bastante darwiniano: a evolução requer adaptação, e não mudar para se adaptar leva à extinção. E isso é verdade na natureza e no mercado. Muitos rezam o mantra "inove ou morra", e todos poderíamos chegar à mesma conclusão, e até mesmo criar um novo ditado: a sobrevivência vem da inovação e a inovação vem do fracasso.

O passo inovador para entender o fracasso é entender os diferentes significados da palavra. O *Oxford Dictionary* explica isso como: 1) falta de sucesso em fazer ou alcançar algo; 2) alguém ou algo que não teve sucesso; 3) o ato de não fazer algo, especialmente se for esperado que você faça; 4) o estado de não funcionar corretamente ou esperado; 5) situação em que uma empresa deve fechar porque não teve sucesso; e 6) uma situação em que as lavouras não crescem corretamente e não produzem alimentos.[12]

Quando compreendemos esses significados, podemos encontrar dois grandes grupos. Aquele em que o fracasso é causa, ação ou inação (tentamos e não deu certo ou esquecemos de fazer algo) e outra em que o fracasso é consequência da nossa ação ou omissão. Mas também pode ser consequência de fatores externos (a empresa falhou por nossas ações; falhou por nossas decisões, a safra acabou por causa de chuvas fortes).

Embora em um mundo complexo não seja fácil rastrear a relação entre causas e consequências, tentar chegar às causas dos problemas pode nos dar algumas alternativas para explicar as consequências. Nesse sentido, podemos dividir o grupo de causas em dois subgrupos: a falha ruim e a falha boa.

A falha grave acontece quando alguém desliga o ar-condicionado da sala onde as drogas estéreis são feitas, e isso leva a 76 mortes.[13] Ou quando um funcionário desligou acidentalmente os servidores, causando um efeito dominó, derrubando um sistema inteiro, impedindo os servidores de funcionar por quatro horas e causando a perda de US$160 milhões em uma empresa.[14] Esses são exemplos do que chamei de fracasso grave e do que o *Oxford Dictionary* cita como um ato de não fazer algo, especialmente se for esperado que você faça. Uma falha grave também é quando você diz ao seu engenheiro que ele deve esquecer esse plano, porque as pessoas nunca olharão para as fotos em uma tela pequena. Ou quando uma empresa decide processar jovens compartilhando arquivos de música online em vez de abraçar a tendência e mudar o modelo de negócios.

Mas também existe o bom fracasso, ou como o professor de administração Sim Sitkin chama: fracassos inteligentes, que é a falta de sucesso em fazer ou conseguir algo. Tem a ver com a nossa tentativa de buscar algo que mude nossos produtos, nosso modelo de negócios, toda a nossa empresa. Esse tipo de falha é a base para o desenvolvimento da proficiência em inovação, e vem com um entendimento mais profundo de que, para aumentar o sucesso, precisamos aumentar o número de tentativas e, consequentemente, estarmos abertos para mais falhas.

As empresas nascem de sucesso?

Nossos cérebros são máquinas naturais sofisticadas e complexas que nos permitem processar uma quantidade incrível de informações e processar todos os tipos de análise. Mas eles também nos enganam um pouco. Por exemplo, quando se trata de retenção seletiva. Esse conceito é explicado na Wikipédia como: "Retenção seletiva, no relacionamento com a mente, é o processo pelo qual as pessoas lembram com mais precisão as mensagens que estão mais próximas de seus interesses, valores e crenças."[15]

Em outras palavras, quando pensamos na Apple, nossos cérebros se reportam aos incríveis dispositivos que temos em nossas mãos, ou à imagem de quando Steve Jobs subia no palco para anunciar mais um produto revolucionário. Ou quando pensamos na Toyota, vemos carros de alta qualidade. Ou, como a Tesla nos lembra uma butique e Elon Musk pregando a revolução da indústria automotiva na frente de uma multidão que aplaude. Acredite, essa perfeição não existe. Por trás de todos esses grandes sucessos, existem líderes de empresas e culturas que fracassaram, mas eram fortes o suficiente para tentar novamente.

Vamos considerar algumas histórias de sucesso que começaram com falhas. Hoje em dia, mais de 1 bilhão de iPhones foram vendidos globalmente, o que nos faz supor, de maneira geral, a Apple como uma empresa de grande sucesso. O que, de fato, é. Mas a Apple não foi um sucesso da noite para o dia e, em algum momento, foi um dos notáveis fracassos da história. O que a empresa realmente aprendeu foi extrair grandes lições dos erros.

O Macintosh estava em desenvolvimento para representar uma mudança substancial na computação pessoal. Mas um conjunto complexo de coisas estava dificultando chegar a uma realização tão grande. A

Aprenda com as **FALHAS**

decisão de lançar o computador Lisa um ano antes e a briga entre Jobs e John Sculley sobre os custos de marketing estão na vanguarda dos problemas. Mas muitas outras coisas interferiram: capacidade de processamento lenta, falta de disco rígido interno e muitos componentes; as falhas estão entre os problemas enfrentados pela Apple naquela época.

A sucessão de fatos problemáticos, como a queda nas vendas, culminou com a saída de Jobs da empresa que fundou. No entanto, o Macintosh representou uma mudança profunda não por causa do produto em si, mas por causa do conceito por trás dele, algo que apenas Steve Jobs foi capaz de perceber naquela época. A Apple sobreviveu. Não apenas sobreviveu, mas se tornou uma das empresas mais valiosas do mundo. Em algum momento, Jobs foi trazido de volta para salvar a Apple. Cada falha ajudou Jobs a construir o sucesso da Apple.

Bill Gates também tem um histórico notável de fracassos... e sucessos. Em 1993, ele esperava produzir um projeto de banco de dados revolucionário que não funcionou. Gates decidiu não cair na armadilha da depressão. Em vez disso, aceitou e aprendeu com os erros: "Depois de aceitar notícias desagradáveis não como negativas, mas como evidência de uma necessidade de mudança, você não é derrotado por elas. Você está aprendendo como tudo depende de como você aborda os fracassos."[16]

Evolução e mudança são os antídotos para evitar resultados indesejáveis.

Todo mundo sabia, mas ninguém fez nada

"Todos que conheci nos cultos queriam ir para casa, casar e ter filhos."[17] É assim que Charles P. Lazarus, fundador da Toys "R" Us explica por que decidiu criar uma empresa de móveis para bebês. Lazarus não previu o *baby boom*, um período em que o mundo experimentou um crescimento impressionante das taxas de natalidade, mas ele surfou na onda. De móveis para bebês a brinquedos, apenas para manter os olhos e ouvidos no mercado, e conforme os clientes começaram a pedir brinquedos para seus filhos brincarem enquanto estivessem no berço, Lazarus

O Mito Do Fracasso

achou que era hora de começar a vender brinquedos para bebês. Quando você tem um bebê, não fica comprando berços e cadeiras, mas certamente continua comprando brinquedos novos.

Então, a empresa decidiu experimentar a venda de brinquedos e logo mudou o foco. A Toys "R" Us nasceu e, ao longo de 65 anos, abriu mais de oitocentas lojas nos Estados Unidos e outras oitocentas no mundo. Há uma grande diferença entre experimentar e lançar um novo fluxo completo de produtos, e essa é a lição que a Toys "R" Us aprendeu quando decidiu abrir a Babies "R" Us, em 1995, lamentavelmente considerada dentro das paredes da empresa como uma das piores decisões de todos os tempos: a empresa dividia o tráfego, fazendo com que os clientes escolhessem para onde iriam, brinquedos ou bebês. E isso representou um longo declínio para as lojas em um momento em que o *e-commerce* estava em alta.

O mercado tornou-se altamente competitivo. Em 2005, a empresa enfrentava uma competição acirrada do comércio eletrônico. O Walmart estava vendendo mais brinquedos do que eles. A empresa passou a apostar na criação de experiências dentro das lojas, buscando criar um ambiente que crianças e famílias gostassem (varejo experiencial). Nas palavras do CEO Dave Brandon: "é difícil quando você coloca uma criança dentro de uma loja de brinquedos e não compra algo antes de sair."[18]

Mas, em setembro de 2017, a Toy "R" Us pediu concordata. Como o consultor de gerenciamento Adam Hartung descreveu em um artigo da *Fortune*: "Todos, e quero dizer todos, sabiam na última década que os clientes estavam comprando mais coisas online, incluindo brinquedos. E todos também sabiam que o Walmart estava se esforçando extremamente para manter os clientes em suas lojas, oferecendo produtos como brinquedos a preços baixos. E estava claro que os clientes estavam começando a comprar mais brinquedos de ambos os varejistas. Se isso era tão óbvio para todos, por que a liderança da Toys "R" Us não fez algo?".

A Toys "R" Us estava operando com o pressuposto de que as coisas não mudariam tão rapidamente e com uma estratégia financeira arriscada. Então, quando as águas subiram, a empresa não teve recursos para promover mudanças. Pior do que isso, por algum tempo o foco foi todo sobre o valor do acionista e a razão fundamental da existência da empresa, que começou quando uma empresa de móveis para bebês experimentou vender brinquedos e foi perdida. A Toys "R" Us não investia em experimentação, a empresa estava cheia de certezas.

A liderança do bom fracasso

Liderança e cultura são as grandes jogadoras no campo do fracasso, para o bem e para o mal. Os líderes são responsáveis por construir e manter a cola que une as pessoas. Quando mencionamos a referência do filme *Campo dos Sonhos* criamos uma variação dizendo que se você permitir que eles falhem, eles virão. É exatamente o que queremos dizer com construir o ambiente para que pessoas inovadoras apareçam. Acreditem, inovadores nunca aparecerão à sua porta se o seu mantra for "é assim que fazemos as coisas aqui".

A Pesquisa de Carreira do Milênio 2016 da National Society of High School Scholars revela para quais empresas os millennials de Atlanta, Geórgia, gostariam de trabalhar. E não acho que você ficará surpreso com alguns dos nomes que figuram nessa lista: 3M, Google, Walt Disney Company, FBI, BuzzFeed, Apple, CIA, Amazon, Microsoft e Nike. Outro relatório da *Fortune* mostrando as 100 melhores empresas para se trabalhar traz uma lista bastante interessante entre as 20 principais: Google, Wegmans Food Market, The Boston Consulting Group, Baird, Edward Jones, Genentech, Ultimate Software, Salesforce, Acuity, Quicken Loans, SAS, Capital One e Stryker.

O que a maioria dessas empresas têm em comum? A missão da Genentech está relacionada com a fabricação de medicamentos para doenças potencialmente fatais. Toda vez que um medicamento obtém a aprovação da Food and Drug Administration (FDA) — uma agência federal do Departamento de Saúde e Serviços Humanos dos Estados Unidos — eles tocam uma campainha. Em 2016, a empresa tocou a

O Mito Do Fracasso

campainha quatro vezes. Imagine quantas tentativas e erros a empresa passou para entregar quatro novos medicamentos. Na Salesforce, a cultura envolve a adoção de igualdade, serviço e inovação. Significa uma cultura que tolera os bons fracassos. A empresa ficou, mais uma vez, em 1º na lista das Empresas Mais Inovativas. Um dos elementos-chave da cultura organizacional é manter a mente de um iniciante. Significa olhar constantemente para ideias e tecnologias inovadoras.[19]

É incrível ver como as culturas inovadoras criam a base para ser a melhor empresa para se trabalhar. Quicken Loans é a empresa que está mudando a cara de Detroit. Foi fundada por Dan Gilbert, nascido em Detroit. Foi indicada pela *CIO* Magazine como uma das empresas de tecnologia mais inovadoras.[20] A empresa sediada em Detroit cresceu de uma *startup* para uma grande empresa com mais de quatro mil funcionários em um período de 25 anos. A empresa é altamente conhecida como atenciosa ao cliente em um setor conhecido por não ser amigável, o de empréstimos. A cultura organizacional da Quicken Loans é repleta de um desejo obsessivo de encontrar a melhor forma de fazer as coisas, o que coloca a empresa como referência em inovação, rentabilidade e crescimento. Quando você se coloca no caminho para encontrar a melhor maneira de fazer o que sua empresa faz, está sujeito ao fracasso no processo.

Outros três exemplos na lista da *Forbes*: SAS, Capital One e Stryker. A SAS é altamente reconhecida por criar um ambiente de inovação baseado em tornar a vida mais fácil para os funcionários. Capital One criou uma cultura em que a inovação exita com base na diversidade de pensamento. E a Stryker, fabricante de dispositivos médicos para ortopedia, neurotecnologia cirúrgica e tratamentos para a coluna, é conhecida por ter uma cultura de grandes realizações na busca de mudar a vida dos pacientes.

Criar um ambiente de negócios que capacite e envolva as pessoas é um dos elementos mais poderosos para criar proficiência em inovação.

Aprenda com as FALHAS

Novamente, se você permitir que eles falhem, eles virão. E vão ficar e ajudá-lo a ter sucesso.

Como os líderes agem (ou reagem)?

Quando se trata de liderança, grande parte da teoria aponta para uma realidade inegável, dizendo que o cargo que detém o poder de decisão é um cargo que incorpora o aprendizado. Como explica Marty Linsky, da Escola de Governo John F. Kennedy, de Harvard: "liderança envolve habilidades, atitudes e comportamentos, e todos podem ser aprendidos. Mesmo o carisma muito elogiado pode ser aprendido."[21] Mesmo dentro da sabedoria popular, uma frase famosa que podemos encontrar no Google atribuída a diversos autores diz que "boas decisões vêm da experiência, e a experiência vem das más decisões." No final das contas, falhar é uma coisa natural.

Outro campo em que o fracasso representa um grande suporte é na pesquisa científica. Uma equipe de pesquisadores conduziu um estudo publicado na revista *Science* após investigar o viés de publicação. Curiosamente, uma das descobertas, de acordo com um trecho da revista *Time*, foi: "não existe algo como um experimento fracassado, porque aprender o que não funciona é uma etapa necessária para aprender o que funciona."[22]

A inovação é um campo repleto de exemplos. Podemos encontrar avanços em empreendedorismo, desenvolvimento e progresso organizacional e, para dizer o mínimo, sobrevivência. Embora as empresas possam seguir estratégias diferentes para alcançar o crescimento sustentável, as pontuações de inovação são parte das estratégias fundamentais. Um estudo recente da McKinsey & Company oferece alguns fatos que explicam por que o crescimento sustentável é difícil de alcançar, citando que as probabilidades de uma empresa encontrar um grande retorno são muito pequenas. O estudo também mostra que menos de um terço das empresas de software e serviços de internet podem atingir receitas de US$100 milhões, e um número extremamente pequeno, 3%, chega a

O Mito Do Fracasso

US$1 bilhão. Surpreendentemente, 85% das empresas adaptadas para alcançar um crescimento acima da média poderiam manter taxas de crescimento semelhantes.[23]

A questão é, então, que tipo de liderança devemos buscar? Aquela que supostamente tem todas as respostas ou aquela que espera que perguntas e respostas surjam por meio da experimentação? É complicado, pois tendemos a trazer para as conversas as lentes de nossas funções e suposições, mas, como Larry Bossidy disse uma vez: "ninguém tem todas as ideias e todas as respostas."[24]

Você pensa, espera, mas não sabe

As empresas não gostam de falhar, porque as pessoas tendem a presumir que, se somos realmente bons nas coisas que fazemos, não devemos falhar. Pelo contrário, ao olhar para o Vale do Silício e tudo o que ele representa, poderíamos dizer que o fracasso é obrigatório. O fracasso total (quando dá em nada) em *startups* é de cerca de 30% a 40%, conforme referenciado por Shikhar Ghosh, professor sênior da Harvard Business School. E o fracasso em alcançar o ROI (Retorno Sobre o Investimento) ou os objetivos de vendas é de cerca de 80%.[25] Mas nós continuamos.

Uma de nossas histórias favoritas vem da série de podcasts *How I Built This*, criada e apresentada pelo jornalista Guy Raz. Guy entrevista fundadores de negócios, inovadores e idealistas, e eles compartilham suas histórias sobre como as empresas foram criadas e o que podemos aprender com isso. Então, um dia, Guy convidou Troy Carter para compartilhar sua experiência empresarial, uma história notável de fracasso e sucesso. Troy veio das ruas de West Philadelphia para ser o empresário de uma das maiores estrelas pop do mundo, Lady Gaga. Sob a gestão da Atom Factory, Lady Gaga Inc. tornou-se uma megacorporação com músicos, dançarinos, produtores, técnicos e muitos outros cargos relacionados à tão poderosa artista que ela se tornou.

Mas a história de Troy começou muito antes disso, quando ele e dois de seus melhores amigos criaram a banda de rap "2 Too Many" e trabalharam mais para encontrar produtores da Filadélfia que pudessem ajudá-los a gravar e lançar. Eles continuaram por dias tentando mostrar seu talento para um produtor famoso. Eventualmente, conheceram Will Smith, que viu algum potencial no grupo. Mas sua primeira música foi lançada e o grupo não ganhou dinheiro com isso. Em algum momento, Troy percebeu que seu projeto de vida era se tornar um produtor, não um artista, seguindo o caminho da pessoa que ele via como referência na vida, James Lassiter. Troy se tornou assistente de James, então no início dos anos 2000, mudou-se para Los Angeles, na Califórnia, para trabalhar com James em sua produtora. Acontece que as coisas não saíram como o esperado: "Achei que era muito maior do que era naquela época, então ele me chutou."[26]

De volta à Filadélfia, os primos de Troy começaram uma pequena empresa de gestão e o convidaram para gerenciá-la. Um dos clientes era uma rapper de dezesseis anos: Eve. Ela pediu a Troy para ser seu empresário, um trabalho que Troy se dedicou totalmente para garantir que Eve pudesse ter sucesso: "Eu estava aprendendo à medida que avançava". O trabalho dizia respeito a mostras de livros, divulgar a marca, ser o centro da carreira da artista. Algum tipo de CEO de artista. Eve se tornou uma das maiores estrelas pop da história do rap, saindo do *core business* e incluindo a linha de roupas, programa de TV e até uma barbearia com Ice Cube e Cedric the Entertainer. Troy aprendeu como ler as pessoas e, a essa altura, tornou-se um forte negociador.

Em algum momento, sendo gerente de Eve e graças a todo o sucesso que ela estava fazendo, Troy pensou que estava tendo a vida que sempre sonhou. Ser empresário e produtor musical era o que ele queria para a vida, e ser muito recompensado por isso. Então, Troy decidiu vender sua empresa, Erving Wonder, em 2004, para o Sanctuary Group no Reino Unido, mudando-se novamente para Los Angeles para ajudar o comprador a abrir sua operação na Costa Oeste. Ao vender para uma empresa altamente experiente do setor, Troy imaginou ter acesso a habilidades gerenciais mais profissionais para ajudá-lo a expandir os negócios e criar alguma liquidez para si mesmo.

O Mito Do Fracasso

As coisas deram errado entre Troy e o Sanctuary Group. Depois de cerca de um ano e meio, Troy decidiu comprar a empresa de volta: "esse era o meu sonho, eu não tinha um plano B, isso é o que eu sempre quis fazer, e tinha medo de me levantar de manhã para ir ao escritório". Quando Troy investiu em uma nova empresa, Eve decidiu ir com ele. Ele se lembra de ter pensado: "Eu sei exatamente o que estamos fazendo, e vamos evoluir". Depois que tudo foi configurado, e um ano no novo negócio, Eve decidiu sair para ser representada por outra empresa e, eventualmente, assinou com um dos melhores amigos de Troy como nova gerente. Então Troy Carter percebeu que seu negócio estava encerrado: ele não tinha fluxo de caixa, começou a receber telefonemas de cobradores, a casa foi executada. Foi um momento difícil, pois ele faliu.

Um dia, Troy recebeu um telefonema de um bom amigo e produtor de sucesso, Vincent Herbert, pedindo-lhe para checar uma nova cantora e pianista ao qual ele havia sido indicado. Troy viu potencial em suas canções, impulsionado pelas habilidades de produção de Vincent. Mas, neste negócio, a certeza não faz parte da equação: "a verdadeira resposta é: você pensa, espera, mas não sabe". Essa cantora recebeu de seu pai um ano de folga na escola para ir atrás de seu sonho. Apesar de ser tão trabalhadora, as coisas não estavam acontecendo. Troy imediatamente juntou suas habilidades de como trabalhar com uma artista feminina, seu conhecimento do negócio da moda, ótimo relacionamento com muitas pessoas na indústria e se sentiu natural ao ajudá-la a prosperar.

Essa nova cantora era Lady Gaga. Eles trabalharam duro em algumas músicas, certificando-se de atingir o nível certo de produção. Em seguida, enviaram para as estações de rádio. Foi um desastre, eles não tiveram espaço nas playlists. Uma das músicas era *Just Dance*, agora muito famosa. Mas àquela altura, ninguém queria tocá-la... ou ouvi-la.

Sabendo que precisariam de uma nova alternativa para lançar e promover Gaga, Troy percebeu que Facebook, YouTube e MySpace estavam se tornando canais sérios para os artistas alcançarem o público diretamente e começaram a usá-los: eram gratuitos e globais, o que ajudava a alcançar o mundo. E Troy sabia que as comunidades de música underground estão sempre procurando conhecer novas músicas e estilos antes de qualquer outra pessoa. Ele então partiu para uma nova experiência, ao criar o "Gaga Vision", um vídeo de três minutos para o YouTube, retratando Lady Gaga e dançarinas, de uma forma bem artística. E funcionou! Logo, Gaga estava tocando em pequenos clubes para um público de cerca de cem pessoas.

Troy nunca evitou tentar. Até mesmo trabalhando com um artista pop que exigia um conjunto distinto de habilidades, que ele teve que aprender muito rapidamente, tendo em mente que todos deveriam fazer funcionar. As coisas começaram a andar, e um dia, em Los Angeles, lotaram um teatro cheio para mil pessoas. Os garotos que compraram ingressos estavam dormindo em barracas para serem os primeiros a entrar no local. Nas palavras de Troy: "Quando vi aquelas crianças dormindo do lado de fora, eu disse: 'Conseguimos! Nós conseguimos!', porque quando você consegue fazer com que eles se alinhem, tem algo especial."

Ambos alcançaram um novo nível em suas carreiras. Troy percebeu que agora havia alcançado um lugar como um gerente respeitável. Às vezes, eles não podiam nem acreditar em tudo o que estava acontecendo. Gaga estava acumulando ótimas canções, uma após a outra. Conforme a história se repete, a parceria com Gaga chegou ao fim. Mas durante a jornada, Atom Factor estava gerenciando muitos outros artistas de sucesso, como John Legend, Meghan Trainor e John Mayer, com base no desejo de Troy de ter uma pequena, mas poderosa companhia.

Desta vez, Troy não entrou em pânico, pois as lições foram aprendidas e os artistas podem ir e vir. "Não posso fazer isso sem derramar minha alma". E é assim que os empresários são feitos. Troy Carter investiu muito tempo na criação e no desenvolvimento da marca de Gaga usando tecnologias inovadoras de novas empresas que estavam surgindo. Ele percebeu que essas novas plataformas e canais de mídia social iriam crescer, então ele decidiu começar a investir em algumas dessas empre-

O Mito Do Fracasso

sas. Spotify, Lyft, Uber, Dropbox, Slack são algumas das empresas em que a Troy investiu e se saiu muito bem.

Qual é a conclusão? Histórias de sucesso caminham lado a lado com histórias de fracassos. A diferença é que os empreendedores se esforçam para voltar de um fracasso e continuar pressionando até encontrar um lugar no mundo. Dentro das empresas, porém, proteger o *status quo* e evitar o fracasso é a regra. E isso explica por que as *startups* estão encontrando mais e mais pontos cegos a cada dia. O intraempreendedorismo é mais importante do que nunca na história dos negócios. Mas a aplicação em empresas exige a criação da capacidade fundamental que os empreendedores carregam com seu "DNA": a capacidade de falhar, de gerar aprendizado, de despertar do chão e de continuar trabalhando. É hora de as empresas desenvolverem o verdadeiro empreendedorismo interno, criando as condições certas para que a inovação chegue.

Capítulo 5

O Que Faz Um Fracasso Ruim

Restam oito minutos e trinta segundos

Os fãs comemoravam e tudo parecia se encaminhar para o lugar certo. A combinação em campo não poderia ser mais perfeita, com a defesa forçando movimentos importantes e o ataque fazendo um trabalho maravilhoso. A equipe estava bem à frente no placar. E quando dizemos bem à frente, realmente queremos dizer muito à frente. O Atlanta Falcons estava em vantagem de 28-3 na final do Super Bowl LI, numa partida que estava sendo considerada uma vitória esmagadora, liderada por Matt Ryan, Julio Jones e Devonta Freeman. Ryan foi capaz de executar dois *touchdowns* e Robert Alford uma *pick-six* de 82 jardas.

Oito minutos e trinta segundos restantes no terceiro quarto da partida era a separação entre o Atlanta Falcons e seu primeiro campeonato do Super Bowl, uma conquista notável para a equipe e para a cidade de Atlanta. Entretanto, não é à toa que o New England Patriots é reconhecido como uma máquina de vitórias implacável, sendo considerado, por mais de dez anos, como o melhor time da NFL. Os Patriots conseguiram seu primeiro *touchdown* apenas no terceiro quarto do jogo. Brady se conectou com White, depois que Blount levou a bola para a linha de cinco jardas. Gostkowski perdeu o ponto extra e as coisas ainda estavam desmoronando para o time da Nova Inglaterra.

Os marcadores do relógio corriam e o placar mostrava 28-9. Jarrett foi expulso, resultando em uma perda de cinco jardas. O arremesso de 33 jardas do Gostkowski foi bom, mas é uma vitória encaminhada do time de Atlanta.

Brady encontrou Mitchell para um lance de 12 jardas e as coisas começaram a mudar. Os Falcons começaram a sentir a pressão a tal ponto que uma bola lançada por Ryan veio fácil, então Brady viu Danny Amendola na *end zone*, numa jogada que ele converteu em um belo *touchdown* de seis jardas. Os Patriots se recuperaram e, depois que White converteu os dois pontos, o jogo chegou a 28-20.

Faltando três minutos e cinquenta segundos, antes que Ryan pudesse lançar a bola, levou um golpe de Hightower. Assim, os Patriots tinham apenas um campo de 25 jardas para se preocupar. Os Falcons chegaram a uma posição difícil no jogo. Mesmo que estivessem ainda à frente no placar, o time enfrentava um momento desafiador para converter as oportunidades. O locutor da Fox Sports adivinhou o que estava por vir e disse: "Os Patriots colocarão Brady em posição para empatar este jogo."

O relógio estava em contagem regressiva, com três minutos e trinta segundos restantes. Brady jogava a bola, mas os passes chegavam incompletos. A corrida mais longa dos Patriots na temporada foi de 91 jardas, exatamente do que o time precisava para encerrar o jogo. Entretanto, o impossível tornou-se improvável. Julian Edelman fez uma grande recepção, torcendo o corpo antes que a bola atingisse o solo, jogada que foi contestada pelo Atlanta Falcons. Mas foi uma boa recepção. Uma grande recepção, de fato. Então Brady fez Amendola pegar e colocar os Patriots na marca de 21 jardas com 1:57 minutos restantes, dando a eles um *touchdown* mais uma diferença de conversão de dois pontos.

Brady passou as 400 jardas no jogo. Ele conseguiu novamente, colocando James White em posição de *touchdown*, seguido por Amendola, que converteu o chute de dois pontos. Então, pelas mãos de Tom Brady,

O Que Faz Um Fracasso Ruim

os Patriots escaparam da derrota, de uma diferença de 25 pontos, para a maior virada da história do Super Bowl. O jogo chegou à prorrogação pela primeira vez no Super Bowl. O corte final foi um mergulho de White perto do *pylon*, e o que antes era improvável, tornou-se provável e depois tornou-se realidade. Uma enorme multidão de mais de setenta mil pessoas em Houston, Texas, fez uma grande ovação ao testemunhar o maior jogo da história do Super Bowl.

Logo após o jogo, o desempenho surpreendente de Tom Brady e a maior virada na história do Super Bowl foi o assunto principal em emissoras de TV, rádios, websites e em todas as redes sociais. A gente acompanhou toda a cobertura pós-jogo e todos os méritos foram direcionados aos Patriots, por uma reviravolta tão épica na partida. Quase ninguém falava dos derrotados, porque é isso que fazemos. Celebramos a vitória e celebramos os vencedores. Entretanto, para uma equipe vencer, a outra precisa perder, e a vitória não vem apenas pela execução perfeita do time, mas também porque o adversário comete erros.

Ficamos, porém, mais interessados em buscar entender por que o Atlanta Falcons perdeu, em vez de compreender por que o New England Patriots venceu. Felizmente, a mídia passou a se concentrar em entender os erros dos Falcons, e isso nos proporcionou muitas informações para pensar. Em resumo, os Falcons fizeram jogadas explosivas para obterem um desempenho confortável de *field goal*. Além disso, o time decidiu continuar pressionando ofensivamente, embora a sabedoria conservadora convencional dissesse o contrário. A decisão de lançar a bola que obteve o resultado foi o ponto de inflexão do jogo, a origem da "tempestade perfeita".

Os Falcons queriam jogar o mesmo jogo que os trouxe até a final. As grandes vitórias que tiveram contra Seattle e Green Bay (36 e 44) estavam na cabeça dos jogadores, que pensaram que seria possível alcançar aquela grande marca novamente. Essa foi a suposição. Eles não achavam que seria possível para os Patriots reverterem uma diferença tão grande.

Em histórias de negócios, temos muitos exemplos de empresas que não acreditaram que era possível perder sua liderança e participação no merca-

Aprenda com as **FALHAS**

do. A Kodak não achava que a fotografia digital tinha futuro. A Blockbuster não achava que a Netflix era mais do que um mero nicho de negócios. A Sony achava que o Napster era um inimigo a ser derrotado, não uma nova oportunidade a ser considerada. A Toys "R" Us não viu o ritmo da mudança tanto na tecnologia quanto no comportamento do consumidor. A história continua se repetindo nos negócios, nos esportes, na vida.

A virada do New England Patriots foi, de fato, algo notável. Entretanto, existem alguns questionamentos: você realmente acha que a vitória veio da supercapacidade de apenas uma pessoa (Brady)? Ou apenas porque uma equipe inteira, quando estava perdendo por uma diferença tão significativa, decidiu que era hora de começar a jogar novamente? Você realmente não acha que algo mais aconteceu?

Depois de analisar a derrota do Falcons, percebemos como essa situação era semelhante a outras em que as empresas não mudam a forma de agir e são fechadas. Ao comparar essa grande derrota no Super Bowl com muitos outros exemplos de empresas que "perderam o bonde", não mudaram, mantiveram o mesmo ritmo e foram eliminadas do mercado ou de setores específicos, percebemos que as razões subjacentes eram as mesmas.

Poderíamos dizer que os Falcons tinham um problema de complacência? Quero dizer, você está ganhando por uma diferença enorme, acha que pode manter o foco pelo resto do jogo ou em algum momento você pode começar a comemorar a vitória e perder o foco? E quanto aos padrões? O jogador mais valioso da temporada de 2016, Matt Ryan, disse que os Falcons eram perseguidos em todas as oportunidades de marcar, como sempre fizeram: "Eu pensei que jogávamos da maneira como sempre jogamos, sempre jogamos agressivamente e para ganhar e tivemos essas oportunidades como jogadores."[1] Também podemos dizer que os jogadores não achavam que era possível para um time reverter um placar com uma diferença tão grande, como o receptor Taylor Gabriel disse: "Estou sem palavras agora, só porque não posso acreditar."[2] Finalmente, houve suposições, como a de Matt Ryan: "Eu pensei que estávamos em uma boa posição."[3]

O Que Faz Um Fracasso Ruim

Sempre há dois (ou mais) lados da mesma história. A Apple não ganhou mercado com o iPod apenas por ser melhor. A empresa contou com a inércia estrutural da Sony. A Netflix é bem-sucedida não apenas porque fez um trabalho melhor, mas também porque a Blockbuster estava sob um excesso de suposições erradas. A DEC faliu por depender de padrões imutáveis de tomada de decisão. A Blackberry terminou porque a empresa não achava que o iPhone era para negócios. Já a Nokia não percebeu a economia compartilhada chegando e nunca pensou que uma solução de base de usuários (Waze) poderia existir.

A história do Super Bowl LI e as razões por trás da derrota do Atlanta Falcons são como muitas histórias do mundo dos negócios. Essas histórias envolvem os cinco grandes inimigos da inovação, aqueles que levam as empresas a grandes fracassos: negação perigosa, inércia estrutural, padrões de tomada de decisão, cegueira racional e excesso de suposições. Cada um desses inimigos é perigoso por si só. Alguns ou todos eles combinados resultam em uma tragédia.

A negação perigosa

O que Blockbuster, Nokia, Kodak, Sears, Motorola e Blackberry têm em comum? Todas se recusaram a se adaptar a um mundo em constante mudança, recusaram-se a olhar para as coisas com novos olhares e perderam o ritmo. Por isso, terminaram ou estão a caminho de desaparecer. E o que Apple, Google, Alibaba, Amazon e Tesla têm em comum? Essas empresas abraçam a mudança, assumem riscos e criaram novas culturas de experimentação, ignorando o medo de falhar em um trabalho diário de desenvolvimento de novas capacidades.

Talvez a negação seja o pior problema para as empresas. Negação ocorre quando nos recusamos a considerar como os elementos externos impactam nossas atividades e nossos negócios. Vejamos, novamente, o nosso exemplo sobre o bloco de gelo. Um bloco de gelo certamente derreterá quando exposto ao ar, sendo esse um processo irreversível. O único jeito de controlar o derretimento do gelo é controlando o fator externo: o calor. Podemos aumentar o aquecimento ou mesmo fazer uma inversão e resfriar o ambiente, de forma que o derretimento progressivo possa ser acelerado ou interrompido.

Se temos um negócio de sucesso, se alcançamos um progresso substancial ao longo do tempo, a tendência natural é nos agarrarmos ao negócio, abraçá-lo de forma a não deixá-lo ir, mesmo quando alguém bate à nossa porta e fala: "Olha esta coisa nova e excitante que encontrei". Red Hastings bateu às portas da Blockbuster e o CEO, John Antioco, recusou-se a entrar em uma negociação, por considerar a Netflix um nicho de negócio muito pequeno.[4] A resposta da Kodak diante da invenção da fotografia digital foi semelhante. Steve Sasson, o engenheiro que inventou a primeira câmera digital, foi alertado pela administração da empresa "para nunca deixar essa ideia ver a luz do dia."[5]

A resposta da Blackberry para o iPhone, que chegava ao mercado, foi semelhante. Na verdade, os responsáveis não prestaram muita atenção, mencionando coisas como: "Não era uma ameaça ao negócio principal da RIM" ou "Não era seguro. Tinha um rápido consumo de bateria e um teclado [digital] péssimo."[6] Também dentro da sede da Motorola o pensamento não era tão diferente. Àquela época, a Motorola era a segunda maior fabricante mundial de telefones celulares e a diretora de tecnologia da empresa, Padmasree Warrior, escreveu em seu blog: "Não há nada de revolucionário ou disruptivo em qualquer uma das tecnologias. Interface de toque, sensores de movimento, acelerômetro, metamorfose, reconhecimento de gestos, câmera de dois megapixels, MP3 player integrado, Wi-Fi, Bluetooth, todas já estão disponíveis em produtos de líderes na indústria de telefonia móvel — Motorola, Nokia e Samsung. Portanto, o que parece ser o preço inicial de US$499 e US$599, com um contrato de serviço mínimo de dois anos, parece um exagero."[7]

A TomTom foi um sucesso considerável no final de 2007, com receitas superiores a 634 milhões de euros e mais de 4,2 milhões de dispositivos vendidos. Dois anos depois, a empresa gerava apenas um terço desses números. A TomTom não percebeu como os smartphones poderiam se tornar tão populares e não prestou atenção a uma *startup* de Israel que rein-

O Que Faz Um Fracasso Ruim

ventava o jogo de geolocalização. A CEO da TomTom, Corinne Vigreux, disse que: "Seus concorrentes vêm de áreas diferentes — não são aqueles que você espera que sejam. Cada empresa começa com uma folha de papel em branco, e algumas delas chegam como um tsunami."[8] Eu prefiro chamá-lo de Geo-Storm. A TomTom não está fora do mercado, pois passou a fazer escolhas estratégicas para permanecer no jogo, como o fornecimento de dados de mapas e telemática para fabricantes de veículos.

Em 2007, a Nokia comprou a NavTeq[9] como forma de competir no setor de busca por mapas. Do outro lado do mundo, Ehud Shabtai tentava ir de um lado a outro de Tel Aviv sem pedir ajuda. Considerando que as soluções de GPS não eram boas o suficiente, Shabtai começou a mapear a cidade com a ajuda de outros 1.500 motoristas. Quatro anos depois, o Waze foi criado. Hoje em dia: "com dezenas de milhões de usuários, o Waze é um aplicativo altamente popular, que fornece direções, tempos de deslocamento e uma experiência social. Milhões de motoristas em todo o mundo contam com o Waze para seu deslocamento diário. Usando informações de tráfego *crowdsourced*, o Waze recomenda as rotas mais vantajosas para os motoristas, livrando-os de grandes engarrafamentos, sempre que possível."[10]

Um comportamento comum entre todas as empresas que foram interrompidas é o estágio de negação perigosa. Em outras palavras, os olhos podem ver, os ouvidos podem ouvir, mas o cérebro se recusa a processar a informação. A Nokia comprou a NavTeq porque via os sensores rodoviários como a única forma de fornecer serviços de posicionamento geográfico para motoristas, a Blackberry achava que o iPhone não era seguro o suficiente, a Motorola achava que o iPhone era mais do mesmo e a Blockbuster considerou a Netflix um pequeno nicho de negócios.

Na maioria das vezes, somos movidos pelo poderoso desejo de fazermos a coisa certa sem mudar muito ou, como Michael Krigsman classificou, pelo desejo poderoso de melhorarmos os resultados, numa esperança de sucesso sem nenhuma ação positiva tomada.[11] Esse tópico é tão impactante que a London School of Economic and Political Science sediou uma conferência, em 2015, para discutir como o fracasso e a negação residem no pano de fundo da política mundial, explorando como o medo do fracasso leva os políticos a entrarem em estágio de negação em relação a tópicos como a mudança do clima, o colapso financeiro ou a proliferação nuclear.

James Heskett, professor emérito da Harvard Business School, forneceu uma sólida base de pesquisa sobre esse tópico, concluindo que "A negação é endêmica para a gerência. É uma parte natural da natureza humana, intimamente relacionada ao instinto de sobrevivência. Negação pode ser útil ou desastrosa."[12] A negação vem do medo de estar errado, como diria a pesquisadora Elaine Sihera.

Algumas empresas gerenciam pessoas com o paradigma de, supostamente, fornecer a liberdade para explorar e permitir que cometam erros, mas a realidade é que poderosos sistemas de punição residem no ambiente da maioria das empresas. Isso nos lembra uma conversa com um grande amigo nosso, que certa vez veio contar o quanto estava se sentindo mal depois de convencer a gerência a investir em um novo produto cujo fracasso foi total. A empresa tinha uma imagem pública de inovação e tolerância ao fracasso, por isso não o despediram. O que fizeram, entretanto, foi pior: a gestão colocou nosso amigo em uma "caixa mental" de pessoas com baixo potencial. Desde então, ele não recebeu mais oportunidades e sua carreira ficou estagnada.

Coloque-se nessa situação, quando se espera que você obtenha apenas grandes sucessos e, apesar de trabalhar em um ambiente de suposta tolerância e aceitação, você sabe que, de uma forma ou de outra, se fizer a escolha errada, será punido. Não é esse um gatilho da negação? Você deixa de ver o exterior como um mundo de oportunidades e tende a se isolar no "espaço conhecido". Ao repetir esse padrão, afastamo-nos da experimentação e, ao fazermos isso, afastamo-nos da inovação, pois uma está, sem dúvidas, relacionada com a outra.

O mundo costumava ser um ambiente complicado, agora é um ambiente complexo. Problemas complicados são aqueles para os quais você pode encontrar facilmente a relação entre causa e efeito, portanto, você

O Que Faz Um Fracasso Ruim

é capaz de criar regras e padrões para resolvê-los. Problemas complexos, conforme citado em um artigo publicado no *MIT Sloan Management Review:* "envolvem muitas incógnitas e muitos fatores inter-relacionados para se reduzir a regras e processos. Uma ruptura tecnológica, como o *blockchain*, é um problema complexo. Um concorrente com um modelo de negócio inovador — Uber ou Airbnb, por exemplo — é um problema complexo."[13] Isso significa que, com a quantidade de coisas desconhecidas, não é fácil encontrar causa e efeito.

Isso se torna um grande problema interno. Mais complexidade e falta de abertura para experimentação levarão a mais medo da incerteza, o que, por outro lado, leva a um comportamento de negação. Entretanto, existe uma solução para isso, e essa solução é baseada na maneira como encaramos o fracasso. E se o fracasso não for ruim, mas, ao invés disso, for bom?

A primeira coisa importante que precisamos ter em mente é evitar a negação perigosa em todas as circunstâncias. Às vezes, a negação não é nem mesmo racional. Como Margaret Heffernan observou, às vezes, somos vítimas de uma cegueira deliberada: a informação está disponível, mas optamos por ignorá-la.[14] Se há informações, você deve saber, pode saber, mas optou por não saber. Isso, geralmente, não é uma decisão consciente. Quando deparamos com alguns fatos que vão contra nosso conhecimento, nossa resposta tende a ser algo como "se isso fosse perigoso, alguém teria nos contado".

Um exemplo? Há doze anos, ao falar em uma conferência de liderança, a resposta do CEO da Motorola, Ed Zander, à chegada do iPod Nano foi: "Dane-se o Nano. O que diabos o Nano faz? Quem ouve mil músicas?". Outro exemplo é Ken Olsen, fundador da DEC, ao falar sobre a introdução do computador pessoal pela Apple: "Não há razão alguma para alguém querer um computador em sua casa."[15]

Inércia Estrutural

RIM — *Research In Motion.* O inventor do BlackBerry caiu na armadilha de um passado de sucesso, mas, na maioria das vezes, um passado de sucesso traz um lado obscuro. Nossos padrões de análise-decisão, geralmente, nos levam a estruturas e processos complexos, gerando tal nível de formalização que criar mudanças se torna uma tarefa difícil. Não estou dizendo que formalização é ruim. Na medida em que as empresas crescem, a adoção de processos e controles é necessária para lidar com a complexidade. Porém, ao mesmo tempo, cria uma inércia estrutural, uma resistência cultural à mudança, principalmente porque nos estruturamos ou pensamos em torno de experiências passadas, as quais criam conhecimento, e as usamos para desenvolver padrões. E quanto mais sucesso eu tenho como empresa, maiores são as chances de eu tender para a inércia estrutural.

O jornalista da *Fast Company*, Tim Miller, em seu artigo sobre como a inércia acaba com as empresas, escreveu que "o inimigo da maioria das grandes empresas é o que sempre foi: as empresas que são retidas pela inércia estão destinadas a terem seu almoço devorado por velozes e famintos concorrentes."[16] Sua declaração ousada é apoiada por dados sólidos, que mostram como as grandes empresas terminam. Como não é surpresa, o motivo subjacente é que a maneira como as companhias tomam decisões está fundamentalmente quebrada. Antes de culpar o CEO, devemos olhar para a cultura da empresa, porque lá, na maioria das vezes, é que está a resposta.

Cultura, estratégia e estrutura devem funcionar na mesma frequência, se uma empresa deseja ter sucesso tanto hoje como amanhã. Precisamos buscar inspiração nas ondas de disruptura criativa de Schumpeter e convidar nossas equipes a destruírem os produtos existentes para que a inovação possa fluir. Num dos programas que realizamos para uma empresa, criamos uma sessão em que os gerentes deveriam fazer um exercício pensando "e se o produto da empresa não existisse mais no futuro?". Quando as pessoas se exercitam assim fora do ambiente corporativo, você pode ver a alegria em seus rostos e como abraçam profundamente a diversão do jogo. Por que essa não é uma tarefa comum nas empresas de hoje? Por que não criamos incentivos para que as pessoas pensem fora de nossas fronteiras tradicionais?

O Que Faz Um Fracasso Ruim

Algumas empresas realmente tentam — e se esforçam para — desenvolver estruturas ou sistemas de inovação para apoiar a melhoria. A maioria das companhias está lidando com inovação incremental, pois estão tentando operar sob o paradigma cultural atual, dentro da arquitetura da empresa. Assim, há poucas chances de que a empresa encontre novos negócios para investir, novos produtos para lançar, mas, ao mesmo tempo, é difícil encontrar descontinuidade. Este é, novamente, o dilema dos inovadores. Uma variação importante não surgirá de um fluxo regular de inovação. A Amazon ultrapassa os limites do fluxo regular de inovação, assim como a Apple, que veio dos computadores para a música digital, para smartphones, para iPads e tudo o que veio e virá a seguir.

Mas outras empresas nem mesmo estão nessa trilha e veem inovação como uma forma de criar maneiras inovadoras de se fazer as mesmas coisas permanentemente. Elas continuam repetindo os padrões e esperam que as mudanças aconteçam. Entretanto, como Tim Miller observou: "um corpo em repouso tende a permanecer em repouso. Uma empresa em repouso tende a morrer."[17]

A inércia estrutural desempenha papel vital na eliminação da experimentação. A razão é simples. A experimentação requer mudanças significativas, geralmente em um efeito cascata que gera mais mudanças subsequentes. Na maioria das vezes, isso excede a capacidade da empresa.[18] A estabilidade é o resultado de sistemas e de processamentos internos embutidos, resultantes da formalização e da curva de aprendizado. Em outras palavras, conhecemos nosso negócio, entendemos nossos clientes, estamos no caminho certo. Nossos sistemas e processos são resultados do tempo desafiador que tivemos para aprender e incorporar. O problema é que, como observou o autor norte-americano e professor da Wharton School da Universidade da Pensilvânia, Adam Grant: "a prática faz a perfeição, mas não faz o novo."[19]

A regra número um para um líder em uma empresa que precisa impulsionar a inovação é encontrar maneiras de acabar com a inércia estrutural, de eliminar a complacência. A necessidade de mudança não significa que sejamos maus, significa que podemos fazer melhor, se nos desafiarmos e nos abrirmos à experimentação.

Cegueira Racional

A cegueira racional é a composição de crenças pessoais e de retenção seletiva que impõe um desafio para encontrar o melhor resultado. Vou dar um exemplo. Certa vez, um amigo disse que estava feliz com as oportunidades apresentadas na empresa na qual trabalhava. Era um jovem sendo desafiado a uma descoberta interna para posições de estagiário. Em algumas grandes empresas no Brasil, o *trainee* é alguém altamente preparado para subir a escada corporativa muito rapidamente, alguém que receberá o melhor treinamento e passará para posições distintas, até que a preparação seja considerada concluída, e essa pessoa logo estará em uma posição executiva.

O problema com esses processos é que as empresas estão sempre olhando para fora, mas, geralmente, não pensam que os melhores talentos já estão dentro. Então, para alguém que está sendo considerado internamente, isso é uma conquista incrível. Conversamos um pouco, e ele falava em alta voz sobre esse novo processo implantado, que consiste em fases baseadas em testes de raciocínio analítico e crítico. O tipo de teste que será solicitado a você para responder a perguntas, tais como quantas bolas de pingue-pongue cabem dentro de um avião. Esse sistema de recrutamento foi popularizado pela empresa Google e logo outras empresas começaram a usá-lo, como tentativa de melhorar as pontuações, trazendo a bordo as pessoas certas.

Na mente dele, a empresa tinha o direito de usar esses testes, e ele dizia coisas incríveis sobre todo esse processo. À época, fizemos uma pesquisa rápida e descobrimos que o Google estava evitando esse tipo de teste, pois estavam errados nas suposições de que, ao testar o raciocínio analítico e crítico, as pessoas com pontuações mais altas teriam um desempenho melhor no ambiente de negócios. Mas ele estava feliz e continuava acreditando nos resultados desses testes e de outros desafios para

O Que Faz Um Fracasso Ruim

encontrar as respostas. Até o dia em que foi eliminado no processo. Ele apenas chegou à primeira rodada dos *play-offs* corporativos. Daquele dia em diante, ele mudou de opinião sobre os testes e sobre todo o processo. Lembramos claramente suas palavras, afirmando que a empresa não estava fazendo a coisa certa.

Meu ponto é que enquanto ele estava indo bem, sua opinião era de que o processo estava certo, mas então, quando foi eliminado, sua opinião mudou. O processo foi diferente ou a empresa mudou as regras da noite para o dia? Claro que não. Ele estava tendo uma boa opinião sobre o processo enquanto este era benéfico para ele, enquanto suas crenças estavam alinhadas. Esqueça sobre as diversas fontes de informação ou esqueça que é um processo de seleção e que os resultados podem mudar. Enquanto isso fizer sentido para mim, tenderei a ignorar as vozes em minha cabeça, que tentam exigir mais racionalidade.

Não somos máquinas perfeitas, e nossos cérebros cometem erros por nós. Entretanto, não podemos manter nossos ouvidos fechados para outras perspectivas. Cegueira racional ocorre quando selecionamos em uma situação apenas as coisas que fundamentam nosso ponto de vista. Estamos cheios de preconceitos e os usamos para encontrar relações entre causa e efeito. O resultado é que sempre encontraremos dados para apoiar a maneira como pensamos. Em vez de nos abrirmos para analisar as causas e considerar todos os efeitos potenciais, partimos dos efeitos que procuramos e, então, manipulamos inconscientemente as causas para atender as nossas expectativas.

A pesquisa psicológica experimental tem mostrado muitos resultados. Por exemplo, quando se trata de consumo de mídia, tendemos a nos considerar imparciais, mas isso não é exatamente verdade. Você e eu podemos ler a mesma manchete e ter cada um uma interpretação diferente. Além disso, se estamos vendo essas notícias em diferentes momentos da vida, podemos ter opiniões diferentes. De acordo com o pesquisador de comunicações Scott Reid, usamos a autocategorização para explicar os efeitos da mídia. Isso varia dependendo do grupo de pessoas a que pertencemos. E é sobre identidade de grupo: gênero, idade, preferências políticas, raça, nacionalidade, subcultura etc.

Reid usou uma citação do jornalista britânico-americano, Christopher Hitchens, para testar como as pessoas com diferentes formações políticas reagiriam, depois de ler o seguinte texto: "Um dos muitos problemas com a esquerda americana, e na verdade da própria esquerda americana, tem sido tomar sua imagem e autoimagem como algo muito solene, sem alegria, herbívoro, monótono, monocromático, justo e enfadonho." Em seguida, cópias falsas, alegando-se pertencerem a um partidário democrata ou republicano, foram distribuídas. Os resultados mostraram que as pessoas que se identificaram como republicanos viram a crítica como mais neutra, sendo que quem escreveu não era ponto relevante. Os democratas leram a crítica e acreditaram que era muito democrata e que, então, foi escrita por um democrata.[20]

Podemos ver coisas, mas nosso cérebro trabalha na criação de filtros. Ao mesmo tempo que nossos filtros nos livram de informações que não fazem sentido, também bloqueiam alguns dos fluxos que podem ajudar em nossa experimentação. Manter pessoas com experiências distintas pode ser muito útil para criar conhecimento e expandir nossas capacidades.

O professor Richard Leblanc, da York University, em Toronto, e especialista em governança corporativa, afirma que conselhos de administração de empresas privadas que contam mais diversidade podem apresentar melhores resultados. Por exemplo, conselhos com representação bem ajustada de mulheres têm maior probabilidade de substituir CEOs após um período de desempenho deficiente do que conselhos mais homogêneos.[21] Não apenas conselhos de grandes empresas, mas também empresas iniciantes podem enfrentar desafios semelhantes com a composição do conselho. Empresas de todos os tipos precisam equilibrar sua diversidade e não estabelecerem uma composição do conselho com base apenas em perfis semelhantes.

Um estudo da McKinsey sobre diversidade nos negócios concluiu que empresas com diversidade equilibrada na diretoria executiva apresen-

O Que Faz Um Fracasso Ruim

tam retornos 53% maiores e melhores margens de ganho em cerca de 14%, quando comparadas às empresas menos diversificadas.[22] E por que isso ocorre? Por diferentes perspectivas, diferentes visões do mundo que nos ajudam a manter nossas mentes abertas e a reduzir nossos filtros. Pessoas com origens culturais e experiências de vida diversas podem facilmente expandir a visão da empresa e mudar as suas perspectivas.

No ambiente de negócios dos capitalistas de risco, um erro recorrente é seguir o padrão de fundador da *startup*. Como o fundador e CEO da Village Capital, Ross Baird, identificou, quando se trata de financiar uma nova empresa, um ponto cego comum aos investidores é que enfrentam o apego às pessoas que conhecem, em vez de explorarem o que realmente está acontecendo no mundo. Nas palavras de Ross: "Frequentemente, eu ouço capitalistas de risco dizerem 'ele é um cara legal', como uma forma abreviada de expressar 'ele faz parte de uma tribo que eu entendo'. Por outro lado, ouço falar de reuniões de investidores com um empresário desconhecido, nas quais dizem: 'foi uma reunião muito interessante', o que, muitas vezes, é o código para expressar: 'não entendo o que você está tentando fazer, então, eu não vou nem tentar.'"[23]

Em resumo, comumente, reservamos muito espaço para a cegueira racional quando não nos empurramos para fora da zona de conforto do conhecimento. Mais uma vez, não queremos estar errados, por isso tendemos a ficar com aqueles que têm uma maneira análoga à nossa de ver o mundo.

Um erro de duzentos bilhões de dólares

> *"O teste de uma inteligência de primeira classe é a capacidade de manter duas ideias opostas na mente ao mesmo tempo e ainda manter a capacidade de funcionar."*
>
> **F. SCOTT FITZGERALD**

Em 1998, a Walt Disney Company adquiriu participações minoritárias da InfoSeek, para seguir sua estratégia de entrar no ciberespaço.

Amplamente anunciadas, as chamadas sinergias foram baseadas em dar à InfoSeek um poder de marketing para competir como igual no crescente mercado de sites de portais da web. Naquela época, a capitalização de mercado do InfoSeek era de cerca de US$1,08 bilhão, e a Disney tinha, então, uma participação de 43%, avaliada em US$464,5 milhões.[24]

Michael Eisner, CEO da Disney na época, procurava uma combinação da InfoSeek com a Disney e a Starwave, outra subsidiária da gigante do entretenimento, para produzir e distribuir conteúdo. Antes do estouro da bolha, os sites de portal geravam tráfego intenso, que os meios de comunicação usavam como canais para aumentar a presença e a audiência. Especialistas no mercado da internet pregavam que esse negócio estava dando à InfoSeek uma grande influência competitiva, em relação a outros portais da web, como o Yahoo! e o Excite. Os gigantes da mídia estavam ansiosos para entrar no negócio da internet, como mostrou outro grande negócio fechado na semana anterior à outra, entre a NBC (uma empresa da General Electric) e a CNET Inc. e seu portal Snap.

A estratégia parecia perfeita. Comprar um concorrente menor e dar a este um grande suporte de conteúdo e marketing parece ser a oportunidade perfeita para ganhar dinheiro no ciberespaço. E tanto a Disney quanto a Time Warner estavam interessadas na InfoSeek. Depois de perder o negócio, a Time Warner foi buscar uma fusão com a AOL, que não terminou bem[25], como veremos no próximo capítulo.

A InfoSeek foi considerada como um dos melhores motores de busca da era da internet. Em 1999, a Disney acabou pagando US$1,7 bilhão pelos 57% restantes da empresa. O problema era que a estratégia da Disney carecia de clareza e continuava mudando de um portal de serviço completo para um portal de entretenimento. O nome InfoSeek foi abandonado e substituído por Go.com e, novamente, como Walt Disney Internet Group. No final de 2000, a Disney vendeu a parte japonesa da InfoSeek para a Rakuten, por US$81 milhões.[26]

Em 2001, a empresa admitiu sua derrota no ciberespaço e decidiu encerrar a Go.com, mostra de como um gigante da mídia tradicional não

O Que Faz Um Fracasso Ruim

estava preparado para lidar com as diferenças da internet. Durante a era Disney, Go.com (InfoSeek) era inferior aos portais rivais e, de acordo com Bob Iger, CEO da Disney que assumiu logo após a saída de Eisner, aquilo nunca se revelou um bom negócio.

Mas há outro lado nessa história. Um capítulo que aconteceu fora dos muros da Disney, mais especificamente na Universidade de Stanford, quando, no verão de 1995, Larry Page e Sergey Brin se encontraram e deram início às fundações do Googol, que foi incorporado, em setembro de 1998, como Google. Desde o início, a empresa aumentou o domínio da pesquisa online e das receitas de publicidade. Em 1999, a empresa Google mudou para Mountain View, Califórnia, agora com oito funcionários e depois de levantar US$25 milhões para financiar seu plano de negócios. Então, em 2000, um ano trágico para os negócios na internet, a empresa lançava portais em 10 idiomas diferentes, tornando-se o maior mecanismo de busca por pesquisa do mundo, alcançando mais de um bilhão de índices de URL.[27]

No final da década, uma nova tendência se formava nos portais de pesquisa da web, usando *hiperlinks* conectados a *tags* de palavras-chave, títulos e descrições. O mais importante era um processo de revisão automatizado, para garantir que o conteúdo do anunciante era relevante para a palavra-chave específica. Os sistemas de classificação vieram logo depois, e os cliques dos consumidores revelaram a nova máquina de fazer dinheiro. Assim, GoTo, em 1998, foi o primeiro portal de busca a combinar elementos de busca patrocinados (a empresa foi adquirida pelo Yahoo! em 2003).

O Google não fazia buscas anunciadas em 1999. A InfoSeek também não. O Google acabou descobrindo esse mercado e criou um processo mais rápido, eficiente e direcionado para a pesquisa de anúncios e se tornou o melhor do mundo, usando a metodologia Pago por Desempenho. A InfoSeek, não, e a razão era porque a Disney achava que a busca anunciada não era limpa. Olhando para o passado, Michael Eisner disse que esse foi um dos maiores erros que ele cometeu enquanto dirigia a

Aprenda com as FALHAS

Walt Disney Company: "Fui convencido, no banheiro masculino, por um consultor, de que a InfoSeek não deveria fazer buscas anunciadas, porque aquele não era o jeito da Disney. Eu não estava no meu escritório, não estava pensando e disse: 'Oh, sim. Meu trabalho é proteger a marca Disney. Não teremos pesquisa anunciada, isso não é limpo.' O Google apareceu e fez o AdWords, e o InfoSeek, não. Provavelmente, esse foi um erro de US$200 bilhões."[28]

Qual era, então, o jeito da Disney naquela época, que fez Eisner evitar entrar em um novo mercado? Como no caso da Disney, nessas situações, muitas empresas confiam em um padrão de tomada de decisão. Não se permitem o direito de criar pela experimentação, por causa do medo do fracasso e para evitarem a dor. Não importava se o mercado estava dando os sinais certos, a liderança estava presa a uma forma peculiar de analisar e decidir.

Isso é uma estrutura-padrão. Ross Baird, em seu livro *Innovation Blind Spot*, fez alguns esclarecimentos sobre o comportamento de tomada de decisão dos investidores, apresentando algumas estatísticas que mostram que uma quantidade considerável de empresas de capital de risco gasta, em média, três minutos e quarenta e quatro segundos para avaliar cada apresentação.[29] O economista e professor alemão Reinhard Selten, em 2002, após analisar mais profundamente o conceito de racionalidade limitada, concluiu que a sustentação da tomada de decisão racional deve ser apoiada por procedimentos não otimizadores.[30] Em outras palavras, quando não temos a quantidade de informações necessárias ou não temos o tempo adequado para analisar o que temos em nossas mãos, temos uma tendência de desenvolver atalhos.[31] Quer um exemplo? O "jeito Disney" foi um atalho para a tomada de decisões. Tudo o que não segue o "jeito" não é bom para a empresa. Quem disse isso?

Isso nos lembra de um desenho animado, no qual um funcionário apresentava uma ideia a seu chefe e, após o argumento de venda, o chefe disse "esta é realmente uma abordagem inovadora, mas temo que não

O Que Faz Um Fracasso Ruim

possamos considerá-la, porque isso nunca foi feito antes". O engraçado é que isso é verdade em muitos ambientes de negócios. Os tomadores de decisão estabelecem atalhos para facilitar os processos, incluindo a análise de cenários e a tomada de decisões sobre o que os clientes precisarão no futuro. Quando alguém apresenta uma ideia que não é convencional ou que está fora dos padrões, isso gera uma capacidade de análise de dissonância cognitiva reduzida. Conheço alguns executivos que, inspirados por desconhecidos externos, desenvolveram a capacidade de dizer que não sabem, de dedicar um tempo para estudar e refletir e só depois decidir. O que não tenho certeza é quantos deles podemos encontrar facilmente do lado de fora da empresa.

Não estamos dizendo que seja fácil quebrar o padrão de análise. Na verdade, é exatamente o oposto. Imagine-se administrando uma empresa multimilionária, com cem mil funcionários e com vendas superiores a US$4 bilhões. Seu produto ganhou grande respeito por parte dos clientes, sendo que as pessoas não conseguem imaginar suas vidas sem ele. Então, um engenheiro aborda você com uma ideia sobre uma tecnologia inovadora que pode mudar radicalmente o futuro da sua empresa para melhor. Mesmo que você não tenha se convencido, você executa projeções, simulações de custos, realiza a interminável discussão sobre qualidade e como os clientes interagiriam com essa tecnologia inovadora, e os resultados que você obtém são que ela representa uma coisa nova mínima ou não ameaçadora. Agora imagine que sua resposta seria: "isto é fofo, mas não conte a ninguém."[32]

Agora, esta é uma história que você, provavelmente, já ouviu antes, sobre como a Kodak perdeu o barco da fotografia digital depois que a empresa o inventou. No passado, a empresa foi muito rápida ao mudar de um modelo de negócios de *dry-plate*, que era lucrativo, para adotar totalmente o filme colorido. Naquela época, o filme colorido era inferior à opção em preto e branco, da mesma forma que o digital era inferior ao filme, quando foi descoberto.

Aprenda com as FALHAS

A mesma analogia pode ser aplicada em relação à Blockbuster, que desapareceu por não ver a entrega de filmes batendo em suas portas, ou como a indústria da TV deu as costas aos serviços de *streaming*. A Netflix, atualmente, é uma empresa gigante porque deu atenção a um dos muitos elementos disponíveis para todos: a internet estava se transformando em uma plataforma social de interações, criando um universo de grande conectividade, de links sociais, de contribuições ativas, de comunicação, comércio e entretenimento. Em uma abordagem muito simples, se as pessoas têm acesso a uma capacidade crescente de *streaming* oferecida pela conexão de banda larga, o que as impede de assistir a filmes e séries online usando o dispositivo de TV?

A Toys "R" Us também não considerou como a internet estava mudando a vida das pessoas e foi surpreendida abruptamente em uma encruzilhada, com uma direção que levava ao *e-commerce* e outra que conduzia à competição de preços. Como a empresa estava muito ocupada com outras coisas, pouca ou nenhuma atenção foi dada à nova tecnologia. Porém, quando os compradores buscam por conveniência, você divide suas linhas de produtos em lojas diferentes? Qual era o negócio da empresa? Vender brinquedos ou abrir lojas? O martelo das lojas de varejo estava batendo na liderança da Toys "R" Us, quando eles criaram a Babies "R" Us. Suposições, suposições, suposições.

Na abertura do livro *No Ordinary Disruption*, os consultores Richard Dobbs, James Manyika e Jonathan Woetzel referem-se à necessidade de uma atualização da intuição, sustentando que "mudanças dramáticas vêm de lugar nenhum, e depois de todos os lugares. Grandes mudanças podem cegar até o mais circunspecto de nós, primeiro lentamente e depois de uma vez só."[33] Essa redefinição da intuição é sobre a necessidade de ampliar nosso escopo de análise, nossa compreensão das coisas e eliminar os atalhos, quando se trata de encontrar a próxima coisa revolucionária.

Entretanto, a redefinição da intuição não virá apenas porque queremos que aconteça. Ela requer um profundo entendimento e revisão

O Que Faz Um Fracasso Ruim

de nossa cultura organizacional, como vimos nos outros capítulos. Algumas empresas podem construir a ponte, outras ainda estão a quilômetros de distância. No entanto, a história mostra que ter uma cultura aberta para criar transformações é um dos requisitos para alcançar a existência duradoura. O consultor de negócios e escritor americano Jim Collins, depois de estudar milhares de empresas visionárias e bem-sucedidas, identificou que liderança, estratégia e traços culturais podem ter um impacto profundo na sobrevivência e no crescimento da empresa. Em suas próprias palavras, as empresas de sucesso "não se oprimem com o que chamamos de "tirania do 'ou'" — a visão racional que não pode aceitar facilmente o paradoxo, que não pode viver com duas forças ou ideias aparentemente contraditórias ao mesmo tempo."[34] As empresas governadas por esta "tirania do 'ou'" facilmente lutariam entre a mudança ou a estabilidade, sendo conservadoras ou ousadas, sendo que isso é o oposto da capacidade de redefinir as intuições.

Ao contrário, a abertura para a experimentação e a aceitação adequada de riscos está no cerne da cultura das empresas duradouras, pois essas estão examinando e procurando, continuamente, maneiras de fazer um melhor amanhã. Uma cultura aberta à inovação não é movida pelo conforto, pelo contrário, ao assumir alguns riscos e criar desconforto, essas empresas provocam mudanças e evitam o assassino silencioso dos negócios: a complacência.

Veja a história da DEC (Digital Equipment Corporation), empresa que construiu uma cultura corporativa bastante forte, baseada em tecnologia de alto nível, e que logo alcançou o segundo lugar no *ranking* de fabricantes globais de computadores, atingindo seu maior valor durante a década de 1970. Então, na década de 1980, o mercado mudou e novas ofertas começaram a surgir, incluindo novos softwares e tecnologias de rede. A DEC solidificou sua cultura de tal forma que sobrou apenas um pequeno espaço para a "coisa nova", como a metáfora da nossa casa com mais paredes do que janelas. A empresa não conseguia acompanhar o mesmo ritmo do mercado, pois tinha o foco muito voltado à engenharia, em vez de aos clientes. O estranho é que a empresa começou bastante aberta à experimentação, mas, em algum momento da história, tornou-se centrada demais no produto e falhou em se adaptar às mudanças muito rápidas de mercado.

A DEC deveria fazer parte do mercado dos computadores portáteis e baratos antes? Para uma empresa com uma participação de mercado tão grande e tão avançada tecnologicamente naquela época, a evolução para as "coisas novas" não deveria ser obrigatória? Este é o problema do jogo da complacência. Ele é perigoso. Quando fazemos a coisa certa e encontramos nosso lugar, tendemos a seguir a ideia, porque temos a confiança que nos diz que estamos fazendo a coisa certa. De alguma forma estamos, mas, como Collins nos diz, o certo para empresas duradouras seria, ao mesmo tempo, preservar o núcleo e estimular o progresso.

Vejamos agora a Michelin, empresa francesa de pneus, que também é dona de guias de viagem, roteiros e das estrelas de avaliação Michelin para restaurantes (atualmente mais de 112 mil), cobrindo 170 países e produzindo 180 milhões de pneus e 13 milhões de mapas e guias.[35] Você poderia se perguntar o que há de tão divertido e inovador em uma empresa de pneus? O interessante é que a empresa incorporou dois elementos em seus valores: experiência e materiais de alta tecnologia. A busca fora de fronteiras, envolvendo universidades e fornecedores, apoia a busca incessante pela inovação. Assim, não por acaso, a Michelin é referida na revista *Forbes* como uma das organizações que durará mais de cem anos.[36] A empresa foca sua pesquisa e seu desenvolvimento na compreensão da mobilidade como um conceito amplo, trabalhando com diferentes parceiros da indústria para entender o mercado de carros elétricos e as tecnologias autodirigidas, e o que isso representaria para a própria Michelin nos próximos anos. Em palestra recente, David Stafford, vice-presidente da Michelin na América do Norte, citou que "se você não está inovando o produto e o serviço, está ficando para trás. Você deve abraçar a inovação em um sentido mais amplo. Se não abraçarmos a mudança... outros irão e nos passarão."[37]

O Que Faz Um Fracasso Ruim

Isso não significa que a empresa tenha todas as respostas certas ou faça todas as escolhas certas. Os solavancos na estrada sempre acontecem, e com a Michelin não foi diferente. Na década de 1990, a empresa lançou novos e revolucionários tipos de pneus, que envolviam roda rígida e sensores, sendo que esses elementos foram pensados para, supostamente, ajudar os clientes a identificar e corrigir problemas antes mesmo que acontecessem. Porém, faltavam alguns elementos para a compreensão de todo o ecossistema, o produto não decolou e foi abandonado em 2007, causando uma falha notável na história da Michelin.

A Michelin deveria, então, parar de tentar e experimentar por causa desse fracasso? Claro que não. Se você abrir o site da empresa, o primeiro texto que notará é a afirmação ousada sobre inovação: "Na Michelin, encontrar o melhor caminho a seguir é a preocupação central da empresa. Isso significa avançar em sua carreira com a ajuda de um plano de carreira personalizado, avançar em seu trabalho graças ao excelente espírito de equipe e avançar na busca por uma melhor mobilidade para servir uma marca icônica e voltada para a inovação." A empresa acredita realmente que ir além dos limites é a única maneira de levar um negócio sustentável. Isso não significa que a empresa não proteja seus valores essenciais, tendo como principal motivador o foco constante na qualidade. Em 2017, a empresa sediou um evento em Montreal, no Canadá, denominado Movin'On, focado em aproximar pessoas e fazer parcerias com universidades, cidades, empresas e *startups* para trabalhar em direção ao seu compromisso com inovação e mobilidade. Quando a empresa se encontra realmente aberta para a inovação, não existe "o único caminho".

A Michelin e o Google são ótimos exemplos de empresas que preservam o *core* e estimulam o progresso. Essas são empresas capazes de construir a ponte entre um passado de capacidades e um futuro de oportunidades. São empresas que podemos chamar de organizações ambidestras, tema que exploraremos no próximo capítulo.

Suposições, suposições, suposições

As suposições são, provavelmente, as piores inimigas da experimentação. Na maioria das vezes, vemos as coisas enviesadas por conhecimentos e experiências anteriores ou, como diria o filósofo alemão Arthur Schopenhauer, cada um entende os limites de sua própria visão pelos limites do mundo. Gostemos ou não, é assim que nosso cérebro funciona.

Um dos nossos programas de TV favoritos é o *Brain Games*, transmitido pelo canal National Geographic. Sempre o assisto tentando entender como esses experimentos podem afetar as funções cerebrais e o que podem nos ensinar no ambiente de negócios. Recentemente, um dos episódios sobre o funcionamento da memória me chamou a atenção.[38] Um grupo de atores criou um cenário para mostrar como cada um usa diferentes técnicas para memorizar as falas de uma peça. Esse desempenho foi apresentado diante de um público, ao qual foi solicitada atenção às falas da peça. Após essa curta apresentação, o público foi desafiado com perguntas sobre o que ouviu.

Durante não mais que um minuto, os atores falaram sobre uma cesta que faltava, contendo morangos, laranjas, bananas e assim por diante. Em seguida, um dos atores pediu ao público que levantasse a mão caso se lembrasse de algumas (ou de todas) as palavras mencionadas durante a peça. Uma a uma, a lista foi aumentando: laranja, banana, maçã e frutas. A cada palavra, toda a multidão presente levantava as mãos. Porém, apesar de todos se lembrarem da palavra "frutas", esta nunca foi mencionada durante a brincadeira. Como o ator mencionou: "se você ouviu a palavra frutas, está realmente ouvindo coisas".

Na verdade, a palavra frutas não estava lá. Mas os cérebros dos participantes do exercício pensaram assim e, influenciados pelo fato de que ouviram os nomes laranja, banana, morango, maçã, pera e melão, o cérebro presumiu que a palavra "frutas" também estava lá. A explicação é simples: nossos cérebros usam o reconhecimento de padrões, ou o que os cientistas chamam de "modelos mentais", para processar informações sem pensar duas vezes. Temos a tendência de confiar no que sabemos,

O Que Faz Um Fracasso Ruim

mas, na realidade, não sabemos o que não sabemos. No caso do experimento da TV, presumimos que a palavra "frutas" estava lá, porque vimos uma lista de frutas.

Nossos modelos mentais organizacionais são baseados em suposições sobre qual é a escolha certa ou a decisão certa. Na maioria das vezes, tendemos a não nos questionarmos, porque acreditamos estarmos muito certos. Esse comportamento é mais comum do que pensamos.

Sempre somos afetados por fatores distintos quando estamos prestes a decidir as coisas: ignoramos o que não sabemos, assumimos fatos que não são necessariamente verdadeiros e avaliamos erroneamente aspectos externos que podem prejudicar nossos planos. Um ditado famoso nos negócios é "não sabemos o que não sabemos". Nós usamos esse ditado ao tentar explicar por que as pessoas deveriam se comportar de maneira diferente. Mas quantas vezes o aplicamos a nós mesmos? Nosso conhecimento é resultado de experiências acumuladas, aprendizados e relacionamentos, e tendemos a apostar na nossa intuição, na maioria das vezes, ignorando que a verdade pode estar lá fora. Sim, conhecemos nossos clientes, nosso mercado, nossos produtos e serviços, sabemos todas as razões para ter sucesso. Sabemos mesmo?

Nosso conhecimento nos dá a capacidade de interpretar os sinais do mercado e as reações do cliente. Entretanto, eu tenho uma pergunta para você. Seu conhecimento está atualizado? Até 1900, demorávamos um século para dobrar nosso conhecimento; então, por volta de 1940, 1950, passamos a fazer o mesmo em 25 anos. Atualmente, o conhecimento humano médio está dobrando a cada 13 meses, e a Internet das Coisas está nos levando a uma capacidade incrível de dobrar o conhecimento a cada 12 horas. A questão é que nosso conhecimento pode estar desatualizado ou simplesmente baseamos nossas conclusões mais em fatos desejados do que em fatos reais. Dessa maneira, como calculamos o impacto de fatores desconhecidos?

Em todos os mercados, e com reforço do crescimento da informação, temos milhares de fatos a enfrentar todos os dias. Quando precisamos analisar e decidir, tendemos a ser seletivos e escolher os fatos que apoiam nossas suposições iniciais. Não queremos estar errados! A maneira como pesquisamos, selecionamos, filtramos e apresentamos informações está cheia de vieses. Se temos orgulho de nossos produtos, podemos dizer que os clientes pagarão mais porque valorizam nossos produtos. Isso, porém, é verdade ou desejo?

Como observou o autor americano Seth Godin, a aceleração dos tempos tecnológicos e a economia de alta conexão estão fazendo com que as coisas que supomos fiquem no passado, e "muitas vezes é difícil enxergar isso, quando você está no meio".[39] Somos vítimas de nossas suposições, quando não paramos, pensamos e as desafiamos. Esse foi o nosso progresso no sistema industrial. A escola nos treina para sermos normais e nos encaixarmos no sistema atual. O tempo é gasto ensinando, não experimentando. Mas qual é o sistema atual? Um ambiente no qual devemos ter a resposta certa ou que incentiva a experimentação? Godin afirma que "o mundo mudou, é claro. Transformou-se em uma cultura alimentada por um mercado que sabe customizar em massa, encontrar as arestas e o estranho e atender o que o indivíduo exige, em vez de insistir na conformidade."[40]

Então, de um lado da equação, não controlamos as variáveis externas e, do outro lado da mesma equação, nosso processo de assimilação é enviesado por respostas que não se adequam a questões que mudam. Se queremos frear o passado e projetar o futuro, precisamos criar sistemas que permitam experimentar, em vez de continuar confiando na mesma maneira de fazer as coisas. Precisamos de abertura, precisamos recompensar as pessoas que pensam diferente e nos empurram para fora de nossos próprios limites. Precisamos aprender a abraçar o fracasso. Mais do que isso, precisamos criar nossas próprias falhas.

Deveríamos começar pelo básico: nós não sabemos e precisamos experimentar coisas novas, se queremos estabelecer negócios duradouros. Nossa questão fundamental deveria ser: e se?

Capítulo 6

Culturas de Inovação

Parte tentativa e erro, parte jornada iterativa

Uma manhã ensolarada e parcialmente fria, em Montreal, foi o prenúncio de uma viagem empolgante. Um de nós foi a Montreal, Canadá, para assistir ao C2, famoso evento internacional de criatividade. Estava hospedado não muito longe do local, e uma caminhada parecia a melhor opção para respirar um pouco do ar criativo da cidade, conhecida mundialmente como a casa do Cirque du Soleil. Quando você sabe disso, sente, basicamente, que suas expectativas aumentam.

Por volta das 08h30, a chegada ao L'Arsenal, um antigo galpão de armazenamento perto do rio e sede do festival e conferência de criatividade mais empolgante do mundo: o C2 Montreal. Os primeiros passos dentro do evento revelaram muito mais do que o vídeo do YouTube costumava mostrar, uma experiência verdadeiramente avassaladora, em nada parecida com uma conferência de negócios tradicional. O túnel de luzes, as cadeiras suspensas, os laboratórios e a abordagem diferente sobre como entregar conteúdo faziam parte de uma experiência realmente notável.

O festival C2 Montreal foi criado com o objetivo de reinventar a tradicional conferência de negócios, com intenso foco na exploração e fusão entre criatividade e comércio. Foi idealizado pela agência de criatividade Sid Lee, em parceria com o Cirque du Soleil. Em poucos anos, tornou-se o evento mais importante para líderes empresariais e criativos. Entretanto, não é o ambiente físico que torna o C2 uma experiência incrível. Tudo lá é interativo, tudo inspira.

O ambiente é feito para estabelecer e promover conexões entre os participantes. Todos são palestrantes durante o Braindates. O networking se eleva para outra dimensão. Mais de 6.000 pessoas, vindas de todo o mundo, visitam a C2 para se conectarem, compartilharem e aprenderem. Você pode se sentir como se estivesse dentro de um grande circo, ou dentro de um festival de música, ou até dentro de uma festa. Não em uma conferência de negócios ou, como a *Harvard Business Review* chamou: "[uma] conferência como nenhuma outra".

A primeira conversa com o antigo Diretor de Operações (COO) do evento, Martin Enault, foi sobre o que torna o C2 especial como nenhum outro, nenhum outro mesmo. O evento é fundamentado na experimentação, no processo intuitivo, baseado na tentativa e erro, uma jornada iterativa. Martin disse que todos os anos eles escolhem um tema e trabalham em torno dele para projetar a experiência, e que continuam acompanhando todo o desempenho. No final, rastreiam o que ajudou a entregar o posicionamento e eliminam as coisas que não se ajustaram corretamente. Não existe um pressuposto fixo, tudo pode ser reinventado. Os responsáveis começam todos os anos como se tivessem uma tela em branco, e os resultados finais sempre estão para serem descobertos.

A conferência C2 tem um ótimo conteúdo, palestrantes fantásticos e inspiradores e um ambiente experiencial. Porém, a lição mais importante para os negócios é o próprio C2: uma potência de experimentação. O evento não é construído sobre uma visão de mundo, mas sobre uma cultura inovadora. Foi criado em 2012, com base no propósito massivo de entregar um ambiente de negócios para se conhecer e aprender, sem a paisagem tradicional que traz sacolas com o logo do evento e inúmeros papéis dentro delas; portanto, é um lugar para evitar conexões sem sentido. As ideias por trás do C2 se concentraram na produção de uma inspiração criativa massiva ou, como disse a diretora da *Collaborative Experiences*, Antoine Roy-Larouche: "nosso objetivo é deixarmos de ser espectadores para sermos atores."[1]

Todos nós repetimos o mantra deste novo mundo: inovar ou morrer. É isso mesmo? Precisamos apenas mudar a maneira como fazemos as coisas, abraçar a inovação, colocar as coisas em movimento e pronto? E a inovação nasce?! Não, não funciona assim. A proficiência em inovação não existirá sem uma cultura de experimentação. Como a conferência C2 nos ensina, tentativa e erro combinados com iteração e medição são a chave para criar algo único. Em outras palavras: inovação é uma variável da experimentação.

A Disney comprou a InfoSeek em um bom processo de experimentação. Em seguida, recusou-se a entrar na pesquisa de anúncios, recusou-se a experimentar algo além de suas suposições tradicionais e perdeu uma receita estimada em US$200 bilhões.

Você precisa promover a tentativa e o erro. Você precisa fracassar primeiro antes de ter sucesso. Precisa começar, sem esperar que as pessoas entreguem 100%. Nem mesmo mencione que espera isso delas. Deve se concentrar no processo de aprendizagem e comemorar 20%, 40%, 60% dos resultados. Seu Retorno Sobre o Investimento (ROI) virá da criação de protótipos, testes e aprendizado validado.

Ondas de destruição criativa

Algumas empresas realmente abraçam a experimentação. Google e sua cultura de "joinha, e joinha para baixo" quando se trata de lançar novos produtos, a Toyota e seus rígidos protocolos para abraçar a mudança constante, a Valve e seu grande propósito de inovação aberta, ou o Facebook (atual Meta), com seu compromisso com o fracasso. Nas palavras de Mark Zuckerberg: "O maior risco é não correr nenhum risco". Será que essas empresas, como muitas outras, simplesmente seguiram o princípio de destruição criativa de Schumpeter?

Destruição criativa é o conceito apresentado pelo economista Joseph Schumpeter (1942), referindo-se à inovação incessante, mencionando que a capacidade de criar a 'próxima coisa' é uma fonte real de valor, e afirmando que o processo de destruição criativa seria responsável por mais de 50% do crescimento da produtividade. A destruição dos arranjos tradicionais costuma ser uma decisão complexa e requer muitas considerações estratégicas. Mas a racionalidade para entender a destruição criativa está cheia de limitações.

Vamos ver um exemplo prático de uma empresa que abraça as ondas de destruição criativa, a Technicolor. Uma empresa tradicional de processamento de filmes que não trabalha mais com cinema, embora esteja envolvida em mais de 70% dos filmes atuais produzidos por diversos estúdios, seja de Hollywood ou de outras partes do mundo. A empresa compreendeu a destruição criativa e se transformou em um grande *player* no conceito de casa conectada, sendo responsável pela produção de *top boxes* e portais para parceiros como a DirecTV. A visão da Technicolor é fazer parte da casa do futuro, sendo capaz de navegar na produção de diferentes soluções de entretenimento conectadas à Internet das Coisas.

A Technicolor foi fundada em 1915, mas o primeiro projeto aconteceu em 1917, com um filme de uma bobina trabalhado no laboratório da primeira empresa, um vagão ferroviário. Em 1981, a Technicolor lançou seu primeiro videocassete VHS e, no ano de 1993, proporcionou que as emissoras de satélite transmitissem centenas de canais para uma antena parabólica de 18 polegadas, adaptando a compressão de vídeo MPEG. Em 2000, a empresa lançou o primeiro roteador ADSL do mercado; em 2005, fez parte do lançamento do primeiro filme em 3D em cinemas, depois do digital; e, em 2006, produziu o primeiro DVD holográfico. Em 2015, a Technicolor tornou-se a primeira empresa no mundo a enviar mais de 200 milhões de decodificadores para clientes e, em 2016, comemorou 100 anos de tecnologia criativa, recebendo uma estrela de reconhecimento de Hollywood.

O que a história da Technicolor nos conta? A empresa, tradicional participante da indústria cinematográfica, percebia os clientes migrando para os formatos atuais e para as plataformas digitais. Então, decidiu experimentar, e passou por aquisições e outras ações, que acabaram desperdiçando dinheiro e credibilidade. A empresa se esgotava e parecia ser outro negócio a ser interrompido e substituído por uma tecnologia mais rápida.

Entretanto, a Technicolor sobreviveu e, no meio do caminho, a empresa teve que escolher o que manter e do que desistir. Em 2008, a empresa ganhava US$500 milhões em receitas de processamento e duplicação de filmes, porém, em 2016, não havia mais processamento de filmes. Apenas oito anos depois. As substituições, produção digital e efeitos visuais contabilizaram US$850 milhões em receitas. Frederic Rose, o CEO, conseguiu transformar uma empresa de processamento de filmes em uma produtora digital moderna, focada em entretenimento digital totalmente imersivo. Quando você está assistindo a um filme que traz um grande "uau" para a tela, são grandes as chances de que seja uma produção da Technicolor.

A empresa agora hospeda o estúdio Technicolor Experience Center (TEC), de quase 930m², em Culver City, Califórnia, cheio de tecnologias VR e AR, *startups* e produtores independentes. Mark Turner, vice-presidente de Parcerias e Estratégia Corporativa, diz que o objetivo do TEC é reunir pessoas para experimentar. Como a conferência C2, a Technicolor decidiu escolher a experimentação como uma fonte de pensamento inovador, para lidar com as ondas de destruição criativa.

Ao tentar, a Technicolor não tinha as respostas, pois não possuíam uma solução rápida para o problema, e não estava claro qual tecnologia, formato ou produto teria sucesso na indústria do cinema. Quando consideramos a linha do tempo da empresa, percebemos que muitas alternativas foram exploradas, como VR, Blu-ray e outros serviços relacionados à indústria do cinema. Em seguida, a empresa selecionou quais alternativas eram mais promissoras e alinhou recursos para que fosse possível obtê-las.

A Technicolor saiu de um modelo de negócio baseado na produção de filmes químicos para efeitos especiais e entretenimento digital, ou seja, basicamente um novo modelo de negócio. E a inovação do modelo de negócios requer muita experimentação.

Um mundo de dados insuficientes

Este é um assunto complicado, especialmente nesses tempos em que todo mundo fala sobre *big data*. Os chavões dão a impressão de que tudo é *big data*, que *big data* é o novo petróleo, e assim por diante. Poucas são as empresas que sabem o que isso significa realmente. Entretanto, o título desta seção não é sobre todos os dados disponíveis no mundo, nem está relacionado à nossa capacidade de coletar e processar dados. Este é, novamente, o princípio da racionalidade limitada: nunca seremos capazes de esperar até processarmos todos os dados do mundo para chegarmos a uma conclusão-decisão. Na maioria das vezes, confiamos na experiência, na intuição ou no consultor que conversou conosco no banheiro, no intervalo de uma reunião de estratégia.

Principalmente em um processo de inovação, não temos dados suficientes. Então, se não temos todas as informações, o que devemos fazer? Evitar a dor? Ir para casa? Claro que não. Precisamos fazer algo. Precisamos experimentar. Com todos os desafios que as nossas empresas enfrentam atualmente, a experimentação é a única forma prática de se obter respostas às questões estratégicas.

No entanto, isso não significa que precisamos começar a fazer experiências, aconteça o que acontecer. Precisamos criar um processo. A experimentação deve fazer parte da nossa agenda estratégica, alinhada com a visão de futuro da empresa. Precisamos de hipóteses, protótipos, aprendizagem validada, compreensão mais ampla das implicações das respostas e sobre como diferentes variáveis atuam no processo. Precisamos encontrar a validade dos resultados e, então, seguir em frente. Precisamos usar a experimentação para dar uma reviravolta na intuição e na experiência durante a tomada de decisões.

Este é o ponto em que as *startups* estão superando grandes empresas em diversos setores. Um importante componente do espírito empreendedor é ser rápido, que é exatamente o ponto no qual as grandes empresas falham, pois são tradicionalmente lentas. Claro, há exceções. A mentalidade das *startups* é nunca considerar as coisas como certas, mas manter um fluxo constante de experimentação. Ser capaz de produzir um modelo de negócios inovador está no cerne da proficiência em inovação, pois essa capacidade de projetar criativamente um novo modelo de negócios é a base da vantagem competitiva temporária no mercado de hoje.

Na verdade, essa é uma lição que muitas empresas bem estabelecidas levam a sério. Um estudo recente da McKinsey, conduzido com mais de 2.000 executivos, apresentou que as empresas geradoras de receitas e lucros maiores são aquelas que lideram a disruptura ou são as suas seguidoras mais ágeis. Essas empresas realizam apostas em todos os negócios em produtos inovadores, processos digitais ou modelos de negócios.[2] Em outras palavras, o estudo da McKinsey demonstra que vencedores são aqueles abertos à experimentação.

A Amazon é um exemplo de empresa que cria modelos e reinventa muitos setores de negócios. É uma amostra de destruição criativa e também de experimentação. A empresa tem mais de 20 anos e, desde o primeiro dia, tem mudado de um setor para outro, conquistando participação de mercado e superando as empresas já estabelecidas. Às vezes, mudar para outro setor representa uma transformação completa das estruturas internas existentes. A Amazon não está focada em produtos fixos ou em cadeias de valor. A empresa foca no cliente, movendo-se para atendê-lo melhor e da maneira mais rápida possível. Jeff Bezos liderou a voz da experimentação, dizendo que a evolução da empresa se baseia na experimentação em áreas adjacentes. Lembre-se, Bezos começou com uma livraria online, sendo que, agora, podemos comprar (quase) tudo diretamente da Amazon ou do mercado que a empresa criou.

Uma área adjacente, a Amazon Web Services (AWS), foi criada para suprir as necessidades internas da empresa em relação à infraestrutura

Aprenda com as **FALHAS**

de tecnologia, mas logo se tornou um novo modelo de negócios, com receitas de US$13 bilhões, capacitando outros modelos de negócios, como Airbnb e Netflix. Visite o site da AWS e você verá que o negócio é muito mais do que apenas o Kindle e a Alexa. O Amazon Web Service é uma potência de soluções tecnológicas, que vão desde serviços básicos em nuvem até o machine learning e a inteligência artificial. E a empresa continua experimentando. No terceiro trimestre de 2016, a AWS cresceu 42% (!), atingindo receitas de mais de US$4 bilhões. Um verdadeiro mecanismo de lucro para a Amazon, que chegou a representar 10% da receita total da empresa.[3] A AWS é líder de mercado em serviços em nuvem, abarcando mais do que o dobro da participação de mercado de seu concorrente mais próximo, o Microsoft Azure.

A Amazon continua seu caminho na experimentação, fazendo escolhas estratégicas: comprou a Whole Foods, lançou a Prime Wardrobe, passou a atuar no setor de serviços de eletrodomésticos e muito mais. Em 2020 a empresa anunciou a chegada de Fresh, "um novo conceito de supermercado, projetado desde o início para oferecer uma experiência de compras perfeita"[4]. Certamente, alguns desses negócios representam um futuro de oportunidades para a empresa. A AWS estava em uma posição semelhante, mas agora é a maior geradora de lucros para a empresa.

Ao infinito e além

A Pixar Animation Studios foi originalmente criada como uma divisão de computadores dos filmes de George Lucas e vendida para funcionários de Lucas e Steve Jobs por US$10 milhões. Em 1991, a empresa assinou um contrato com a Disney Studios, para desenvolvimento, produção e distribuição de longas-metragens, sendo que, em 1995, *Toy Story*, o seu primeiro filme, foi lançado. Em 1997, a Pixar assinou outro acordo com a Disney para aumentar a produção de filmes e, em 2003, já havia estabelecido uma base sólida na criação de filmes de longa-metragem de animação, usando alta tecnologia, sendo que seus ganhos variavam de trimestre para trimestre. A empresa foi reconhecida por

Culturas De Inovação

fazer filmes que tinham um desempenho melhor do que o normal, o que os tornava diferentes, sendo que, no processo, desafiava muitas convenções familiares e disfuncionais da indústria. A Pixar se tornou o ponto de inveja de Hollywood, porque nunca foi Hollywood.[5]

No início dos anos 1980, Steve Jobs era considerado um prodígio no mundo digital. Ele criou o Apple II, o primeiro computador pessoal e, depois disso, uma máquina pioneira: o Macintosh. Com a Pixar, que foi responsável por cinco sucessos de bilheteria, Jobs arrecadou quase US$2 bilhões, aliando a empresa ao lançamento do iPod. Assim, Jobs voltou a ser visionário e revolucionário, tornando-se um ator relevante no mundo do entretenimento digital.

No setor de filmes de animação, a DreamWorks perseguia a Pixar quase desde o seu início, em 1994. Porém, enquanto a Pixar e a Disney colecionavam sucessos de bilheteria, a DreamWorks não obtinha sucesso. Entretanto, quando a Paramount Pictures adquiriu a DreamWorks, em um contrato de US$1,6 bilhão, a Pixar mostrou-se mais interessada em fazer um novo acordo com a Disney. Além disso, o acordo entre DreamWorks e Paramount foi possível devido a uma falha nas negociações com a NBC Universal.

No final de 2005, a Disney adquiriu a Pixar Studios por US$7,4 bilhões. As duas empresas eram parceiras de negócios, mas houve pontos que pareciam divergentes. As duas companhias não chegaram a um acordo sobre os termos de distribuição, que deu à Disney, então dirigida por Michael Eisner, uma participação injusta nos filmes da Pixar. Além do alto volume de dólares no negócio de ações, que deu a Steven Jobs um papel poderoso em Hollywood, o negócio também despertou esperanças de reacender a tradição de contar histórias animadas, próprias da Disney. A mudança também aumentou as ambições de realizar animações da Disney, já que rivais como Pixar e DreamWorks Animation prosperaram.

O negócio foi baseado em uma grande motivação: a Disney perdia espaço em sua competência central: filmes de animação. Por outro lado, a Pixar Animation Studios era uma importante fonte de inovação e a empresa estava realmente conectada com os clientes. Bob Iger, então

Aprenda com as **FALHAS**

CEO da Disney, queria devolver a produtora à grandeza dos filmes de animação, sendo que comprar a Pixar poderia ser a maneira mais rápida de realizar isso. Iger e Jobs concordaram que a compra não deveria ameaçar a cultura incomum da Pixar, cuja administração deveria ser feita de forma independente. Foi a escolha certa para proteger a cultura da Pixar e permitir que continuasse gerando os resultados que tornaram a empresa mundialmente famosa. A proteção da cultura da Pixar foi deixada para os dois homens que, além de Steve Jobs, tiveram o impacto mais significativo na Pixar. Enquanto a Disney poderia fazer filmes de animação, a Pixar poderia torná-los totalmente diferentes.

O acordo da Disney para adquirir a Pixar foi uma mudança estratégica para a Walt Disney Company, mas também significou um potencial para grandes mudanças na forma como o negócio do entretenimento opera. Especificamente, nos grandes estúdios, a tarefa principal é organizar os grupos de pessoas talentosas, para que possam desenvolver seu melhor trabalho. Uma das características culturais da Pixar era a capacidade de unir as pessoas, aprender umas com as outras e realizar um esforço de melhoria a cada produção. Um dos motivos pelos quais a empresa produziu tantos sucessos é que aprendeu a se manter unida sob pressão. A Pixar não investia em ideias, mas em pessoas, para criar uma cultura de aprendizagem, enchendo a empresa de aprendizes para a vida toda.

A cultura da experimentação levou a Pixar a ser um estúdio de cinema de animação de sucesso. O desenho de animação *Toy Story* fez com que isso funcionasse, gerando receitas de quase US$300 milhões em todo o mundo. Lee Unkrich, editor de *Toy Story*, lembra: "Aprendemos muito fazendo *Toy Story* e cometemos muitos erros. Eu não conseguia acreditar que fizemos o filme. Foi realmente unido com cuspe e elásticos. Estávamos apenas inventando coisas à medida que avançávamos. Sempre dissemos, quando estávamos fazendo *Toy Story*, que seria o filme mais feio que já fizemos. Isso é verdade. Por melhor que parecesse [na época], é um pouco rústico para os padrões de hoje."[6]

Culturas De Inovação

A Pixar se tornou o maior estúdio de animação do mundo. Por meio de pessoas, colaboração e experimentação. Nos corredores da Pixar, as pessoas sabem que precisam trabalhar muito, e precisam falhar, se quiserem criar algo inovador e notável. Como lembra o diretor de cinema John Lasseter: "Na verdade, houve um punhado [de ideias que interrompemos no meio da produção]. *Newt* foi o único projeto que paramos depois que o anunciamos. Há outros que começamos em momentos diferentes e apenas sentimos que não eram certos. É muito comum desenvolver coisas e elas simplesmente não engrenarem, daí você deixa na prateleira."[7]

Movida pelo sucesso da aquisição da Pixar, a Disney manteve a visão de expandir a forma como a empresa olhava para o entretenimento. Mais tarde, a Disney adquiriu a Marvel Entertainment, por US$4 bilhões[8], e depois a Lucasfilm, adicionando a franquia *StarWars* aos personagens da empresa.[9] Em 2018, *Vingadores: Guerra Infinita* foi a maior bilheteria de estreia da história. A Disney, eventualmente, chegou a deter nove das dez primeiras aberturas domésticas de todos os tempos, e seis delas fazem parte do universo cinematográfico Marvel. Como presidente de distribuição da Disney, Dave Hollis observou: "O resultado é um reflexo de 10 anos de trabalho, de desenvolver este universo, criando apostas tão grandes quanto eram, personagens que importam e histórias e mundos que as pessoas passaram a amar."[10]

Por dentro

Um estudo da McKinsey sobre como as empresas lidam com a turbulência mostra o que os autores chamaram de "renascimento do departamento de P&D". Embora manter os olhos atentos às contribuições externas da inovação ainda seja importante, a emergente potência de Pesquisa e Desenvolvimento está assumindo o controle de empresas como Amazon, Google, Microsoft e LEGO. A motivação é clara: as empresas precisam de mecanismos e culturas para abraçar o novo.[11]

Aprenda com as **FALHAS**

O que os exemplos da Amazon e da Pixar nos mostram? Que precisamos abraçar tanto a experimentação quanto o fracasso, que precisamos nutrir capacidades internas com base em combinações de habilidades. Permitir a experimentação requer tal alinhamento corporativo que permita que as ideias decolem. Essa energia inovadora vem de um forte compromisso de liderança e impulsiona a energia inovadora por meio das pessoas. Não se trata apenas de dizer às pessoas para pensarem fora da caixa. Isso não acontece tão facilmente. O mais importante é saber como cultivar uma cultura de confiança, que estimule o engajamento.

Nick Swinmurn, um dos fundadores da Zappos, tentava comprar um par de sapatos. Ele caminhou por um shopping em São Francisco, mas não conseguiu encontrar o que estava procurando. Quando você tem algo muito específico em mente, não é uma tarefa fácil encontrar o objeto em uma loja com estoque limitado. Este era o dilema de Nick: comprar o número certo, mas a cor e o estilo errados? Nick, então, decidiu comprar o item em uma loja online, mas também não conseguiu encontrar o que queria. Seguindo um padrão de pensamento de empreendedores, Nick decidiu abrir sua própria loja de sapatos online, a Shoesite.com.

Na época em que Nick procurava por financiamento inicial, conheceu Tony Hsieh, um sábio fundador de uma *startup* que criou alguns grandes sucessos (Tony faleceu no final de 2020). O LinkExchange, primeiro empreendimento da Hsieh, era uma rede de publicidade que continuou crescendo e foi vendida para a Microsoft, em 1998, por US$265 milhões.[12] Após essa jornada de sucesso, a Hsieh fundou a Venture Frogs, uma incubadora e empresa de investimentos e, durante esse tempo, Nick conheceu Tony. Junto com Jeeves e OpenTable, a ideia de Nick foi um dos investimentos feitos pela Venture Frogs. Então, a Shoesite.com se tornou a Zappos, termo derivado da palavra espanhola para sapatos: *zapatos*. A nova empresa nasceu em 1999.

A empresa cresceu, passando da venda de calçados para muitas outras categorias, como roupas e utensílios domésticos. Diferentemente de muitos outros *players* de *e-commerce*, a Zappos se concentrou no desenvolvimento de uma cultura de criação de momentos emocionantes

Culturas De Inovação

para os clientes, e essa foi a espinha dorsal do sucesso da empresa. Não se tratava apenas de vender sapatos, mas de manter o forte compromisso de oferecer uma experiência de compra notável para os clientes. Hsieh acredita realmente que a Zappos poderia vender qualquer item, porque sua missão não era sobre o produto, mas sobre a satisfação do cliente.

Em 2009, a Amazon adquiriu a Zappos, em um negócio de US$850 milhões.[13] Foi um movimento baseado na aquisição de ações em circulação, seguido por uma decisão inteligente de manter a Zappos operando como uma unidade independente, com sua própria marca. Hsieh enviou uma carta aos funcionários, dizendo: "Pretendemos continuar a administrar a Zappos da maneira como sempre administramos, continuando a fazer o que acreditamos ser o melhor para nossa marca, nossa cultura e nosso negócio. Do ponto de vista prático, será como se estivéssemos trocando nossos atuais acionistas e nosso conselho de administração por um novo, ainda que a estrutura técnica jurídica seja diferente."[14] À época, alguns especialistas mencionaram que esse negócio poderia ajudar a Amazon a incorporar alguns dos traços culturais que fizeram da Zappos um grande sucesso.

Entretanto, Tony Hsieh queria mais. Ele acreditava que uma cultura com foco nos clientes requer autogerenciamento de todos na organização. Então, a Zappos foi adiante e criou a "cultura da holocracia", o que Hsieh chama de auto-organização. Esse projeto aconteceu por meio de um teste-piloto, com um pequeno grupo, e tinha como objetivo capacitar os funcionários, com base no princípio de aumentar a produtividade ao passar da organização hierárquica normal para equipes auto-organizadas. Assim, os funcionários teriam a "chance de agir como empreendedores e autônomos e direcionar seu trabalho, em vez de se reportarem a um gerente que lhes dissesse o que fazer".[15] O instinto básico por trás dessa mudança foi encontrar inovação em qualquer lugar da empresa.

Distribuição de autoridade para tomar decisões, unidades auto-organizadas e nenhuma descrição de cargo foram os elementos para tornar a Zappos mais inovadora e adaptável a um ambiente desafiador. A Zappos é dona de uma cultura verdadeiramente envolvente, não uma mera declaração em seu site, pois é baseada em valores criados internamente, por meio de *crowdsourcing*, o que os torna tangíveis e expressão de uma linguagem comum dentro da empresa. Essa cultura é movida por um grande propósito de "viver e impressionar". Trata-se de uma estrutura adaptável e dinâmica, que permite à Zappos agir e reagir rapidamente aos desafios do mercado.

O que a holocracia Zappos realmente significa? Empoderamento, engajamento, empreendedorismo interno. Isso é exatamente o oposto do motivo pelo qual os funcionários não se sentem engajados nas empresas. Na Zappos, não há espaço para a cultura de culpar, a mentalidade empreendedora é que dá a direção. A Zappos desafiou o paradigma, permitindo que as pessoas exercitem sua curiosidade e experimentem coisas. Ao fazer isso, a empresa criou uma massa de inteligência coletiva que a ajuda a prosperar. A empresa criou uma cultura de inovação, afastando-se da previsibilidade, da estabilidade e do controle, abraçando a resiliência.

Nas palavras de Tony Hsieh: "Acreditamos que os funcionários são muito mais do que apenas a descrição de seu trabalho específico (...). Acho que há muito potencial criativo e muita inteligência em cada funcionário. Estamos tentando descobrir como criar a melhor estrutura que libere o máximo possível desse potencial".[16] Suas palavras sobre a experimentação: "E assim, na Zappos, o direcionamento seria: é seguro o suficiente tentar? Não importa se os outros funcionários acham que é uma má ideia. Eu posso aceitar esse retorno. Mas é seguro o suficiente tentar? Na maioria das empresas, incluindo nós, historicamente, isso acabou sendo mais sobre a construção de consenso, o que é ótimo quando se é pequeno. Mas a construção de consenso não escala. A auto-organização, se bem-feita, aumenta."[17]

No início do capítulo, vimos como o congresso C2 Montreal usa a experimentação para criar experiências inesquecíveis, pois é uma conferência de negócios inovadora e notável, criada por meio de investigação. Em maio de 2017, no discurso de abertura do evento, o diretor de criação e um dos fundadores, Jean François Bouchard, falaram sobre como veem as novas estruturas organizacionais: "as empresas, hoje em dia, deveriam ser lideradas por um coletivo de empreendedores, não pela mística heroica do lobo solitário". Organizar o espírito empreendedor coletivo e colocá-lo para funcionar deve ser a principal tarefa das empresas que buscam a inovação.

Inovar ou morrer

Inovar ou morrer tem sido um dos conhecidos jargões de negócios. Um jargão comum, cujo significado é que precisamos começar a pensar diferente, reinventar nossos produtos e encontrar novos mercados e clientes. A verdade é que poucas empresas fazem isso de verdade. Uma pesquisa da *MindMatters*, em 2015, mostrou que as empresas norte-americanas passavam por algum tipo de crise de inovação. Um número incrível de 5% dos entrevistados disse que são compelidos a gerar inovação, enquanto 75% sustentaram que as novas ideias não estão sendo analisadas de forma adequada. Pior ainda, 81% disseram que suas empresas não têm recursos suficientes para buscar inovações verdadeiras, coisas que poderiam fazer com que ganhassem vantagem sobre os concorrentes.[18]

De fato, é doloroso. As empresas, em geral, não são muito boas quando o assunto é inovação. E o motivo é que, depois de amadurecer, o foco da liderança está em medir o sucesso com base na geração de lucro. Uma empresa sólida, com boa participação de mercado e amplo respeito dos clientes, encontrará uma forma de alinhar processos, sistemas e o seu desenho organizacional para tornar as coisas mais eficientes. Os funcionários são orientados à busca pela eficiência, em vez da busca pela próxima grande ideia. As empresas autoinduzem elementos para se tornarem cada vez melhores no que fazem de melhor.

Quando criado em 2003, o MySpace foi um dos pioneiros na era da mídia social. Focado em perfis personalizados, páginas de bandas e em "stalkeamento" online, o MySpace foi uma das primeiras ferramentas para as pessoas se conectarem por meio de uma ampla rede. Em 2006, era o site número um nos acessos, avaliado em US$12 bilhões. O magnata da mídia, Rupert Murdoch, adquiriu o MySpace em 2005, pagando quase US$600 milhões, um número impressionante na época. Alguns anos depois, a News Corp., empresa de Murdoch, vendeu o MySpace por US$35 milhões.

Como fundadores de uma empresa de marketing, perceberam que os usuários online passavam muito tempo no Friendster, um serviço de rede social popular em 2003. Eles consideraram replicar a fórmula como uma maneira mais eficiente de enviar publicidade online aos visitantes. Mas o MySpace foi além, sendo a primeira plataforma do que chamamos de marketing influenciador, atraindo músicos, produtores de conteúdo e todos os tipos de pessoas criativas. O princípio por trás das ações era simples: ajudar marcas a criarem perfis e começarem a fazer amigos online.

A aquisição do MySpace pela News Corp. foi um movimento interessante, pois Murdoch estabeleceu e cresceu um império de mídia gigante, com centenas de milhares de visualizações, e isso poderia ser uma ação natural para o crescimento do MySpace. Mas essa não era a realidade. Como alegou Sean Percival, ex-vice-presidente de marketing online, após a aquisição, a News Corp. tentou pressionar por políticas corporativas: "Os advogados entraram, os contadores. Tudo entrou. Em vez de ser um carro esportivo ágil e veloz, eles começaram a ficar lentos".

O MySpace foi reconhecido por ser um ambiente muito aberto para as pessoas se conectarem e se comunicarem. Por outro lado, a empresa teve inúmeros problemas, levando a processos judiciais intermináveis e problemas com o Departamento de Justiça dos Estados Unidos, sendo atacada por todos os ângulos. Como resultado, Percival observou: "Em vez de preservar e permitir que tudo funcionasse como estava, ficou muito, muito corporativo. Política, ganância, todas as coisas horríveis que vêm com as grandes corporações se infiltraram lentamente".[19]

O grande erro cometido pelo MySpace foi se aproximar demais do que uma empresa de mídia tradicional estaria fazendo, tentando ser um gerador de conteúdo e perdendo sua característica de plataforma de conteúdo gerado pelo usuário. A empresa tentou ser global, abrindo escritórios em muitos países e desperdiçando uma quantidade significativa de dinheiro para isso. Além disso, a empresa estava tentando construir sua própria tecnologia em todos os lugares.

O MySpace começou como uma empresa de mídia social inovadora. Naquela época, não estava claro para a News Corp. o que deveria ser uma plataforma de conteúdo gerado pelo usuário e a burocracia, os sistemas e os processos de grande empresa assumiram o controle. Então, começou a acontecer a pressão para produzir resultados. Como Percival lembra: "todo mundo se apressava por lá... 'O chefe disse que temos que ganhar US\$1 bilhão, então acho que precisamos ganhar US\$1 bilhão'".[20] Tirar dinheiro de todos os lugares era a solução, e em vez de gerar inovação com base no usuário, a empresa estava sendo pressionada por pessoas de fora, que tinham muito dinheiro. Não importa se os usuários querem ou não falar sobre livros, o que importa é que os patrocinadores podem colocar muito dinheiro na empresa, então vamos falar sobre livros se eles quiserem. Em algum ponto, tudo se resumiu a transformar o MySpace em uma máquina de fazer dinheiro.

Como resultado, o MySpace perdeu sua identidade de site de mídia social número um para o então Facebook. Percival afirma que se o MySpace tivesse seguido o caminho de ser uma mídia social focada em música, poderia se tornar o que o Spotify é para os clientes hoje, uma mistura de recursos sociais e *streaming* de música. Podia ser fácil para a News Corp. dizer que apoiava a inovação no MySpace. A empresa estava, de fato, injetando recursos, principalmente dinheiro, para fazer as coisas funcionarem. Mas eles levaram muito a sério o dilema de inovar ou morrer e forçaram a criação de coisas fora da base de experiência do cliente. Foi como um "ei, vá inovar, mas não se esqueça de ter lucros". Quando os verdadeiros inovadores se deparam com o dilema "inovar e lucrar", a única coisa que se pode esperar são melhorias incrementais, nem sempre na direção correta e sem correr os riscos certos.

O lucro é muito importante, mas as empresas precisam entender que sempre lutam duas batalhas diferentes: manter a empresa tendo lucro e

Aprenda com as FALHAS

encontrar algumas áreas de experimentação que não se fundamentam nas mesmas regras, princípios, sistemas e burocracia. Ao mesmo tempo, a empresa precisa sustentar seu *core business*, ou seja, há uma parte que deve ser conduzida de forma que o fracasso seja a melhor opção. Essa parte da organização deve ter pessoas diferentes, projetos diferentes, novas capacidades e ser direcionada para um futuro no qual possa haver soluções inovadoras, ou talvez novos modelos de negócios.

As empresas precisam aprender a fracassar. Precisam abraçar o mix cultural que mantém dois sistemas diferentes ao mesmo tempo: aquele que é bem-sucedido e gera recompensas, e o outro, cuja tarefa mais importante é falhar. Porque o fracasso vem com experimentar as coisas de uma maneira diferente, de fazer coisas que a empresa não fazia antes. O que vem depois é que essa nova parte da empresa vai evoluir, adaptar-se e aprender.

Nós, como gestores, precisamos desenvolver nossas capacidades para transformar nossas empresas em organizações ambidestras, desenvolvendo novas culturas organizacionais e ajudando boas pessoas a gerarem falhas inteligentes.

Do que não se trata a experimentação?

A experimentação não é diversificação. A diversificação requer um salto para áreas adjacentes ou completamente distantes do negócio principal, com exploração de uma alternativa estratégica e investimento de recursos pesados no caminho. Conforme explicado pelo consultor de gestão, Chris Zook, a adjacência vem da expansão para uma nova geografia, do encontro de novos segmentos de clientes, novos canais de distribuição, da criação de produtos fora do negócio principal, novas posições na cadeia de valor ou mesmo criando novos negócios. Porém, as principais adjacências são difíceis porque geralmente são caras. Além disso, as chances de obterem sucesso são baixas. Quanto mais longe do núcleo, menores são as chances.[21]

Culturas De Inovação

Nick Woodman foi um empresário persistente. Para ele, empreendedor é alguém que consegue pegar uma ideia e torná-la realidade. Mas não foi um começo fácil para Nick. Seu primeiro empreendimento foi a EmpoweAll.com, com foco em produtos eletrônicos de consumo com desconto. Depois, o Funbug.com, um site de jogos. Ambos os empreendimentos falharam. Mas ele é o tipo de pessoa que não desiste tão facilmente. Enquanto surfava na Austrália, em 2001, Woodman passou a prender câmeras em seu pulso, pois percebeu que os surfistas profissionais tiravam boas fotos por causa de equipamentos profissionais caros, e ele queria mudar isso. No entanto, sem caixas de câmeras à prova d'água, os primeiros experimentos falharam.

Depois de encontrar uma câmera adequada, fabricada na China, Nick começou a fazer a prototipagem, até chegar ao produto desejado. Em setembro de 2004, a GoPro fez seu primeiro negócio de 100 unidades com um distribuidor japonês. Em 2006, a GoPro introduziu recursos de vídeo de alta resolução e, em 2008, lançou a lente grande angular. Mesmo diante de um novo tipo de concorrente, o iPhone, Nick tinha a forte convicção de que continuar inovando seria a única maneira de enfrentar os desafios. Os custos de produção caíram significativamente, tornando a GoPro um produto acessível para consumidores regulares. Naquele momento, a empresa tirou a sorte grande.

O que tornou a GoPro bem-sucedida e capaz de competir contra a melhoria da qualidade das câmeras dos smartphones não foi o dispositivo em si, mas algo que o smartphone não pode substituir facilmente: a experiência de usar a câmera.[22] O sucesso por trás da GoPro é, de acordo com o consultor de inovação e autor Salim Ismail, seu objetivo de transformação massiva: ajudar as pessoas a capturarem e compartilharem suas experiências mais significativas.[23] De um início rápido, em 2004, até fazer parte da lista das Empresas Mais Inovadoras da *Fast Company*, foi uma boa jornada para Nick. A empresa atingiu a avaliação de US$3 bilhões em 2014 e abriu o seu capital logo em seguida.

Então, aconteceu uma tempestade. Uma das crenças fundamentais dentro da sede da GoPro era o círculo virtuoso de conteúdo: mais pessoas fazendo vídeos de suas próprias aventuras inspirariam mais pessoas a comprar câmeras e fazer seus vídeos por conta própria. Com base nessa suposição, Nick Woodman e sua equipe começaram a ver a GoPro como uma empresa de mídia, algum tipo de oportunidade de crescimento adjacente. A etapa seguinte foi investir fortemente na construção de uma plataforma online, para embasar a transformação da GoPro em uma empresa de mídia. Por trás disso, passaram a tentar aumentar o preço das ações e deixar os acionistas felizes, em uma estratégia para estender a marca.

O primeiro movimento foi contratar mais de 100 funcionários para projetarem e produzirem vídeos de esportes e entretenimento, e gastar milhões de dólares na produção de documentários no mesmo estilo de programas de TV. Além disso, novos produtos começaram a chegar, como a GoPro Hero 4 Session. Nick achou que esse produto era a GoPro definitiva, então decidiu comercializá-lo com um preço premium. O produto foi lançado sem nenhum impulso de marketing, pois a empresa tinha certeza de que ele se tornaria viral por si só.[24] Foi um grave erro.

Durante os meses após o IPO (Oferta Pública Inicial) da empresa, o número de funcionários cresceu para 1.800. Os custos de produção fugiram ao controle. No final, a plataforma de mídia nunca decolou. Embora seguir tal estratégia pareça interessante, a alma por trás da marca GoPro era permitir que pessoas, amadores, profissionais, todos, criassem e enviassem suas histórias. Era sobre eles. Quando a GoPro se posicionou como um meio de comunicação, passou a ser sobre a empresa, não mais sobre seus consumidores.

Agora, de volta às origens, a GoPro está projetando e lançando novos dispositivos, com forte foco em drones. Os primeiros produtos não se saíram tão bem, inclusive com modelos caindo no meio do voo, causando grandes obstáculos à GoPro na fixação e remoção de produtos do mercado. Em uma época que os produtores de smartphones investem pesadamente no fornecimento de dispositivos com câmeras melhores, outros concorrentes exploram componentes mais baratos, e outros gigantes da tecnologia, como o Google, começaram a explorar esse mercado. O futuro da GoPro não está claro. Mas a empresa está de volta aos experimentos. Durante a CES 2020, em Las Vegas, Nick citou que o foco da GoPro seria expandir a base total de clientes, tornando a GoPro mais relevante para os consumidores.

Nick Woodman teve uma ideia e prendeu uma câmera no pulso, depois comprou alguns materiais e criou a GoPro: experimentação. A empresa contrata mais de 1.000 novos funcionários e passa a investir pesadamente para se tornar um veículo de comunicação porque "foi a escolha certa": diversificação. Olhando de perto, você pode perceber como esses conceitos são diferentes uns dos outros.

Howard Schultz deixou o emprego para ingressar em uma empresa de café em Seattle, cujo negócio na época era a venda de grãos de café. Depois de voltar de uma feira na Itália, Schultz tentou convencer os proprietários da Starbucks de que o futuro não era vender grãos, mas criar uma experiência de cafeteria, uma espécie de terceiro lugar entre a casa e o trabalho. Os proprietários disseram que não, que não queriam fazer isso. No entanto, ao preparar a abertura de uma nova loja de quase 140m², decidiram dar a Schultz um terço do espaço para que ele pudesse criar uma experiência de cafeteria italiana. Durante a noite, os proprietários tiveram centenas de clientes e introduziram o café com leite em Seattle. O novo serviço foi muito mais bem-sucedido que o outro lado do negócio, mas os proprietários não queriam repetir a experiência. Decidido a deixar a empresa para começar algo por conta própria, Schultz encontrou nos donos da Starbucks seus primeiros investidores, desde que ele continuasse usando o café da marca para o novo empreendimento. É interessante ver essa reação: uma experiência bem-sucedida não levou a ideia a lugar nenhum e o *outlier* decidiu deixar a empresa.

Esse foi o início da Starbucks da maneira como conhecemos hoje. Em novembro de 2016, a empresa operava 23.768 filiais em todo o mundo.[25]

Aprenda com as FALHAS

A primeira inauguração no Japão foi baseada em um experimento, já que a empresa não tinha *expertise* internacional. Os consultores da empresa foram contra a ideia, pois não conseguiam ver como uma marca como a Starbucks se encaixaria no Japão, devido às diferenças culturais. O crescimento trouxe complexidade e, ao gerar uma receita de mais de US$2 bilhões, Schultz deixou a sua liderança. Em 2007, insatisfeito com a comoditização da marca, Schultz lembra que: "O crescimento e o sucesso estavam encobrindo muitos erros".[26] A empresa pressionava duramente para haver mais produtos e expansão geográfica, mas, em 2008, a espiral foi negativa, fazendo com que os preços das ações caíssem diariamente. Lembro-me de uma piada sobre o modo louco de expansão geográfica da empresa: "Você viu onde um novo Starbucks está abrindo? No canto interno de um antigo Starbucks". Abrir lojas foi um grande desafio para a estratégia da empresa.

Schultz foi chamado de volta e colocou a Starbucks na rota de experimentação outra vez. A empresa experimentou um novo design em quatro lojas selecionadas, usou um laboratório de aprendizagem para começar a oferecer vinho e cerveja para ver se a ação funcionaria, criou um aplicativo de celular para pedidos e pagamentos, começou a oferecer wi-fi grátis, em 2010, o que se tornou uma estratégia mundial, disponibilizou café de marca para algumas empresas varejistas, o que logo foi estendido em grande escala para redes hoteleiras, criou um cartão de recompensa e passou a oferecer chá. Experimentando, a Starbucks pode decidir o que funciona e o que não funciona.

Kit and Ace, uma casa de moda, com sede em Vancouver, abriu 32 lojas nos Estados Unidos, Reino Unido e Austrália, tendo que fechar todas algum tempo depois. Com base no sucesso da empresa controladora, Lululemon, que encontrou o sucesso oferecendo algum tipo de "estilo Starbucks", e tendo muito dinheiro, Kit and Ace abraçaram o espírito de se tornarem global de uma forma massiva. Entretanto, não consideraram as regras de engajamento para o varejo, o que requer experimentação em mercados maiores primeiro, para análise do impacto do *e-commerce* para diferentes mercados e identificação dos locais viáveis com base em grupos de clientes.

Criar experimentos controlados e lançar aqueles que funcionam é experimentação. Buscar a expansão mundial da linha de produtos e das lojas não é experimentação.

O elemento que falta: o empreendedorismo arraigado

Geralmente, as empresas não são hábeis em lidar com dois elementos básicos de uma cultura de empreendedorismo interno: os departamentos de recursos humanos geralmente procuram por pessoas que se encaixem na cultura, e a diversidade ainda é um paradigma. Portanto, se a empresa não injetar alguns elementos diferentes em sua cultura e estrutura, o *status quo* permanecerá. Em outras palavras, mentes inovadoras raramente seguirão uma cultura que não lhes proporcione espaço para criar, e se você continuar atraindo pessoas com mentalidade semelhante, se comportará como um cachorro perseguindo o próprio rabo.

Em 2010, EY usou seu passado como Empreendedor do Ano da Ernst & Young para lançar uma pesquisa sobre inovação e nela 82% dos participantes sugeriram que o crescimento se dá, principalmente, pela inovação.[27] Mais da metade dos entrevistados confirmaram que tamanho e complexidade são os grandes inimigos da criação de capacidade para inovar. Em 2021, o Boston Consulting Group apresentou uma nova pesquisa indicando que inovação passou a ser prioridade para as empresas. No entanto: "Os CEOs estão aumentando os esforços e investimentos de suas empresas, reconhecendo que o poder da inovação para aumentar a resiliência e vantagem competitiva é mais importante do que nunca. Mas vemos um risco, no entanto, que suas esperanças podem não vir a ser realizadas porque suas empresas não estão prontas. Eles ainda precisam construir a habilidade sistêmica – os processos subjacentes e capacidades que impulsionam a inovação – para transformar aspirações em resultados reais."[28] O empreendedorismo corporativo não é um assunto novo. O termo "intraempreendedores" existe desde 1985 e descreve indivíduos ou grupos que assumem riscos para criarem novas ondas de inovação, sendo, ao mesmo tempo, apoiados por suas organizações. A notícia indesejável é que existem apenas algumas empresas que realmente apoiam essas pessoas. A boa notícia é que temos exemplos inspiradores.

Richard Branson tinha 15 anos quando deixou a escola para lançar seu novo empreendimento. Para ele, criar e executar ideias tornou-se uma espécie de vício, a exploração tornou-se um estilo de vida e aquele jovem logo lançou a primeira loja de discos, que acabou se tornando uma gravadora. Então, ele decidiu que era hora de abrir uma companhia aérea. Atualmente, o Virgin Group é um grande conglomerado com centenas de atividades comerciais diferentes.

Richard Branson, que hoje carrega o nobre título de "Sir", é um empreendedor serial, alguém que sempre observa o mercado em busca de formas novas e inovadoras de entregar serviços ou produtos. Branson pode estar pensando em se tornar seu novo concorrente agora. Tolerância aos riscos e ao mesmo tempo se proteger das desvantagens são características de Branson, como ele escreveu em um post no LinkedIn: "Este foi o melhor conselho que meu falecido pai me deu, quando eu tinha 15 anos e queria deixar a escola para começar uma revista estudantil nacional. Lembro-me dele dizendo que eu não poderia fazer isso antes de vender quatro mil libras em publicidade para cobrir os custos de impressão e papel da primeira edição da revista (...) a teoria é válida: confie em seus instintos, mas proteja-se da parte negativa".[29]

Branson não é apenas uma máquina de fazer inovação, mas também uma máquina de fracassos. Peter Diamandis e Steven Kotler escreveram sobre Branson: "Ele é rápido para iterar suas ideias e mais rápido ainda para eliminar uma falha. No total, embora Branson seja conhecido por ter fundado cerca de 500 empresas, ele também fechou as 200 que não funcionaram."

Culturas De Inovação

Em 1998, a Strategy+Business Magazine descreveu Branson como alguém que vê o impossível como uma oportunidade de negócio e se concentra em ser o melhor, em vez de o maior.[30] Durante algum tempo na história da empresa, a visão de Branson e algumas doses de diversão alargaram os limites da organização. Agora, Branson está usando uma abordagem diferente, que chama de "empreendedorismo arraigado". Nesse caminho, o Virgin Group se tornou um lugar gigante para as *startups* surgirem e se desenvolverem. É assim que Richard Branson imaginou a cultura da Virgin desde o primeiro dia, e é assim que ele vem expandindo limites mais uma vez. Em suas próprias palavras: "É algo em que me concentrei desde os primeiros dias da Virgin Records, na qual busquei traços empreendedores em nossas equipes e incentivei as pessoas a se apresentarem e iniciarem suas próprias subsidiárias da gravadora, enquanto nós crescemos em tamanho. Isso nos manteve ágeis, abertos à inovação e desenvolvedores da próxima geração de líderes."[31]

O Virgin Group acredita no fato de que incentivar o empreendedorismo interno é mais do que uma razão para negócios de sucesso, mas um motivo para desenvolver pessoas talentosas.[32] Você pode tirar a sorte grande uma vez fazendo sozinho. Mas quando cria a cultura e o ambiente no qual as pessoas querem ir e permanecer, corre o risco de ganhar a sorte grande em momentos sucessivos. Esse pode ser o caso do Virgin Group.

Estrutura para a inovação inflexível

Quando lemos sobre todos esses exemplos de sucesso, algumas conclusões indiscutíveis vêm à mente. Empresas como Amazon, Virgin Group, Pixar, Netflix e Starbucks foram capazes de desenvolver alto nível de experimentação com base no incentivo ao empreendedorismo interno. Entretanto, quando observamos mais profundamente, percebemos que existem dois elementos que sustentam essas estratégias: uma estrutura que permite que a inovação aconteça e culturas de experimentação, que criam a base fundamental para assumir riscos e tolerância aos fracassos.

O que todas essas empresas têm em comum? Elas têm cultura, estrutura e estratégia em perfeito alinhamento. O histórico cultural cria valores que impulsionam a inovação, a estrutura permite que a organização crie e experimente, e as descobertas (experimentos bem-sucedidos) são rapidamente adotadas nas prioridades estratégicas da empresa.

As empresas que integram com sucesso a experimentação controlada, o empreendedorismo interno e a proficiência em inovação devem ser assim:

FIGURA 2 – Estrutura da Transformação Contínua

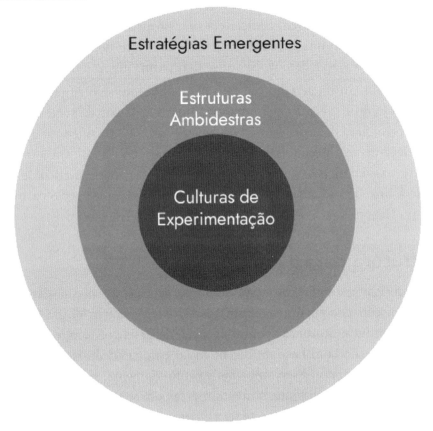

FONTE: Desenvolvido pelos autores.

Culturas De Inovação

A habilidade de alinhar cultura, estrutura e estratégia está no coração da adaptação organizacional. Esse alinhamento pode preparar a organização para lidar com elementos tanto externos previsíveis como não previsíveis, criando a capacidade de mover uma empresa de uma seleção natural passiva para uma seleção racional ativa. A seleção racional é baseada na capacidade da empresa de selecionar, adotar ou descartar componentes que mantêm o equilíbrio com o ambiente externo de negócios.[33]

Precisamos mover nossas empresas do ponto de apenas defenderem posições ou reagirem à mudança, para verdadeiros prospectores de mudança, aqueles que continuam filtrando todos os cantos do mercado em busca da próxima coisa, até mesmo se essa coisa nova for algo que coloca nosso negócio principal em perigo. Os prospectores são empresas que criam as ondas que obrigam os concorrentes a reagirem. Amazon, Virgin, Apple e muitos outros exemplos que temos visto são verdadeiros prospectores.

Em resumo, precisamos alinhar nossa cultura e estrutura, de forma que a experimentação e a exploração ajudem a definir nossa estratégia. Precisamos nos perceber além do negócio principal, não nos limitando aos produtos ou às tecnologias atuais, mas nos estendermos a qualquer coisa que possa representar a melhor maneira de atender às necessidades dos clientes. Lembre-se, em 2007, a Nokia era o negócio rei dos celulares, até que o smartphone foi inventado para atender melhor às necessidades das pessoas.

Não nos tornamos grandes inovadores da noite para o dia. Esse é um processo. E não é apenas estabelecer um novo planejamento estratégico que diz que a inovação agora passou a ser a estratégia. Precisamos construir as bases para que a inovação chegue, e esse processo começa revisitando nossa cultura organizacional e modelos mentais. Estamos abertos ao fracasso? Estamos abertos a riscos? Como compensamos as pessoas por isso? Então, depois de revisitar nossos modelos mentais, precisamos apresentar arranjos estruturais adequados que criem o tipo certo de relacionamento. Em outras palavras, não se trata apenas de criar a posição na empresa de "diretor de inovação". Você até pode criar essa nova função, mas o que essa pessoa fará no primeiro dia? Além disso, se começarmos a impulsionar a inovação em todos os níveis, o que acontecerá com nosso negócio principal?

Lembre-se de que não se trata de acabar com o negócio principal para criar uma nova oportunidade. Trata-se de criar a estrutura adequada, na qual as pessoas possam encontrar as inovações incrementais que sustentam o negócio principal e, ao mesmo tempo, ter outros talentos focados no próximo objetivo. Como observou Jim Collins: "as organizações criadas para durar são aquelas que, dentre outras coisas, protegem o núcleo e estimulam o progresso".

Nos próximos capítulos, discutiremos como criar uma cultura que comece do fracasso, como projetar uma estrutura que permita o florescimento da inovação e como integrar a experimentação na criação de estratégias emergentes. Aplicando as etapas adequadas, podemos criar empresas que sejam capazes de durar mais.

Capítulo 7

A Etapa Cultural

Para compreendermos a transformação cultural, precisamos entender a tapeçaria que oferece significado para as pessoas. Os talentos não aparecem para trabalhar se não veem significado no que estão fazendo. Na maioria das vezes, a ancoragem é baseada em valores e crenças. Ao mesmo tempo que a história é responsável pela criação dos valores fundamentais, reconhecemos alguns representantes que exemplificam esses valores por meio de manifestações heroicas. Então, uma implantação completa acontece: nosso comportamento é desenhado por valores, rituais reforçam nossos valores, a narrativa sustenta valores vivos. A tapeçaria cultural é a semente de fundação para compreender o sucesso e o fracasso.

Muitos estudos sobre cultura organizacional estão amplamente disponíveis. Esses estudos mostram como a cultura afeta o desempenho e também como é difícil mudar uma cultura. Algumas evidências convincentes, trazidas pelo professor de Harvard, John Kotter, e pelo professor de Stanford, James Heskett, mostram como empresas de sucesso mantêm seus dedos no passo da evolução e como são capazes de promover ajustes para manter seu ritmo.[1] Normalmente, monitorando de perto os clientes,

Aprenda com as FALHAS

acionistas e funcionários, as empresas estão mais bem preparadas para se adaptar, o que, como resultado, pode fazê-las superar as concorrentes.

Os valores fundamentais desempenham um papel significativo na vida longa das empresas. Os valores centrais têm essa presença impactante em tudo que uma empresa faz, mesmo que, às vezes, o ritmo acelerado do mercado crie pressão para mudanças. Em outras palavras, algumas culturas têm problemas para se adaptar a novos contextos.

Um estudo da McKinsey sobre como as culturas precisam se adaptar aos períodos de transição destaca isso: silos, medo de correr riscos e alinhamento do foco nos clientes são as três deficiências da cultura digital.[2] Oportunidades estratégicas nada significam dentro de empresas com culturas de aversão ao risco. O envolvimento dos funcionários nunca ocorre quando a empresa não tem um entendimento claro sobre os clientes; e os silos, funcionais ou departamentais, podem reduzir a capacidade de geração de respostas rápidas. Lembrem-se da reação da Sony ao Napster. Aquilo foi tratado como uma ameaça e acabou dentro do departamento jurídico da empresa.

A destruição de silos, a atenção ao cliente e o aprendizado de como recomeçar a partir do fracasso são elementos-chave para prosperar neste mundo em rápida evolução.

Uma cultura inteira de experimentação

Se o seu trabalho está relacionado ao design ou à produção gráfica, maiores são as chances de você conhecer a Adobe, a empresa responsável pela maioria dos melhores softwares para design criativo do mundo. No mundo do design multimídia, a Adobe é campeã, com uma ampla linha de produtos. A empresa desenvolveu um portfólio de aplicativos de software de sucesso e usou o conjunto certo de aquisições para expandir produtos e seu crescimento (como o caso da Macromedia, em 2005). Esses movimentos selecionados ajudaram a enriquecer sua plataforma de soluções, ampliando as ofertas tanto para amadores quanto para designers profissionais, sendo que um de seus produtos, o Photoshop, tornou-se até um verbo do léxico. Embora os principais produtos da Adobe fossem softwares, como Illustrator, Photoshop e Acrobat, a empresa buscou novas formas de mídia digital, incluindo web design, animações, áudio e vídeo.

A Adobe já existe há algum tempo. Fundada em 1982 por dois ex-funcionários da Xerox, a empresa rapidamente se tornou uma referência na revolução da editoração eletrônica. Em 2015, a Adobe System era uma empresa com mais de 15.000 funcionários em todo o mundo e, em 2017, seu valor correspondia a US$67 bilhões.[3] A empresa é altamente reconhecida por sua capacidade de inovação de longa data, sendo que, ao longo dos anos, conseguiu aprimorar a tecnologia para profissionais da área de design, criatividade e publicação, incluindo o lançamento do formato Flash ou PDF. O foco da empresa é fornecer software de design multimídia de ponta, o que inclui edição de vídeo e editoração eletrônica. Mas a Adobe está aberta a trazer novos produtos, com alguns exemplos representados pelo desenvolvimento de recursos de negócios, como pacotes de marketing online e software para videoconferência. Em 2009, a Adobe adquiriu a Omniture e passou a oferecer *web analytics*, ampliando suas funcionalidades de negócios.

Além disso, o modo como a Adobe gera inovação está na base de sua cultura organizacional: foco na experiência do usuário. A empresa não tem limites para o esforço de obter um entendimento real e profundo do cliente como ponto de partida para gerar produtos inovadores e também manter suporte e retornos. A Adobe é o oposto do que o estudo da McKinsey trouxe como deficiências tridimensionais: por não confiar em silos, a Adobe criou uma empresa verdadeiramente colaborativa, capaz de gerar respostas rápidas, tem um foco evidente na experiência do cliente, usando seus produtos e estimulando a inovação ao pagar pessoas para falharem.[4] E isso ocorre desde a fundação da empresa, em 1982, como está registrado em seus inscritos sobre seus valores fundamentais, que norteiam todos os talentos: autenticidade, excelência, inovação e envolvimento.

Às vezes, a inovação requer controvérsia. Quando uma nova tendência chama a nossa atenção, mas estamos cheios de suposições sobre o que fazemos ou devemos fazer, tendemos a ignorá-la. Esse é um comportamento

Aprenda com as FALHAS

humano e corporativo normal, facilmente explicado, pois a maioria das pessoas experientes tem suas carreiras arraigadas ao *status quo*. Na maioria das vezes, é assim que as empresas reconhecem e recompensam as contribuições, então por que culpar aquelas pessoas que estão apenas cumprindo as regras? Uma das chaves na cultura Adobe é sua ousadia para sustentar decisões polêmicas, como quando a empresa decidiu passar da venda de produtos para serviços baseados na web. Quatro anos depois, a decisão se provou acertada. A nova oferta baseada em nuvem, a Premiere Pro, proporcionava reconstruir partes ausentes de imagens e recomendar edições de filmes. Em 2016, a Adobe viu um aumento de 22% nas receitas, devido a esse novo modelo de assinaturas de nuvem.[5]

A Adobe não se preocupou em ser muito protetora e investiu na experimentação. O cofundador, John Warnock, afirmou: "Temos um ditado em torno da Adobe, que os anticorpos matam qualquer ideia nova. As empresas constroem anticorpos. E estes constroem resistência à mudança. Eles obtêm zonas de conforto nas quais desejam trabalhar e os funcionários não querem tentar algo novo por medo de fracassar. Então, eles rejeitam ideias. Uma das coisas mais difíceis de manter uma empresa inovadora é eliminar os anticorpos e forçar a mudança."[6]

O ambiente em rápida mudança exige respostas também rápidas, sendo que a Adobe concorre contra recém-chegados, como softwares móveis e de código aberto, estimulando a inovação interna. E, ao fazer isso, a empresa realmente entende como é importante fracassar. O DeepFont foi um dos experimentos que não tiveram sucesso. Tudo começou por uma necessidade reconhecida de uma plataforma de design gráfico mais fácil, que pudesse ajudar os usuários a gerenciar melhor as fontes. A resposta foi que o DeepFont não funcionou porque os algoritmos não eram precisos o suficiente.

Diante disso, qual seria a reação a um fracasso inicial na maioria das empresas? Provavelmente o projeto pararia na lata de lixo, alguém seria demitido ou pelo menos teria a carreira prejudicada. A cultura de experimentação da Adobe vê o fracasso de uma maneira única, como observa o Vice-presidente de inovação, Mark Randall: "Na verdade, é ideal

A Etapa Cultural

quando a primeira tentativa de alguém em um novo produto ou recurso é um fracasso. Ele ensina as pessoas a responderem ao que os clientes precisam ou desejam — o que, muitas vezes, não é o que você esperava que eles desejassem".[7] O próprio Randall está por trás da criação do Kickbox, um kit de ferramentas para orientar o processo de transformar uma ideia em um produto real, uma iniciativa de código aberto que está ajudando todos os tipos de organizações ao redor do mundo a inovar.

Permissão para falhar, explorar ideias inovadoras e divertir-se são elementos que estão por trás da cultura da Adobe, já que a empresa vê um futuro sustentável baseado em expor as pessoas à inovação, mesmo aquelas cujos trabalhos não estão diretamente relacionados aos clientes ou ao desenvolvimento de produtos. A empresa entende a correlação entre criatividade e diversão no trabalho e este é um dos motivos pelos quais os funcionários desejam permanecer. Os talentos têm o poder de gerar ideias inovadoras, incluindo um cartão de crédito pré-pago de US$1 mil a ser usado para explorar uma ideia. A Adobe quer dar vida ao potencial criativo de seu pessoal. A Adobe se vê mais como um laboratório do que como uma produtora de software.

O reino da cultura organizacional

Não se transforma uma cultura da noite para o dia.

Não se trata de mudar o organograma ou mover peças. Também não se trata de criar novas funções ou promover um novo vice-presidente de mudança cultural. Você pode entender a cultura, mas ela não é tangível. Ao mesmo tempo, tomar decisões que não respeitem os traços culturais é uma perda de tempo, pois as consequências podem ser imprevisíveis. Além disso, a cultura organizacional evolui à medida que a empresa passa por estágios distintos de seu ciclo de vida.

Entende-se a cultura organizacional por meio de três níveis básicos: o que as pessoas fazem, por que as pessoas fazem e as raízes fundamentais de um comportamento específico. O processo de construção da cultura corporativa está na fundação da empresa, que, normalmente, carrega os valores e crenças do fundador. Todos nós sabemos que a Disney se tornou muito focada em criar experiências escapistas por causa das crenças de seu fundador. Ou como a Apple era tão obcecada por design e experiência do usuário, ou ainda como Jack Ma induziu a cultura da Taboo, ao iniciá-la no mesmo apartamento que o Alibaba foi criado, mais de dez anos antes.

A cultura é um conjunto das experiências passadas das empresas, é o agrupamento de certezas vivas aprendidas e compartilhadas, que se transformam na espinha dorsal do comportamento das pessoas dentro da organização. Algumas empresas referem-se a si mesmas como donas de uma cultura, e outras como sendo uma cultura. Independentemente dessa classificação, a cultura é uma cola que une tudo, para o bem ou para o mal. Às vezes, a cultura é mal interpretada como sendo apenas um componente subjetivo dos negócios, algo relacionado meramente ao departamento de Recursos Humanos. Os executivos seniores, eventualmente, colocam mais atenção na mistura das caixas no organograma ou se concentram em discussões de alto nível sobre estratégia, abandonando a cultura. Isso não é bom o suficiente. Peter Drucker disse uma vez que "a cultura se alimenta da estratégia no café da manhã", pois fornece o ambiente para que a estratégia prospere. Assim, uma estratégia tem mais chances de ser bem-sucedida se estiver profundamente conectada a valores e crenças.

O que é relevante para nós entendermos agora não é sobre ter ou ser uma cultura, mas que tipo de cultura há, principalmente por causa do efeito sinapse. Nosso conhecimento acumulado desempenha papel significativo no estabelecimento do nível cultural da organização. Como Greg Satell mencionou: "à medida que vivemos e aprendemos os caminhos do mundo, tornamo-nos menos capazes de imaginar novas possibilidades. Nossos modelos mentais se tornam instintivos e as práticas-padrão tornam-se a maneira certa de fazer as coisas".[8]

Uma pesquisa recente da Deloitte sobre os desafios para os líderes de negócios verificou a retenção de funcionários, o engajamento e a cultura no topo da lista. A maioria dos entrevistados da pesquisa mencionou a necessidade de um foco urgente em três desses elementos. Se

A Etapa Cultural

olharmos mais profundamente, todos os três se encontram na mesma face da moeda. A cultura é a base para o engajamento e para a retenção. Quer testar? Procure "Liberdade com Responsabilidade", um dos documentos mais populares da internet. Sim, ele é o manifesto cultural da Netflix.

No início dos anos 2000, quando eu passava pela minha vida acadêmica em marketing, costumávamos ler muitas referências sobre como a Blockbuster era um... *blockbuster* (termo aplicado a produtos muito populares, especialmente filmes de cinema, mas também outras mídias). Naquela época, a Blockbuster estava surfando em uma onda de sucesso, com processos muito eficientes, a quilômetros de distância de qualquer outro concorrente, e com milhões de clientes em milhares de locais. O modelo de negócio era simples: venha alugar um filme e entregue-o no prazo, mas se atrasar a devolução, cobraremos uma multa significativa. A Blockbuster tinha uma cultura de penalizar os clientes? Eu tendo a acreditar que esse era, principalmente, o modelo de receita, mas com certeza a cultura era de uma empresa em ritmo lento e constante para mudanças.

A Blockbuster ignorou um dos importantes movimentos da época, o crescimento da banda larga da internet, que criava a nova curva S, para a penetração da internet e, na mesma onda, os clientes começaram a pagar pelos serviços, enquanto a web se desenvolvia rapidamente, em termos de comunidades sociais, pesquisa e entretenimento. Essas duas mudanças externas poderosas foram o primeiro passo para a chegada de modelos de monetização totalmente novos.

Também no início dos anos 2000, uma nova empresa dava os primeiros passos em direção a uma nova maneira de alugar filmes. As pessoas podiam fazer pedidos online e, em seguida, a Netflix entregava em suas casas, sendo que o processo de devolução também era simples, evitando cobranças excessivas por atrasos. Os dois alicerces básicos da Netflix eram o modelo de negócios oposto ao da Blockbuster: você não precisa vir, pois enviaremos a você; e não se preocupe com taxas atrasadas, pois você pode enviar o produto por correio de volta para nós.

O fato é que a Netflix estava mais alinhada com a forma como os clientes estavam mudando o comportamento, e a Blockbuster nem mesmo considerava mudar seu modelo de negócios lucrativo para competir. Entretanto, os clientes gostaram da abordagem da Netflix, e a empresa passou a ser uma ameaça real ao domínio da Blockbuster. Além disso, Reed Hastings, que compreendeu o poder da internet e como a banda larga mudaria a vida das pessoas, abraçou a nova era de *streaming*. Durante seu início, em 2007, o foco era o *streaming* de filmes, mas o tempo entre as vendas de bilheteria e a disponibilidade para o serviço em casa era bastante longo.

Hastings então decidiu entrar no negócio de programas de TV, principalmente comédias populares, como *Friends* ou *Seinfeld*, então a maratona de séries foi criada.[9] Olhando para o futuro, e sabendo que essa vantagem não duraria muito, à medida que as redes de TV começassem a competir e bloquear conteúdo, Hastings transformou a Netflix em produtora de conteúdo, caminho logo seguido pela Amazon e, mais recentemente, pela Apple.

A Blockbuster não existe mais. A empresa não estava no mesmo capítulo sobre risco à sua lucratividade para criar o novo e falhou no desenvolvimento de novas habilidades para competir em tempos mais tecnológicos. A empresa não revisou as suposições sobre como o mundo estava mudando. Eles tentaram dirigir o carro com os óculos embaçados. Muito semelhante à história da Toys "R" Us. Às vezes, a mudança acontece muito rapidamente e, se não estivermos realmente conectados, podemos ficar para trás.

Discutimos bastante sobre como é importante para as empresas manterem o ritmo de evolução e se alinharem com as mudanças de comportamento do mercado e do cliente. Se quisermos criar novos modelos de negócios, devemos ser capazes de fazer uma transformação.[10] No entanto, quando se trata de adaptação e inovação, mudar a cultura é a parte mais desafiadora da transformação. Não faremos as coisas de maneira diferente se continuarmos olhando na mesma direção ou se continuarmos nos comportando da mesma maneira, dia após dia. Se procuramos

A Etapa Cultural

uma transformação, respostas como "não é assim que fazemos as coisas aqui" não são mais uma escolha! O novo comportamento de líderes e funcionários é a quintessência de uma transformação cultural.

Como o total fica menor do que a soma de suas partes

Há alguns anos, um dos autores (Juliano) escreveu um artigo sobre o embate cultural decorrente da fusão da AOL com a Time Warner, publicado pela *Revista de Empresa*, publicação espanhola sobre negócios.[11] O artigo ilustra como a cultura tem um papel de liderança em tudo na organização. Um dos principais motivos do choque cultural entre as empresas envolvidas em fusões e aquisições é a ausência de uma consciência clara sobre as características da cultura organizacional.

A Time Warner foi considerada uma empresa campeã de mídia na era moderna, um conglomerado fundado como Time Inc., em 1922, e cresceu devido às inovações e a duas fusões nos últimos dez anos: a fusão de 1989, com a Warner Communications, e a fusão de 1996, com a Turner Broadcasting Systems (TBS). A Time Warner tornou-se um império que conquistou clientes em, praticamente, todos os lugares, por meio dos estúdios de cinema Warner Bros, da Atlantic Records, das revistas *Time*, *Sports Illustrated*, *Fortune*, *People*, pelos canais de TV HBO e CNN. Tornou-se, assim, o segundo maior fornecedor de conteúdo nos Estados Unidos, com mais de 20 milhões de domicílios alcançados. Os modelos de negócios da empresa foram baseados em cinco grupos: rede a cabo (CNN, TBS, TNT, HBO, Cartoon Network), sistemas a cabo (Time Warner Cable), entretenimento filmado (Warner Bros., New Line Cinema), música (Warner Music Group, WEA, Warner / Chappel Music) e publicações (*Time*, *Warner Books*, *Little*, *Brown and Company*). Entretanto, uma grande ameaça pairava no cenário — a internet (antes da fusão da AOL, a Time Warner fez uma tentativa frustrante com o site Pathfinder, lançado em 1994).

America Online Inc., fundada originalmente como Quantum Computer Services, em meados dos anos 1980 e lançada como AOL, em 1989, era a líder mundial em serviços interativos, marcas da web, tecnologias de Internet e serviços de comércio eletrônico. A empresa tinha quatro divisões: Interactive Services Group (AOL Service, CompuServe, Netscape, AOL TV e AOL Wireless), Interactive Properties Group (AOL Messaging, ICQ, Instant Messenger, AOL Local e AOL Internet Music), AOL International (operações fora dos Estados Unidos) e Netscape Enterprise (iPlanet E-Commerce Solutions). Em 2000, a AOL gerou US$7,7 bilhões em receitas consolidadas, conseguindo mais que dobrar os valores em dois anos.[12]

Efetivamente, a AOL conseguiu se fundir com uma instituição histórica — cujos ativos valiam mais que a própria AOL — e exercer influência sobre outras lideranças, para pensarem na convergência dos conglomerados mundiais. O CEO da AOL, Steve Case, convenceu sua empresa de que a Time Warner poderia ser o "motor de crescimento" do novo grupo. Gerald Levin, CEO da Time Warner, convenceu os acionistas de sua empresa com a ideia de que a AOL poderia ser a "alavanca de câmbio", por meio de uma nova história. A empresa conjunta prometia um crescimento anual de 25% nos lucros aos acionistas.[13] Mas as sinergias entre as duas empresas nunca persuadiram ninguém, mesmo na área de cruzamento de assinantes em algumas partes do grupo (com diversos produtos tanto editoriais como de entretenimento).

Antes da fusão com a Time Warner, a AOL avaliou várias opções para aprimorar sua estratégia expansionista. Entretanto, a Columbia Pictures era propriedade da japonesa Sony, e Rupert Murdoch não estava disposto a renunciar ao controle de sua News Corporation, e a Viacom não estava interessada. A Disney teria sido uma perspectiva atraente, porque seus filmes e a rede de televisão ABC complementariam a presença da AOL na Internet, mas o CEO, Michael Eisner, não se consideraria parte de outra empresa, a menos que a controlasse. Por eliminação, restou apenas uma empresa para o negócio: a Time Warner.

A Etapa Cultural

Por outro lado, o sentimento tanto dentro quanto ao redor da Time Warner era de que a empresa estava perdendo espaço estratégico no mundo digital e suas tentativas de ganhar território não estavam dando certo, como no caso da versão do canal de notícias CNN na internet. Naquela época, a AOL pagava US$500 mil para publicar o conteúdo da revista *Time* em sua plataforma online e queria sinergia com a Time Warner. Como a TW era uma empresa sólida, a AOL podia publicar, não apenas a *Time*, mas todos os produtos da Time Warner, incluindo a *Fortune* e a *Sports Illustrated*.

O romance entre a AOL e a Time Warner começou em Paris em setembro de 1999. Durante os meses seguintes, todos os arranjos foram feitos para transformar a fusão em uma realidade — não apenas em uma ideia dos respectivos CEOs. Como relatou Klein: "o estranho é que os advogados das duas empresas não conversaram entre si realmente para aprender mais sobre o outro lado. Em vez disso, conforme a tradição nesses assuntos, cada equipe atuava por conta própria, utilizando documentos públicos e entrevistando funcionários de sua própria empresa, que tinham conhecimento da outra empresa".[14] Durante esse tempo, o pensamento da coalizão dominante de ambas as empresas era sobre sinergia: como combinar ativos estratégicos da AOL e da Time Warner para torná-los mais valiosos do que a soma de suas partes. Individualmente, os ativos da Time Warner valiam mais do que os da AOL, incluindo receitas, pois a primeira era responsável por 80% da receita total. No entanto, depois de muitas discussões, e com influência da bolha da internet, a AOL ficou com 55% das *stock options* e a Time Warner, com 45%. A decisão final foi tomada por Gerald Levin. Sem consultar seus acionistas, Levin aceitou reduzir a participação da Time Warner na operação conjunta.

No dia 10 de janeiro de 2000, as duas empresas anunciaram "uma fusão estratégica de iguais para criar a primeira empresa mundial de mídia e comunicações totalmente integrada para o século da internet".[15] A fusão foi motivada por quatro áreas: 1) marketing — redução de custos usando as avenidas e saídas de cada um para prospectar a influência do marketing combinado; 2) distribuição — promovendo o acesso ao produto por meio do sistema DSL (Digital Subscribers Line), wireless, satélite e cabo; 3) conteúdo — aumentando a competitividade da AOL, com o conteúdo premium da Time Warner; e 4) eficiência — combinando forças de vendas, publicidade e outras funções. Gerald Levin tinha certeza de que as empresas conjuntas poderiam gerar US$40 bilhões em receitas anuais.[16] Esse resultado foi confirmado por especialistas, que disseram que essa receita poderia ser criada por meio de uma forte distribuição de banda larga a cabo, quantidade de assinantes, publicidade, oportunidades de vendas cruzadas significativas, presença dominante na mídia global e conteúdo interativo.

Então, aconteceram o choque e o colapso. As pessoas, na maioria das vezes, têm orgulho da cultura de suas empresas. Na fusão da AOL com a Time Warner, nenhum dos lados entendeu o outro, e os dois continuaram 'tocando os negócios normalmente'.[17] O choque cultural surge quando os grupos em fusão têm opiniões diferentes sobre o que realmente importa e, com o passar do tempo, as diferenças entre as empresas tornaram-se mais visíveis. O estilo de negociação, neste caso, por exemplo, era completamente diferente. A última coisa que um executivo de negócios da AOL desejaria era ter que colocar os acordos no papel e pedir permissão para outra divisão da empresa para fechar o negócio. Essa não era a maneira da AOL de fazer as coisas antes da fusão. A cultura de negócios da AOL era mais agressiva. Os sistemas de remuneração eram totalmente diferentes: a Time Warner baseava-se no desempenho individual, sendo que a AOL era baseada no desempenho geral da empresa.

A sinergia tornou-se um blefe. Esse fato ficou claro quando os executivos da AOL tiveram a ideia de montar um estúdio de cinema online, no qual o projeto principal era misturar os negócios da AOL na internet com os estúdios de cinema da Time Warner. Os executivos da Warner Bros negaram sua participação na empreitada, porque "estavam trabalhando em um projeto semelhante por conta própria".[18] A visão de mundo dos executivos da AOL influenciava o processo de integração cultural. Nos primeiros meses após a fusão, surgiram mais diferenças

A Etapa Cultural

culturais entre as empresas. Outro confronto ocorreu quando um grupo de desenvolvimento de software da AOL criou um produto com o qual os clientes podiam baixar e compartilhar música ilegal pela internet. Esse foi um exemplo do pensamento não linear que as pessoas com o legado da internet tinham. O aspecto crítico era que a Time Warner era uma das maiores gravadoras do mundo e acreditava na proteção da propriedade intelectual.

A realidade é que a maioria dos executivos da Time Warner se convenceu de que a fusão era um "conto de fadas", algo que funcionava apenas em teoria, sendo que, para outros, era nada mais do que uma promessa vazia. A falta de integração e a queda do conceito de sinergia não foram o único problema. A integração entre diferentes pessoas que vieram de diferentes empresas mostrou-se amplamente divergente em muitas situações. A fusão foi celebrada como um triunfo da nova mídia sobre a velha mídia, a instalação da internet como dona da mansão. Como Klein citou: "funcionários se gabaram de que a AOL injetou o DNA de internet da companhia na administração da Time Warner. A cultura agressiva e de alta velocidade da AOL abalaria as coisas na Time Warner empoeirada, sóbria e portadora de sangue azul".[19] Um ex-executivo da Time Warner certa vez citou que tinha a sensação de que Gerald Levin os estava vendendo aos arrogantes garotos da Virgínia. Ao mesmo tempo, os funcionários da AOL viam os funcionários da Time Warner como um *country club*, que os consideravam pessoas de classe baixa da internet.

As diferenças entre as duas empresas tornaram-se ainda mais perceptíveis. A AOL era uma operação fortemente centralizada. De certa forma, ela era uma empresa de tecnologia e a Time era uma companhia de jornalismo e entretenimento. A primeira era a nova economia, a internet, dinheiro novo. A segunda era a classe estabelecida, o dinheiro antigo. A AOL eram os jovens, completamente diferente da Time Warner. Aquela trazia a recompensa de benefício imediato e esta, a recompensa da aposentadoria. As disputas de poder por cargos executivos de alta gerência também foram uma questão difícil após a fusão. No final, a fusão nunca atendeu às expectativas e apenas dois anos após a "aquisição" da AOL, os executivos veteranos da Timer Warner comandavam a empresa.

O movimento de fusão da AOL e da Time Warner tem uma explicação simples: uma empresa de mídia tradicional ofegante e crescentemente desesperada, assustada com a morte inevitável (ou, pior ainda, com sua irrelevância), no redemoinho quente de uma revolução digital, casa-se com um jovem, sexy e, possivelmente, estrelinha da moda da nova sociedade de mídia.[20]

Esse é apenas um dos exemplos de estratégia que não prestou atenção aos elementos culturais. O choque e o colapso da fusão da AOL com a Time Warner nos ensinam muitas lições. O mais importante: começamos a mudar por dentro, não por fora. O ritmo do mercado está mais rápido a cada dia, mas não realizaremos inovação simplesmente entrando no curso. Precisamos olhar para dentro e estabelecer ou mudar as crenças fundamentais. É preciso aprender a andar antes de correr.

Por que as culturas precisam se adaptar?

A inteligência artificial é a ciência de fazer máquinas inteligentes. E por que precisamos de máquinas inteligentes? Porque, com elas, podemos fazer nosso trabalho melhor. Exemplo simples: se você é assinante da Netflix, pode achar interessante, ao selecionar um filme, que as "sugestões para você" apareçam na tela, sendo que essas sugestões estão de acordo com o que você gosta. A razão é que a Netflix tem uma tecnologia preditiva, que reflete sugestões sobre suas reações anteriores ao escolher filmes. Portanto, algoritmos poderosos no processamento interno rastreiam e analisam todos os cliques que você dá. Não é inteligente?

Outro bom exemplo é o Amazon Echo (Alexa), da Amazon. Se você tiver uma, ou como nosso amigo Jason, que tem nove (já deve ter doze agora) Alexas em casa, você pode entrar no software e selecionar várias preferências. Os algoritmos funcionarão para você. Eles funcionam como um *hub* doméstico e, embora a Amazon ainda tenha muito a trabalhar para torná-la totalmente funcional, até agora a Alexa está aju-

A Etapa Cultural

dando as pessoas a criarem casas inteligentes. Tenho uma Alexa em meu escritório e sempre peço a ela que faça algumas das tarefas básicas do dia a dia por mim, como mostrar as notícias, definir minha agenda e, meu favorito, quando um amigo está fazendo aniversário, gosto de ligar para ele ou ela e pedir que a Alexa cante parabéns.

Sério, a aplicação da Inteligência Artificial (I.A.) no dia a dia começa a ser uma grande revolução, e empresas de todos os setores estão correndo para construir competências nesse campo, pois sabem que a *startup* pode vir amanhã e atrapalhar tudo, se não o fizerem. Mas há um problema. Uma pesquisa recente do *Futurist Gerd* mostra que muitas empresas não entendem as capacidades da I.A. e não têm treinamento ou educação adequados para lidar com isso ou a cultura interna não permite que evoluam nisso. Todos os componentes técnicos vêm depois desses três componentes principais.[21]

Isso é um fato massivo. Sem alinhar nossa cultura organizacional, não seremos capazes de proporcionar uma transformação e incorporar tantas coisas incríveis que a tecnologia está criando para nós. Que tal a adoção de tecnologia "comum" no ambiente de trabalho? Um estudo da empresa Gartner, em 2016, mostrou que, em países maduros, 75% dos trabalhadores recebem, pelo menos, um dispositivo do tipo PC para trabalhar, mas apenas 23% (!) dos funcionários recebem smartphones corporativos.[22]

Por outro lado, os smartphones se espalharam mais rapidamente do que qualquer outra tecnologia. A era do smartphone, nos Estados Unidos, começou em 2002, quando a RIM lançou o primeiro Blackberry. A Nielsen relatou que os smartphones são responsáveis por mais de dois terços de todas as vendas de telefones celulares nos Estados Unidos. De acordo com a *MIT Technology Review*: "os telefones inteligentes, após um início relativamente rápido, também ultrapassaram quase qualquer tecnologia comparável no salto para o uso convencional. Os telefones fixos levaram cerca de 45 anos para passarem de 5% a 50% de penetração nos lares dos Estados Unidos, e os telefones celulares levaram cerca de sete anos para alcançarem uma proporção semelhante de consumidores. Os telefones inteligentes passaram de 5% para 40% em cerca de quatro anos".[23]

Quando questionado, Mikako Kitagawa, analista de pesquisa da Gartner, afirmou: "Na era da mobilidade, é uma surpresa que o uso corporativo de smartphones e tablets não seja tão alto quanto o de PCs, mesmo quando o uso de dispositivos pessoais é considerado."[24] Por que as empresas não fornecem smartphones aos funcionários? Elas não confiam neles? Acham que é inútil? Há falta de controle? Usamos smartphones para TUDO! Usamos smartphones como usamos roupas e sapatos!

Nosso ponto é: como vamos preencher a lacuna entre o serviço que oferecemos hoje e as possibilidades infinitas de melhorar, por meio da implementação da inteligência artificial, se estamos em algum lugar da Idade Média, quando se trata de adotar tecnologias para melhorar nossa vida empresarial? Então, reclamaremos dos novos "garotos" que estão atrapalhando nossos serviços. Lembrem-se de que a Nokia investiu na compra do NavTeq, pois via o sensor rodoviário como o caminho a seguir na solução de problemas de tráfego. O Waze foi criado por um coletivo de usuários de smartphones, que fornecem informações em tempo real.

A resposta é a mesma: cultura, cultura, cultura. Não se trata de dinheiro ou estratégia. Não é apenas começar uma nova campanha de comunicação interna, dizendo, "precisamos inovar", "inovar ou morrer", ou algo assim, coisas que eu tenho visto acontecer por aí já há um bom tempo. Uma boa metodologia seria a que o consultor de gestão Ron Ashkenas sugeriu certa vez: eduque seu pessoal sobre o significado de aprendizagem para a empresa, integre o desempenho da inovação no processo de gestão e, em seguida, mostre as vitórias alcançadas, reforçadas pelos comportamentos que você deseja desenvolver.[25] Precisamos mudar a energia!

Capturando energia

Estamos sempre criando. Quando você dá a pessoas talentosas e inteligentes a liberdade de criarem sem medo de falhar, coisas incríveis acontecem. Vemos isso todos os dias na Valve. Na verdade, alguns de nossos melhores

A Etapa Cultural

> insights *vêm de nossos maiores erros. E estamos de acordo com isso! Desde 1996, essa abordagem produz jogos premiados, tecnologias de ponta e uma plataforma de entretenimento social inovadora. Estamos sempre procurando por tomadores de risco criativos, que possam manter viva essa tendência.*[26]

Era o verão de 1996. Este brilhante engenheiro de computação da Microsoft olhava para o que seu ex-colega, Michael Abrash, fazia com o jogo de computador *Quake* e pensou que aquele poderia ser o futuro do entretenimento. Em agosto do mesmo ano, Gabe Newell convenceu outro colega, Mike Harrington, sobre essa ideia. Ambos deixaram a Microsoft para iniciar a Valve LCC, em Washington, D.C. e, logo após a mudança, começaram a fazer o design do primeiro jogo da empresa, o *Half-Life*. Em uma entrevista recente, Newell disse: "Você olha para trás, para o *Half-Life One*, e vê uma coleção de erros, mas está feliz porque podemos ver que estamos fazendo isso melhor agora do que fazíamos antes."

Essa foi a origem da Valve, uma empresa de capital fechado, com vendas estimadas em mais de US$1 bilhão por ano. O jogo *Half-Life* começou depois que ambos os fundadores garantiram a espinha dorsal, baseada no motor do *Quake*. O começo foi desafiador, pois os editores não estavam abertos às ideias de Newell e Harrington, sendo que eles acabaram se lançando com o Sierra Online, em 1998. Então o jogo fez sucesso, vendendo milhões de cópias e colocando a Valve no mapa dos desenvolvedores de jogos. O sucesso de *Half-Life* gerou sequências e *spin-offs*. Fazer o lançamento do *Counter Strike* depois foi questão de tempo.

Esse jogo de tiro em primeira pessoa, ou simplesmente FPS (first-person shooter), foi lançado em 2000. Em 2012, mais de 25 milhões de jogadores jogaram *Counter Strike*. *CS: GO (Global Offensive)*, que veio logo a seguir, fez da Valve a empresa com o segundo jogo mais jogado na plataforma de jogos Steam.[27] De acordo com as palavras de Gabe

Newell, o lucro da Valve, por funcionário, é maior do que o do Google, Amazon e Microsoft. Newell é considerado um grande inovador e a figura mais querida na indústria de jogos.

Em 2015, a Valve foi considerada uma das empresas mais inovadoras pela Fast Company,[28] por "turbinar uma economia de pessoa para pessoa", na qual colaboradores e recursos se auto-organizam, com base na atividade horizontal e no *peer-to-peer*. Por trabalhar como uma plataforma aberta, a Valve incentiva a comunidade a monetizar seus jogos. No caso do *DOTA2*, o *Multiplayer Online Battle Arena (MOBA)*, o prêmio em dinheiro para os torneios é reunido pela comunidade. Newell lembra que "quando começamos o *DOTA*, as pessoas pensavam que éramos estúpidos, dando um jogo de graça".[29]

A Valve não é inovadora por causa dos jogos que criou e produz. A Valve inovou na maneira como as pessoas se engajam para criar tais produtos. A empresa apoia a comunidade de *modding* de seus jogos. Newell afirma que os funcionários decidem em que projeto trabalharão porque o que importa é o cliente, que, nesse caso, são os *gamers*. Em resumo, e como Salim Ismail observou: "[na Valve] cada funcionário tem a liberdade de criar sem ter que se preocupar com as consequências do fracasso".[30]

A empresa não tem um processo orçamentário ou uma hierarquia formais, ninguém estabelece quanto este ou aquele novo jogo deve gerar em receita e lucratividade. Além disso, a empresa criou uma cultura na qual os funcionários trabalham sem supervisão. Em outras palavras, o que importa é a paixão e os interesses individuais que as pessoas colocam no que fazem, e todos são convidados a contribuir quando alguém precisa de ajuda. As estruturas temporárias são o padrão e desaparecem assim que o projeto é concluído. E o maior elemento: todos precisam ouvir como a comunidade de jogadores reage sobre os produtos. Imediatamente!

A Valve é uma empresa bastante influente na indústria de jogos e a razão subjacente para isso é a capacidade da empresa de se conectar com a energia criativa, paixão e imaginação de seus funcionários. A empresa lhes dá a liberdade de escolher, de fracassar, desde que estejam comprometidos com o cliente. De acordo com a Newzoo, uma empresa de consultoria especializada na indústria de jogos, o número de fãs de esportes eletrônicos cresceu mais de 345 milhões até 2019, com cada vez mais pessoas gastando seu tempo em jogos de realidade virtual. A Valve não espera o futuro chegar, mas, sim, experimenta coisas novas. A empresa lançou, recentemente, o HTC Vive, um dispositivo de Realidade Virtual (RV) que inclui não apenas os óculos, mas também alguns controladores de posição rastreada, os quais possibilitam aos jogadores usarem suas mãos na experiência.

A Valve não é uma empresa de RV, mas está monitorando os sinais do mercado e criando alternativas para encontrar a próxima curva. Esse é o cerne de sua cultura complexa e heterogênea. A empresa tem feito pequenas apostas, que podem pagar o pacote no longo prazo. Quando decidiram lançar o Steam, em 2003, fizeram uma aposta arriscada, ao criar sua própria loja digital para vender e manter jogos. Mas, nas palavras de Gabe Newell: "Também estamos bastante confortáveis com a ideia de que isso poderia se tornar um fracasso total."[31]

Energia para a experimentação

A energia organizacional caminha lado a lado com a cultura organizacional, no meio do chamado "lado suave", abrangendo emoções, crenças e valores, que têm voz na gestão organizacional.[32] Esses elementos fornecem o contexto para a identidade corporativa. Energia é a "interação das emoções, estados cognitivos e físicos de uma empresa."[33] Basicamente, podemos dizer que as empresas podem estar em um estado de inércia ou de excitação, baseadas na quantidade de interação e no nível de atividade. A forma como a empresa direciona a energia é a maneira como se comportará.

A energia que precisamos integrar na nossa cultura organizacional é, novamente, a experimentação. Esta requer tolerância à incerteza e a aceitação de ideias inovadoras, algo que não podemos encontrar facilmente. Uma pesquisa CNN/Gallup, em 2009, mostrou que mais de 51% dos funcionários se sentem ativamente desencorajados a desafiar o *status quo* em seus empregos. Isso é o oposto de fornecer energia para experimentar. Um papel fundamental para os líderes em uma empresa em busca da inovação é dar às equipes asas para voar, não matando seu espírito empreendedor. Podemos nos perguntar como o Virgin Group inova em diferentes setores. O processo começa pela energia que Richard Branson coloca na cultura, desde o início, pois, nos negócios, não há sentido em fazer algo, a menos que você seja radicalmente diferente da concorrência.[34] E isso requer a mudança do *status quo*.

Como Simon Sinek observou, as empresas que começam com o porquê são aquelas feitas sob medida para o sucesso. Então, demos um passo adiante para realmente abraçar o porquê de construirmos nossa energia. A criação de uma energia forte impulsionará uma cultura forte e a inovação poderá florescer. Para criar energia, você deve confiar na diversidade, variedade e tensão produtiva.

Diversidade e variedade são os 'fundadores' da criatividade, e as culturas organizacionais mais hábeis para desenvolver a criatividade são também as mais capazes de inovar. A tensão produtiva é sobre criar fracassos, o que envolve profundo respeito e tolerância. Isso requer, ao mesmo tempo, a criação de empoderamento, estimulando as pessoas a desenvolverem autonomia e disposição para tomar riscos. Usando uma expressão cunhada por Gary Hamel, empresas bem estabelecidas precisam abraçar o espírito do Vale do Silício. Em outras palavras, elas precisam aprender como trazer para dentro das suas paredes um etos e uma energia semelhantes, que são a característica do maior *hub* de *startups* do mundo. Fazendo isso, as empresas podem criar habilidades para desencadearem a revolução com suas próprias forças, em vez de apenas sentar e esperar que algum novo empresário apareça e reinvente seu modelo de negócios: "você pode trazer o Vale para dentro e capturar os vastos benefícios econômicos que fluem da imaginação e ambição desenfreada".[35]

A Etapa Cultural

Miles era um pesquisador, um inovador[36]

> É óbvio que precisamos pensar. É óbvio que queremos
> ser racionais. Mas existe um mundo complicado lá
> fora. Sabemos que não iremos a lugar nenhum sem o
> aprendizado emergente que esteja lado a lado com o
> planejamento deliberado.[37]
>
> **HENRY MINTZBERG**

> No jazz, ainda mais do que em outros idiomas criados,
> principalmente por negros norte-americanos, a inovação
> é a mola mestra da arte. E quando se trata de inovação —
> ou como Davis colocou, de "mudar a música" —,
> o homem sempre teve poucos parceiros, se é que
> tinha algum.[38]
>
> **REVISTA ROLLING STONE**

Jazz é um dos nossos estilos musicais favoritos. Quando pensamos em criar experimentação, sabemos que o jazz faz isso há décadas. Jazz é a combinação de ritmo fraseado, temas, acordes, dinâmica, tempo de sincronização e *swing* (como diria a musicista de jazz Diana Krall). O músico conhece a partitura e, às vezes, a música foi escrita por suas próprias mãos. No entanto, a natureza do jazz exige experimentação, de maneira que o músico raramente toca da mesma maneira o tempo todo. Com base na composição, a música sobe e desce na escala do instrumento, combinando grandes doses de inspiração. O jazz vem de uma peça original, que percorre caminhos de experimentação, e aí ganha uma nova sonoridade.

O jazz é considerado o estilo de música mais livre do mundo, de forma que os músicos podem se esquecer de algumas regras e dogmas para mergulhar fundo no ritmo. Foi assim que o jazz evoluiu ao longo dos anos e continua a ser uma fonte de experimentação associada à liberdade e à ousadia. Essa conotação de liberdade e inquietação nasceu em Nova Orleans, no final do século XIX e, naquela época, era considerada profana. Tocando ou cantando, o jazz trouxe para as pessoas algo

Aprenda com as FALHAS

além do patriotismo e da religião, algo que poderia ajudar a definir sua própria identidade, sendo que o estilo é respeitado e admirado nos dias de hoje. Porém, antes mesmo do estilo Nova Orleans chegar ao local, outro ritmo já era conhecido, o ragtime, nascido em Sedalia, Missouri. Em meados de 1910, Dixieland chegou e, em meados dos anos 1920, uma imensa atividade musical gerou o estilo Chicago.[39]

Depois do tempo de piano, trazido pelo ragtime, o saxofone ganhou importância. Porém, foi com base no piano de Jelly Roll Morton e na voz poderosa de Bessie Smith que o jazz estrelou sua grande jornada pelo mundo. O primeiro grande expoente do ritmo foi Louis Armstrong, que ganhou notoriedade não apenas como músico de instrumentos solo, mas também como cantor carismático e movido por um estilo único. Duke Ellington, considerado o 'Mozart do jazz', trouxe à cena acordes sofisticados e uma orquestra virtuosa, responsável por estabelecer a era do swing, no início dos anos 1930. Junto com Ellington, chegaram outros músicos, como Benny Goodman, Artie Shaw, Woody Herman e Glenn Miller. Aquela época foi caracterizada pelo surgimento do "jazz de quatro batidas", no qual os quatro tempos do compasso criaram uma batida regular, diferindo do estilo original do jazz de duas batidas.

Em meados dos anos 1940, o jazz foi novamente transformado pelo bebop, caracterizado por algo denominado como "dar voz ao instrumento". Cada solo soava como se o instrumento estivesse realmente cantando, combinando desorientação e maestria, movido por uma flexibilidade incrível e uma condução melódica nervosa. Este novo estilo tornou-se famoso por meio do saxofonista Charlie Bird Parker, pelo trompetista Dizzy Gillespie e pelo pianista Thelonious Monk. Algum tempo depois, Miles Davis e John Coltrane criaram o estilo cool jazz, que a crítica chamou de "o fim do jazz". Charlie Parker convidou Miles Davis para fazer parte de seu combo bebop, e Davis trabalhou bastante para explorar diversas dimensões musicais.[40]

Miles Davis é, com certeza uma lenda da música, e já mostrava seu talento pessoal como criador de estilo aos 23 anos. Ele sempre esteve

A Etapa Cultural

na vanguarda da música criativa americana.[41] A revista Rolling Stone o trata como "um dos trompetistas mais pessoais, talentosos e influentes a agraciar a segunda metade do nosso século, o qual está minguando."[42] Sua contribuição inicial foi popularizar o jazz modal, algo que o artista trouxe, por um ano, para a prestigiosa escola de música Julliard, tendo aulas durante o dia e tocando em clubes de jazz durante o turno da noite. Julliard exerceu influência profunda no conhecimento teórico de Davis.[43] O músico sempre se concentrou na experimentação contínua. No entanto, como o jornalista de jazz Joachim-Ernst Berendt lembrou a Davis, explicando que tocar caoticamente não traz liberdade: "Você precisa de liberdade controlada".[44]

Os anos 1950 trouxeram o "cool, hard bop", originado por um solo de Miles Davis durante um show em Paris, no ano de 1947. Esse novo estilo musical dominou a cena no início dos anos 1950, durante a época em que o jazz estava se movendo para a costa oriente, tendo a cidade de Nova York como nova referência. Na década de 1960, nasceu o free jazz, caracterizado pelo campo livre da atonalidade, dissolução da simetria rítmica, incorporação de elementos musicais culturalmente variados, maior intensidade de execução instrumental e considerando o ruído como parte da sonoridade. Davis produziu o que é chamado de "base para gêneros futuros, como hip-hop, trance, dub, new wave, drum and bass, grime, electro e dubstep".[45]

Em 1968, aos 40 anos, Davis introduziu o jazz funk, apresentando o som do piano e da guitarra elétrica Fender Rhodes, com Joe Back e George Benson. Miles começava a misturar jazz com rock 'n' roll e, eventualmente, criou o jazz fusion. Naquela época, Davis passou um tempo com Jimi Hendrix, e procurou incorporar o estilo de Hendrix ao jazz. Ele foi longe nessa imersão, passou a se vestir como o Hendrix e a frequentar o mesmo cabeleireiro.[46] Então, junto com o pianista Chick Corea e o guitarrista John McLaughlin, com a orchestra Mahavishnu, os dois "subverteram" o jazz e atraíram legiões de novos ouvintes. Depois de muita experimentação, misturando equilíbrio de jazz com funk, grooves de rock latino e tecnologia de estúdio, Davis transformou a música novamente.[47]

No final dos anos 1970, Miles Davis reinventou tudo outra vez, misturando jazz com rap e dança, criando um estilo contemporâneo chamado acid jazz, considerado um dos blocos de construção da popularização do jazz no mundo. Davis era ambicioso e ousado em relação à novidade, reunindo muitos músicos para criar um som tribal bastante feroz. Com a nova avenida pavimentada por Davis, novos artistas entraram em cena: Incognito, Jamiroquai, Brand New Heavies, Count Basic, James Taylor Quartet, Brooklyn Funk Essentials e US3.

A experimentação foi o motivo que fez o jazz começar como um só estilo e fundir um conjunto de elementos diversos, enriquecendo a experiência musical e criando novos estilos, sem perder as suas características essenciais e, mais importante, criando novos públicos e fazendo novos fãs. A experimentação organizacional deve tocar junto com o jazz e criar culturas capazes de explorar possibilidades e criar opções. Uma cultura de experimentação será a chave para descobrir estratégias emergentes em tempos de vantagens competitivas temporárias.

A cultura da experimentação

A transformação em uma empresa capaz de abraçar a inovação exige uma revisão de nossos aspectos culturais. Rever algumas de nossas suposições sobre o que é certo ou errado é um elemento poderoso para nos fazer compreender o que precisamos mudar, para estarmos prontos para cometer falhas inteligentes e inovar. Não precisamos criar duas culturas, mas precisamos desenvolver uma transição de um comportamento estável para um aberto.

Em outras palavras, não se trata de criar uma nova unidade de negócios responsável pelo que é novo, nem sobre dar a alguns a tarefa de mover a empresa e obter lucros. Nunca funcionará assim. Precisamos infundir o comportamento ambidestro em todas as partes da organização, para que cada elemento possa colaborar para gerar experimentação.

A Etapa Cultural

O percurso percorrido por uma empresa de mídia do sul do Brasil, o Grupo RBS, foi baseado na criação de estruturas e arranjos culturais que atenderiam a desafios e oportunidades. Em 2012 a empresa criou uma nova unidade de negócios, a e-Bricks, para liderar os novos empreendimentos sobre empresas digitais nativas, sendo que parte da mídia tradicional também pressionava para reinventar vários aspectos e criar experimentação. Por exemplo, depois de muitas tentativas de gerar valor movendo anúncios classificados para o meio online, a empresa decidiu vender seus guias locais e se concentrar em tecnologias que poderiam alavancar as marcas da empresa com o público local. O maior jornal do grupo, *Zero Hora*, passou a vender assinaturas de tablets em 2015. Basicamente, ao assinar o meio de comunicação, você recebia um tablet da Samsung. A empresa teve que interromper a campanha publicitária, devido à escassez de produtos, mas a estratégia ajudou a aumentar a assinatura digital em 58%. Assim como visto na campanha do *New York Times* "jornal não é sobre papel, é sobre notícias". Assim, o Grupo RBS provou estar certo ao fazer a aposta de que o público ainda pagaria por conteúdo com curadoria.

A empresa não disse "vamos dar a essas pessoas a responsabilidade de inovar em nossa empresa, enquanto continuamos fazendo nosso trabalho diário". Foi bem o contrário: como podemos tirar inspiração daquelas pessoas e implementá-la nas outras partes da empresa, a partir desse conhecimento que estamos construindo juntos? Ao estudar empresas visionárias e de sucesso no longo prazo, Jim Collins apoiou a conclusão de que a experimentação está no cerne de como essas empresas fazem as coisas: "Ao examinar a história das empresas visionárias, ficamos impressionados com a frequência com que elas fizeram alguns de seus melhores movimentos, não por um planejamento estratégico detalhado, mas sim por experimentação, tentativa e erro, oportunismo e — literalmente — acidente. O que, em retrospectiva, parece uma estratégia brilhante, muitas vezes era o resultado residual de experimentação oportunista e de acidentes intencionais".[48]

A questão permanece: como criamos uma cultura de experimentação?

Aprenda com as **FALHAS**

A experimentação não se trata apenas de jogar coisas contra a parede e ver quais vão aderir a ela. Experimentação deve ser um processo sério, o qual precisamos ensinar às pessoas dentro da organização. O primeiro passo é transformar nossas suposições em hipóteses. Em segundo lugar, precisamos testar nossas hipóteses antes de colocar as coisas na "linha de produtos". Então, precisamos gerar aprendizado validado. Finalmente, se a aprendizagem validada disser que estamos certos, então é hora de continuar e escalar. Caso contrário, a mudança é necessária antes de causar danos.

Se não estamos cometendo erros, não estamos nos movendo rápido o bastante[49]

"Começamos a experimentar a realidade virtual há alguns meses. Nossa hipótese era que poderíamos aproveitar a tecnologia para ter uma experiência realista com nossos clientes, ao mesmo tempo que abraçamos a produtividade e agilidade de estarmos remotos. Nós usamos, deliberadamente, um orçamento muito pequeno e algumas pessoas muito engenhosas para realizar um experimento. Aproveitando uma câmera VR de qualidade cinematográfica, capturamos gravações de demonstrações de SEs e várias outras interações. O que aprendemos? Por um lado, aprendi que preciso mudar minha forma de entrega ao apresentar uma câmera VR (fale sobre o fracasso!). Mas, mais importante do que meu ego, aprendemos que a tecnologia não está totalmente pronta para a experiência que esperávamos desenvolver, mas aprendemos muito. De algumas pequenas falhas iniciais, agora estamos alcançando um grande sucesso."[50]

É assim que Michael Koons, vice-presidente de Engenharia e Tecnologia de Sistemas Globais da Cisco, explica como a empresa mantém o foco

A Etapa Cultural

em experimentação de coisas novas, que possam criar soluções inovadoras para os clientes. A Cisco está trabalhando para construir a ponte entre ser uma empresa bem estabelecida, após mais de 30 anos de crescimento e, ao mesmo tempo, manter a agilidade para responder às novas necessidades do cliente. De acordo com as palavras de Koons: "tecnologias em rápido desenvolvimento e mercados em mudança rápida exigem que sejamos ágeis e nos adaptemos rapidamente. Mas como fazemos isso?".[51] Parece que a Cisco leva a tempestade geográfica muito a sério.

A Cisco apresenta uma forte cultura de experimentação desde os seus primeiros dias. O CEO John Chambers, em 2012, disse: "Todo ano há um novo concorrente ou uma nova tecnologia que vai deixar a Cisco completamente para trás. Nosso foco é competir [contra] transições de mercado. Você consegue as transições de mercado certas e entende o que isso significa para um cliente, e é assim que você ganha."[52] A Cisco foi fundada em 1984 e, em vez de aproveitar o sucesso de seu roteador para protocolo de rede, a empresa se adaptou a um ambiente de tecnologia em constante mudança, trazendo diversos produtos ao mercado.

Ao atingir um considerável volume de aquisições em um breve período, a Cisco se destacou como um "protótipo para a corporação de rede".[53] Algum tipo de provedor de soluções unificadas altamente descentralizado, formado para ser uma resposta a um mercado em rápida mudança, que adota a *internetworking*. A empresa percebeu que vencer exigiria *expertise* externa, pois seria impossível lidar com a quantidade de mudanças desenvolvendo soluções internamente e com rapidez suficiente. Segundo Charles Giancarlo, então vice-presidente de desenvolvimento de negócios: "se você atrasar um ano, esse mercado pode não existir mais. Preferimos aprender com nossos erros."[54]

Outro passo dado pela empresa ocorreu em 2000, quando a Cisco mudou para o hardware de ponta, combinado com arquitetura de software. Inovar e focar em fornecer um portfólio diversificado de produtos está no cerne do sucesso da empresa. A Cisco se colocou à frente de muitos fracassos potenciais, abraçando fusões e aquisições, entrando em mercados emergentes e testando coisas novas. Isso é o que chamamos de uma verdadeira cultura de experimentação.

A cultura da Cisco está repleta de curiosidade e exploração sobre para qual direção a tecnologia da informação está seguindo, e é isso que torna a empresa capaz de explorar novas oportunidades de negócios. Como observou Chamber, o foco está no espaço do consumidor. Em 2005, a internet se movia para aplicativos de *streaming*, uma área em que a Cisco tinha pouca ou nenhuma experiência. A solução da empresa foi criar uma nova organização, Emerging Markets Technology Group (EMTG), um novo empreendimento aberto para experimentar novos produtos e serviços baseados na internet com vídeo.

Como manter esse novo empreendimento aberto à experimentação? Ao estabelecer essa abordagem ambidestra, a Cisco preservou os elementos centrais de EMTG contra os anticorpos corporativos.[55] O processo para encontrar a próxima grande coisa envolveu investigação e se aproximar de parceiros de negócios e clientes, permitindo-se também que os funcionários experimentassem. Esse esforço foi complementado com um programa de incentivo, o iPrize, e mais de 1.200 ideias foram geradas em dois meses. Embora a maioria dessas ideias não fossem verdadeiras descobertas em potencial, mostraram meios para a empresa encontrar novas oportunidades. Uma empresa de tecnologia cheia de espírito empreendedor, uma receita de inovação, a Cisco possibilita que a experimentação aconteça dentro de suas paredes.

A primeira coisa a se fazer depois do café da manhã de amanhã

O CEO entra na sala, olha para os executivos e diz: "precisamos inovar, romper o *status quo*, criar um novo caminho! É isso que nossos concorrentes estão fazendo!". Todo o público acena em concordância. Na verdade, os tempos são difíceis e a empresa está sob pressão para lidar com as mudanças de hábitos dos clientes. Mas então um dos geren-

A Etapa Cultural

tes levanta uma questão: "Como devemos fazer isso, se temos pensado e agido sempre da mesma maneira? Na verdade, fomos treinados e temos experiência para fazer o que fazemos há muito tempo. Eu não sei nem por onde começar".

Acreditem, as palavras podem ser um pouco diferentes, mas esse é o sentimento geral de pressão interna e externa para inovar. O processo de inovação demanda mudança de mentalidade, pois não pensamos diferente em um caminho distinto de ação, agimos de forma diferente depois que mudamos a forma de pensar. Gestores e colaboradores seguem suas vidas profissionais com foco no aprimoramento de suas competências, mas poucos têm o aprender coisas novas como a principal tarefa. Para chegar ao próximo nível, são necessárias algumas mudanças profundas em nossa mentalidade e, em seguida, em nosso comportamento. A cultura é o amálgama de comportamentos compartilhados; portanto, a criação de um comportamento inovador deveria vir primeiro. Lembrem-se: a prática faz a perfeição, mas não faz o novo.

Precisamos começar a criar uma sala aberta para testar nossas suposições. Todos nós crescemos com o aperfeiçoamento do que conhecemos melhor, mas quem disse que isso ainda é necessário para um novo ambiente competitivo? Depois de testar nossas suposições sobre como nosso negócio deve se mover, crescer e prosperar, nós precisamos criar novas hipóteses sobre como preparar nossa empresa para o futuro. Algumas dessas hipóteses estarão certas, outras estarão erradas. Mas não podemos prever os resultados com antecedência. Acreditem em mim, algumas das *startups* mais importantes que conhecemos não tinham a ideia de expandir de forma tão grande ou tão rapidamente. Como Simon Sinek mencionou no livro *Comece pelo porquê:* "seja qual for o resultado, tomamos decisões com base em uma percepção do mundo que pode, na verdade, não ser totalmente precisa".[56] Simon escreveu sobre o PORQUÊ e, no contexto da inovação, isso é muito importante. Sabendo profundamente o porquê, podemos evitar a miopia e entender as razões pelas quais existimos como empresa. Portanto, a primeira pergunta que devemos nos fazer é: como organização, em que acreditamos?

Em seguida, precisamos rever nossas suposições sobre como o mundo funciona, como os clientes compram, como fabricamos as coisas e assim por diante.

Não é suficiente dizer que a experimentação é a nova estratégia. Precisamos começar entendendo que a experimentação deve ser nossa nova cultura. Em vez de controlar e prever, precisamos dizer às pessoas que fracassar é uma opção.

Então, a primeira coisa a fazer depois do café da manhã de amanhã é nos perguntarmos: esta é a melhor maneira de fazer o que estamos fazendo? Existe alguma outra alternativa que devemos considerar, quando se trata de gerar valor para nossos clientes, ou talvez chegar a algo totalmente novo? Continuem se perguntando, com uma mente curiosa, se o que vocês sabem sobre as coisas ainda é verdadeiro e preciso.

Fazendo a cultura trabalhar

A inovação requer uma transformação cultural, o que não é uma tarefa fácil. Primeiro, você precisa estar preparado para a tempestade, pois o processo para estabelecer uma cultura vibrante e inovadora pedirá trabalho exigente e dedicação. Também leva tempo, então é melhor começar logo. Considere que nada mudará se não começar pela alta liderança, mais especificamente, pelo CEO da empresa. Nossos companheiros líderes precisam incorporar, nas tarefas diárias, um espaço para discutir a abordagem cultural, não apenas a estratégia e as operações. Pare de se ocupar e trate a transformação cultural como uma prioridade.

Existem muitas publicações sobre cultura organizacional. Embora "mudar" uma cultura não seja algo que possamos fazer facilmente, acredito que devemos trabalhar para "aprimorar" os aspectos culturais. Como qualquer outro exercício cultural, tornar a empresa mais orientada para a inovação, o que exigirá maior abertura ao fracasso, requer um alinhamento entre os elementos *soft* e *hard* da cultura.

Uma segunda etapa a ser percorrida é a criação de uma equipe central que supervisionará o processo. Essa equipe deve ser formada por pes-

A Etapa Cultural

soas de diferentes divisões e deve incorporar a diversidade da empresa, sendo que você, o CEO, precisa dar a todos acesso total à sua pessoa. Diferentemente de quando uma empresa busca uma transformação cultural completa, o que buscamos aqui é criar espaço para que uma subcultura floresça. Por que chamamos isso de subcultura? As subculturas também representam a identidade da empresa. Entretanto, não podemos mover um negócio estável para uma cultura de inovação que abrace a inovação da noite para o dia, certo? Portanto, pense em encontrar e nutrir essa subcultura de alta inovação em alguma parte da organização ou, em outras palavras, torne-se ambidestro.

Ser ambidestro não é apenas uma questão de estrutura, como veremos no próximo capítulo, mas também de criar alguma proteção cultural para aqueles que desejam mudar o *status quo*. Lembre-se de que as culturas são organismos vivos que produzem anticorpos. Se você tentar forçar uma abordagem inovadora, aqueles que sustentam e protegem o *status quo*, provavelmente tentarão te derrotar. Essa é a realidade.

Seu trabalho como líder também é reconhecer e recompensar publicamente a diversidade que uma subcultura de "quebrar regras" representa. Você precisa unificar a empresa no entendimento de que cada uma das funções é importante. Novamente, não se esqueça de que estamos nos concentrando em proteger o núcleo, ao mesmo tempo que estimulamos o progresso, então ambos os lados são importantes e você precisa ter certeza de que toda a empresa compreenda isso. E, por favor, faça isso de verdade. As pessoas estão cansadas de modismos.

Como veremos detalhadamente no próximo capítulo, o Grupo RBS optou por criar uma nova empresa, ou uma *startup* sob um teto diferente (e que mais tarde se tornou totalmente independente). A liderança via o grupo não como uma empresa de mídia, mas como uma empresa de tecnologia, e essas são as que sobrevivem com base em sua capacidade de chegar a tecnologias inovadoras. Se o grupo decidisse iniciar um negócio de uma comunidade de vinhos dentro do escopo tradicional da empresa, o entendimento estreito sobre quais são as escolhas certas agiria contra isso.

Outro componente significativo: a diversidade é uma força motriz para a inovação. As empresas não devem focar na uniformidade dos aspectos culturais, mas semear e alimentar a diversidade como cultura, como estrutura e como estratégia. Um estudo recente do Boston Consulting Group descobriu que as empresas mais diversificadas também são as mais inovadoras, conforme medido pelo frescor de seu mix de receitas.[57] Esse estudo foi baseado em uma pesquisa em oito países (Estados Unidos, França, Alemanha, China, Brasil, Índia, Suíça e Áustria), incluindo uma variedade de indústrias e empresas de diversos tamanhos. A pesquisa teve como objetivo comparar a diversidade em cargos de gestão e receitas provenientes de novos produtos. Como uma análise lateral, eles descobriram que essas empresas também eram mais lucrativas.

Outra parte importante do aspecto *soft* da mudança é como comunicamos nossos valores, como estabelecemos rituais e celebrações e como reconhecemos figuras heroicas. Esse exercício é muito simples: decidimos que nossa empresa terá que inovar e criar uma nova forma de produzir ou entregar. Em seguida, colocamos nosso P&D para funcionar e dizemos à equipe para experimentar até que encontrem. Aqueles que trabalham com tentativa e erro precisam ser comunicados e celebrados, da mesma forma que aquele vendedor que fechou um grande contrato novo. Ambos estão trabalhando para o futuro da organização.

Entretanto, considere o seguinte. Digamos que John esteja liderando uma nova iniciativa e, como não há muito conhecimento disponível sobre a ideia com a qual está trabalhando, ele precisa criar experimentos. Um após o outro, os experimentos de John fracassam. Em seguida, o gerente de RH vem ao CEO e pergunta o que eles devem comunicar sobre os sucessos da empresa, e imagine que as palavras do CEO seriam algo como: "vamos esquecer John, definitivamente não quero mencioná-lo, pois os fracassos não representam quem somos". Realmente, essa é a

A Etapa Cultural

escolha certa? Não estou dizendo que você precisa dar uma festa para John, mas toda a empresa precisa entender o quê e o porquê de John estar fazendo o que faz, e por que mais pessoas podem vir para ajudar.

Os fatos concretos da cultura precisam ser abordados de forma completa, pois, na criação de competência, a inovação é o caminho. Contratar as pessoas certas, recompensar as equipes e criar os incentivos adequados, promover os *performers* e criar um acompanhamento adequado para os padrões de desempenho devem ser itens da agenda. Mas agora vem a coisa complicada. Como recompensar o fracasso?

Se você alinhar a empresa com o entendimento de que precisamos contratar pessoas com experiências diversas, de que você precisa de sistemas específicos para promover e reconhecer a experimentação e de que os padrões de desempenho serão diferentes para essa parte da organização, estará no caminho certo. Você conhece alguns dos maiores erros nesse processo? São eles:

- Temos a tendência de contratar pessoas que validam nossas premissas, não aquelas que as questionam.
- Assumimos que a abordagem de tamanho único para promoção e recompensa é a escolha certa.
- Acreditamos que a receita e a lucratividade são os únicos padrões de desempenho a serem considerados.

Se você deseja fazer sua empresa prosperar em tempos tão exponenciais, remova essas suposições de seu cérebro. Será o primeiro e maior passo para fazer as coisas acontecerem.

Mas a transformação não é apenas uma questão de cultura. Requer um design para que a organização flua da maneira que queremos.

Dicas importantes

- Elementos *soft* estão relacionados a coisas em que acreditamos, nossas suposições. Mude suas suposições e você mudará seu mundo. Como vimos, as suposições são perigosas, porque nos colocam o tempo todo na mesma direção.

- Um "ajuste cultural" é essencial para criar o destinatário da inovação. Inclui o alinhamento de valores, a criação de sistemas específicos para acompanhar o desempenho, recompensar e reconhecer, com base no que as empresas tentam alcançar.

- Culturas bilaterais podem coexistir. Na verdade, são um requisito para as etapas iniciais. Uma empresa precisa manter o foco no gerenciamento e na criação de excelência de execução, de modo que sustente o negócio principal. Mas a mesma empresa precisa também de um espaço de liberdade e experimentação, porque é daí que o novo virá.

- O papel da liderança também é proteger a subcultura da inovação contra os anticorpos culturais que tentarão destruí-la. Lembre-se de que anos se comportando de uma maneira, inevitavelmente, levarão as pessoas a protegerem o seu *status quo*.

Capítulo **8**

Uma Estrutura Para a
Inovação

Como misturar notícias e vinho

Havia muito barulho na sala. Todos esperavam o momento em que a empresa tornaria oficial. Um membro da terceira geração da família seria designado como o novo presidente de um conglomerado de mídia no Brasil. Os executivos da empresa esperavam uma mudança importante no caminho que se seguiria. A mídia tradicional sofria, e a empresa precisava se reinventar para manter o ritmo de sucesso que se construía há mais de 50 anos, desde que o fundador adquiriu uma estação de rádio no Sul do Brasil.

O Grupo RBS foi fundado em 1957 na cidade de Porto Alegre, região Sul do Brasil. A empresa cresceu rapidamente e passou de uma estação de rádio a um conglomerado de mídia com TVs, rádios, jornais, portais da web e muito mais. Depois que o fundador faleceu, o filho assumiu o comando e, em 2011, um membro da terceira geração foi elevado ao poder.

A mídia é um setor incrível, mas enfrentou muitos desafios nos últimos 10 anos, pelo menos. O advento da internet e das mídias sociais mudou a relevância dos canais tradicionais, causando um efeito cascata de falências de empresas, grandes demissões e ações desesperadas pela sobrevivência. E não foi diferente para o Grupo RBS. Andando pelos corredores, participando de reuniões, conversando com pessoas de todos os setores, a pergunta estava estampada no semblante de todos: como vamos nos reinventar para a era digital?

O *Knowledge at Wharton* publicou, recentemente, um artigo que esclarece algumas das respostas que o Grupo RBS deu a esses desafios. E são respostas muito estimulantes. A empresa acabou se tornando referência no setor de mídia na América Latina, atingindo cifras vultosas em faturamento anual. Em algum momento, no entanto, o Grupo RBS decidiu que investir em tecnologia para plataformas tradicionais não era mais o caminho a percorrer.[1]

A transição de uma empresa de mídia tradicional para a era digital foi uma tarefa difícil. Mas um dos motores da mudança foi entender o problema, foi o reconhecimento de que a mídia não cresceria mais no mesmo ritmo. A empresa teve que superar grandes desafios para encontrar a eficiência e manter o núcleo do negócio vivo. Como lembra Eduardo Sirotsky Melzer, havia oportunidades lá fora e, dando um passo atrás do outro, o que incluía começar a cobrar assinatura para acesso de conteúdo e consolidação de operações comerciais de propriedades de mídia, a empresa passou a desenvolver novos modelos de negócios.

De fato, Melzer procurava por mais. Desde que assumiu o cargo de CEO, ele decidiu que era hora de o Grupo RBS se tornar ambidestro. Ou seja, ao mesmo tempo em que devia buscar por eficiências e gerar rentabilidade do negócio principal, deveria buscar também oportunidades externas e torná-las relevantes. Sabendo que o Grupo RBS não encontraria escala para competir com gigantes globais, a empresa criou uma nova área aberta à experimentação, denominada como e.Bricks. O foco eram as empresas digitais nativas.

Uma Estrutura Para a Inovação

Então, o Grupo RBS passou a acumular um sucesso após o outro, como a Wine.com, a maior distribuidora de vinhos do país, com base no modelo de negócios por adesão de membros. É um processo simples: as pessoas se cadastram e pagam uma mensalidade, e todo mês recebem uma caixa com uma seleção de vinhos. Esse novo empreendimento apresentou, para a RBS, ganhos de US$18 milhões de dólares, com faturamento de US$151 milhões em 2017.

Uma das decisões importantes tomadas por Melzer foi manter os e.Bricks com uma identidade completamente separada do RBS. Ao contrário do que a News Corp fez com o MySpace, o RBS decidiu operar separadamente e criar sistemas e processos que fizessem sentido para esse novo tipo de negócio, em vez de simplesmente se fundir ao *core business* tradicional. A e.Bricks se dedicava a investir em *startups* em estágios iniciais, procurando o próximo grande sucesso. A empresa de mídia deveria continuar a buscar a monetização a partir do núcleo. Uma organização ambidestra perfeita.

A transformação do grupo não ocorreu da noite para o dia. A transformação cultural foi um processo, não um corte. Como investigaram os professores Bryan Walker e Sarah Soule, uma transformação cultural começa com uma difusa insatisfação com o *status quo*, que se transforma em um movimento que abre um caminho a seguir. Cada fase da transformação do Grupo RBS foi baseada em pequenas vitórias, até o ponto em que ganhou força. Ou seja, o movimento ganhou escala. Muitas pessoas não entenderam o que estava acontecendo. Os críticos tradicionais, no espaço da mídia, carimbaram "falha grave" na empresa.

A mudança é baseada em fazer escolhas. Essas escolhas devem direcionar exemplos significativos, seguidos por um senso de urgência. As pessoas precisam ser conduzidas a uma nova jornada dentro dos limites da grande missão organizacional. Ou, como diria Jim Collins, os líderes precisam estimular o progresso.

Quando Melzer mudou a empresa para um caminho de inovação e fez da Wine.com um sucesso, realizou a representação de uma vitória do novo. Ele costumava demonstrar a eficácia do que significa ser digital. Não era apenas exigir que a empresa mudasse. Foi uma transformação baseada na atuação da liderança em direção ao objetivo. Melzer trouxe para o Grupo RBS a ambição feroz de uma cultura *startup* e inteligentemente combinada com a empresa tradicional, ao mesmo tempo que manteve alguma distância para evitar uma fertilização cruzada demais.

As organizações ambidestras

Ser uma organização ambidestra é ir além do aprendizado. Trata-se de um processo sobre como aprender e experimentar. Ou, diria o conceito ambidestro, a capacidade de melhorar os negócios existentes e, ao mesmo tempo, inventar negócios futuros.[2] Como resultado, uma organização ambidestra seria um corpo organizacional vivo, aberto à experimentação controlada e passando à frente dos concorrentes para reinventar os mercados.

Tushman e O'Reilly realizaram uma pesquisa e encontraram conclusões inquestionáveis: depois de estudar 35 tentativas diversas de criar algo completamente novo ou inovador, eles descobriram que mais de 90% das empresas que se organizaram como uma estrutura ambidestra tiveram sucesso em suas tentativas. Por outro lado, apenas 25% das empresas com estrutura funcional atingiram seus objetivos.

A Amazon é um exemplo perfeito de uma cultura feita para ser ambidestra, por ser capaz de criar espaço para a inovação chegar de todos os lugares. Bezos afirma que a Amazon quer ser considerada uma máquina de invenção e, ao mesmo tempo, uma empresa focada no cliente. Bezos buscou construir uma cultura de "velocidade de movimento, agilidade e mentalidade de aceitação de risco, normalmente associada a *startups* empresariais".[3] Curiosamente, Bezos também se refere ao pensamento tradicional visto nas empresas como tomada de decisão "tamanho único", em referência aos padrões que usamos para estabelecer quando chegamos às análises e às decisões.

Uma Estrutura Para a Inovação

O que isso realmente significa e como aplicamos isso em nossas organizações? Primeiro, vamos considerar o famoso caso de negócios do Blackberry, que passou por sucesso e desmoronamento. Aquele poderoso teclado QWERTY e a tela tornaram-se um símbolo da vida executiva. Os usuários sentiram ganhos de produtividade com o uso do novo dispositivo, respondendo a e-mails mais rapidamente, alem de utilizar funções básicas do navegador. E eis que a Apple apareceu com o primeiro iPhone. A primeira reação dos fãs da Blackberry foi algo como "oh, como é divertido, mas não acho que se aplique às tarefas de que preciso durante o trabalho". Era fácil ver o iPhone como uma peça de entretenimento, com uma tela grande e muitos recursos.

Esse debate ocorria em todos os lugares do mundo, havendo empresas que defendiam a ideia de que o BlackBerry era o melhor para os negócios. A Apple chegou ao mercado com um dispositivo que o concorrente chamou de "inofensivo", mas com design pesado e suporte do iTunes no *back-end*. O iPhone foi um sucesso instantâneo, alcançando 100 milhões de dispositivos vendidos em todo o mundo, em 2011, e, recentemente, contribuindo para que a empresa superasse os 23 bilhões de dólares em lucros. Na verdade, o iPhone representou uma imensa mudança no mundo, em um período muito curto[4].

Atrás das paredes de ambas as empresas, RIM e Apple, o jogo que estava sendo conduzido visava aceitar o sucesso de ter milhões de clientes ou olhar para frente para conseguir bilhões deles. A Apple investiu em desenvolver no iPhone mais confiabilidade e reputação, pressionando pelo desenvolvimento de software, sem renunciar ao design. A empresa estava focada em trazer sempre algo novo e empolgante, atualizações e recursos extras. A RIM, por sua vez, não seguiu a mesma linha de software, não fornecia atualizações significativas no dispositivo e contava com a mesma arquitetura.[5] O Blackberry reinava quando as pessoas se sentiam confortáveis com as teclas de plástico e uma pequena barra de rolagem, quando pressionar pequenos botões QWERTY era um uso "analógico". Mas então a tela sensível ao toque tornou-se viral e ter uma tela inteira para ver imagens e vídeos tornou-se uma escolha intuitiva. Quando a RIM percebeu isso, era tarde demais.

A RIM tinha em mãos grandes recursos tecnológicos e financeiros, mas não investia tempo para entender para onde estava indo o comportamento das pessoas. Esse conflito interno e a inércia, incapaz de administrar essa nova abordagem tecnológica e contando com seu passado de sucesso, levaram à extinção do negócio de smartphones da RIM.[6] A RIM estava focada em mudanças incrementais, a Apple procurava por descontinuidade. Mudanças incrementais são eficientes no curto prazo, mas não há longo prazo sem descontinuidade no mundo atual de tecnologias em aceleração.

Revisitando a estrutura

Precisamos nos perguntar qual é o impacto das estruturas atuais em nosso desempenho. Lembre-se de que cultura, estrutura e estratégia devem ser elementos indivisíveis. Empreendedores e *startups* têm uma boa vantagem sobre as grandes empresas, pois dependem, principalmente, de um pequeno grupo de cérebros que controlam o processo inovador, experimentam e projetam a estratégia, com base nas conclusões a que são capazes de chegar. Em outras palavras, estruturas complexas são, na maioria das vezes, um obstáculo para a criatividade e a inovação. Não apenas pelo tamanho, mas também pela combinação de habilidades e recursos.

Quando uma empresa cresce, a teoria atual afirma que a mentalidade empreendedora precisa ser substituída por outra mais executiva. Isso significa que a experimentação e o "fazer o que for preciso" serão substituídos por controle e (tentativas de) previsão. Isso não é errado, é uma realidade importante, pois os empreendedores podem ter grandes desafios na criação de sistemas e processos. Quando temos tamanho e escala, precisamos colocar os processos no comando. Mas a questão não pode ser apenas sobre controle, precisamos criar espaço para inovação contínua.

Uma Estrutura Para a Inovação

As empresas criam processos para produzir o estabelecimento, e uma boa fórmula é injetar no processo o "estilo do Vale do Silício", por meio de equipes multifuncionais que produzam coisas que podem estar distantes do *core business*. Porém, na maioria das vezes, esse tipo de "subestrutura" cria muita pressão interna, principalmente porque vai contra o *status quo* e precisa circular em departamentos que são, tradicionalmente, resistentes ao novo. Isso pode prejudicar o esforço de inovação da empresa.

Normalmente, as empresas mais centralizadas são executoras de alto nível e são hábeis para implementação, mas há grandes chances de perderem o bonde da inovação. Ou talvez consigam pegá-lo, mas cheguem tarde demais. Por outro lado, empresas com maior complexidade interna tendem a ser mais inovadoras. Além disso, a homogeneidade é um sinal de inovação fraca, no ritmo em que culturas altamente heterogêneas verão a inovação florescer com mais frequência. Novamente, a diversidade e a variedade são a base da criatividade. Torna-se um verdadeiro dilema competir nesse meio. Se forçarmos demais a criatividade, podemos perder a capacidade de implementação; e fazer o contrário pode trazer falta de inovação. Portanto, seguir a maneira direta de dizer "vamos todos inovar" não seria a solução. Se não nos esforçarmos para entender como ajustar o componente cultural, as coisas permanecerão as mesmas.[7]

Quando olhamos o exemplo do Grupo RBS, percebemos como a empresa ajustou adequadamente os botões para gerar o caminho inovador certo. Tentando criar uma revolução digital (não incremental) sob a cultura e estrutura atuais, a empresa optou pela criação de uma divisão separada, com heterogeneidade e diversidade diferentes. Ao fazer isso, o grupo eliminou (ou reduziu muito) a resistência à mudança. Gerenciada da maneira certa, essa alternativa pode injetar inovação também nas partes tradicionais do negócio principal. Por fim, ao não tentar centralizar o processo decisório, o Grupo RBS preencheu uma importante lacuna para suprir a nova iniciativa com diversidade, variedade e tensão produtiva.

As organizações ambidestras são híbridas. Elas preservam o núcleo e criam progresso, ao combinarem homogeneidade e heterogeneidade, por serem limitadas, centralizadas e amplamente complexas. Uma boa governança de uma organização ambidestra permitirá ajustar a estrutura e influenciar a cultura, dependendo da complexidade do desafio. E a empresa poderá combinar o melhor de ambos, usando capacidades de tensão produtiva de um lado para injetar inovação no outro. De maneira oposta, poderá ajudar uma unidade muito inovadora e complexa a ter a centralização mínima necessária para aprimorar os recursos de implementação.

Equilibrar os dois lados, administração e empreendedorismo, é a chave para um futuro sustentável. Para os responsáveis pela administração, é muito importante manter habilidades, clientes e ativos. Mas o problema é que, geralmente, esses indivíduos são bons demais. Novamente, a prática leva à perfeição, mas não cria o novo. E em um mundo com uma tempestade geográfica, a mesma maneira de ver as coisas não salvaguardará o amanhã.

Veja como a Valve lidou com o desafio de criar uma verdadeira comunidade para jogadores e desenvolvedores, sem fixar a hierarquia formal. Ou como o Grupo RBS criou uma nova estrutura para alocar recursos de uma cultura mais diversa e heterogênea. Essas são referências de como as empresas estão combinando estrutura e cultura para se prepararem para os novos desafios do mercado.

Mais do que nunca, fomentar estruturas ambidestras pode ajudar a manter o ritmo de inovação e proteger as operações tradicionais, até o momento em que aconteça uma mudança completa, se as condições de mercado assim o exigirem. Portanto, lembre-se de que do lado de uma estrutura atual, uma nova estrutura precisa surgir. Isso permitirá que negócios exploradores e exploratórios coexistam e criem o futuro da empresa. A mudança organizacional em direção à inovação passará, necessariamente, por uma mudança estrutural, sendo mais complexa e heterogênea por padrão. E não se esqueça de que a unidade de negócios exploratória exigirá flexibilidade, experimentação e o mais importante: precisará aprender a fracassar.

O Google permanece na frente, mas por quê?

O Google tem sido um membro permanente na lista das empresas mais inovadoras do mundo, de acordo com o popular *ranking* da Fast Company.[8] O Google foi incorporado em 1998, o que, na mesma abordagem, significa 20 anos. Fizemos uma busca simples no Google, tentando encontrar as empresas mais inovadoras de 2008: o Google estava em primeiro lugar, a Amazon estava em nono. Curiosamente, a Nokia estava em sétimo lugar.[9]

É natural que nos perguntemos por que o Google está há anos na lista das empresas inovadoras. Quais são as razões subjacentes para que a empresa continue a gerar coisas novas. Veja o Google X, também conhecido como Moonshot Project. Em sua declaração de abertura do site, podemos encontrar a abordagem do Google sobre ser ambidestro: "Somos uma fábrica de disparos lunares. Nossa missão é inventar e lançar tecnologias 'lunares' que esperamos que, algum dia, possam tornar o mundo um lugar radicalmente melhor. Temos um longo caminho a percorrer antes de cumprirmos essa missão, por isso hoje é realmente uma ambição."[10] Pode-se ser mais ambidestro do que isso? Não se trata de geração de dinheiro no curto prazo. Não se trata de valor para o acionista no curto prazo. Na verdade, trata-se de criar o futuro.

O pensador da inovação, Greg Satell, nos traz mais informações básicas sobre como o Google abraça a inovação por completo. Ao mesmo tempo que a empresa obtém a maior parte de sua receita de produtos relacionados ou próximos ao negócio principal, que gira em torno de 99%, o Google mantém a energia de fomentar a inovação: "Embora ainda seja uma empresa jovem, o Google já começou a se preparar para um momento em que seu negócio principal de pesquisa não seja mais capaz de alimentar o crescimento estelar que a empresa passou a desfrutar". A Satell o nomeia a isso como princípio 70/20/10, sendo "70" uma representação do negócio principal, "20" referindo-se a mercados e capacidades adjacentes e "10" como apostas em longo prazo.

Mas Google também é sinônimo de experimentação. Em 2004, assistimos a uma apresentação do vice-presidente do Google na América Latina, quando ele explicou a regra "joinha, joinha para baixo". Isso significa que os *googlers* são livres para trazerem ideias inovadoras, implementá-las dentro de um experimento controlado e trazê-las para a multidão para validação. E não há nada melhor do que a multidão para dar validação. Ele usou como exemplo a comparação entre o Google Earth e o Google Mars, perguntando ao público quem conhecia cada um. Claro, milhares de mãos levantadas para o Google Earth, ninguém para o Google Mars, embora ele existisse. Alguém dentro da empresa achou que era uma ideia promissora mostrar às pessoas mais detalhes sobre a superfície de Marte. O Google não disse que aquela era uma má ideia, eles deram ao iniciador a chance de tentar.

Mas a experimentação trouxe coisas boas também. Minha vida está melhor por causa de Kevin Gibbs, o inventor do Google Autocomplete. Sei que você pode pensar que não é algo para melhorar a vida de alguém, mas, acredite em mim, sou um usuário frequente da pesquisa do Google, pois pesquisar é a maneira de me manter atualizado. Então, sim, é um salva-vidas! E tudo começou porque Kevin quis trabalhar nesse projeto durante seu tempo livre.

Deixe-nos ajudá-lo com a matemática: o tempo de apenas 6,12 segundos para obter resposta ao tentar pesquisar a frase "como fazer amigos e influenciar os outros". Leva a metade desse tempo com o Google Autocomplete. E vamos supor que eu use a pesquisa do Google uma vez a cada 15 minutos. Significa muito durante o meu dia! Faça as contas e veja quantos dias você pode economizar durante sua vida profissional. Não parece muito? Agora coloque em perspectiva que se você tiver, pelo menos, cinco coisas inovadoras, cada uma economiza a mesma quantia.

Afinal, o que é o negócio central?

Em 1990, em um artigo da *Harvard Business Review*, C. K. Prahalad e Gary Hamel apresentaram o conceito de Competências Centrais da Organização.[11] Eles sustentaram que a capacidade da empresa para competir estava diretamente relacionada às suas competências centrais e aos seus produtos centrais. A competência central representa a aprendizagem coletiva, ou seja, a maneira como aprendemos a fazer as coisas ou a maneira certa de fazer as coisas. Também exigiria o compromisso de trabalhar dentro dos limites da empresa e, ao mesmo tempo, preservar os benefícios para o cliente, que podem ser difíceis de alcançar.

Ler isso agora não parece completamente correto, já que "central" não é mais uma definição fácil. Com limites sendo quebrados diariamente, ser superprotetor em relação aos nossos produtos ou serviços atuais pode nos levar a lugar nenhum. Mas Prahalad e Hamel também sustentam que as empresas devem manter vigilância constante sobre alguns aspectos: como nos concentramos no desenvolvimento interno; por quanto tempo a competitividade pode ser preservada; quão importante é para os clientes; e onde podemos acabar se perdermos nossa competência central. O argumento é um desafio agora, e também foi um desafio em 1990: "Com as fronteiras do mercado mudando cada vez mais rápido, os alvos são elusivos e capturá-los é, na melhor das hipóteses, temporário (...) a tarefa crítica para a gestão é criar uma organização capaz de infundir produtos com funcionalidade irresistível ou, melhor ainda, criar produtos que os clientes precisam, mas que ainda não imaginaram".[12] Soa como Steve Jobs falando? Talvez Jeff Bezos? Poderia ser a declaração da Cisco ou da LEGO também.

A história se repete. Estamos sempre jogando um jogo bilateral, que nos coloca entre ser excelentes para os clientes e criar coisas com as quais os clientes nunca sonharam. Muitas pessoas em posições de liderança sênior tendem a adotar o conceito de competência essencial como se fosse escrito em pedra, ao mesmo tempo que fecham os olhos para o que está acontecendo do outro lado. Essas pessoas não percebem que a competência central é sempre temporária. Acredite em mim: se você não vier com a próxima coisa, alguém o fará. A Kodak se recusou a trazer a fotografia digital para o mercado, a Blockbuster percebeu tarde demais que *streaming* era a novidade, o Blackberry viu o iPhone como entretenimento e, como vimos, essa lista continua indefinidamente.

Então, a pergunta: qual é a verdadeira competência central de uma organização? Para Google e Amazon, estar sempre na lista das empresas mais inovadoras é uma espécie de garantia de que não vão perder o rumo. Não deveríamos dizer que talvez a competência central de cada organização seja seguir o mantra "preservar o central e estimular o progresso"?

Não é assim tão simples, na verdade. Em 2015, o consultor de gestão Chris Zook sustentou que, historicamente, a taxa de sucesso saindo do *core business* 'tradicional' era significativamente baixa[13] e, por mais que as empresas se afastassem demais do central, sem adquirir as habilidades adequadas, menores eram as chances de sucesso. Mas essa realidade mudou com a adoção da tecnologia, e novas pesquisas mostraram que as empresas poderiam construir novos recursos muito mais rapidamente do que antes. Mesmo tópico, conclusões diferentes. Se a Netflix mantivesse o foco na entrega de DVDs em casa, a vida seria diferente. Mas não, de jeito nenhum! Reed Hastings não achava que esse era um modelo de negócios duradouro.

Como uma reportagem recente do jornal britânico *The Telegraph* afirmou: "[a Netflix] é uma virada de jogo, uma força disruptiva que alterou decisivamente a maneira como assistimos à televisão e aos filmes. Não há programações ou programas ao vivo: os assinantes são simplesmente livres para transmitir qualquer um dos milhares de filmes e séries da Netflix para assistir quando e onde quiserem, seja em uma televisão tradicional, um tablet ou um telefone celular".[14] No entanto, por trás desse sucesso, está uma estratégia de dados perfeita que mapeia e mede o comportamento e envia sinais sobre o que pode se adequar melhor a cada cliente. A Netflix abastece todo o ecossistema: você precisa de uma conexão de banda larga para assistir, mas, por outro lado, você pode consumir conteúdo de acordo com sua conveniência.

Acredito que apenas algumas pessoas se lembrem da TIVO, que foi considerada uma revolução na forma como assistíamos à TV no início dos anos 1990. Naquela época, um tema comum dentro de empresas de mídia tradicional era de que o fim estava próximo, pois a TIVO tiraria a tradicional TV aberta do mercado. A TIVO foi criada para permitir que os usuários assistissem a um programa sempre que desejassem, proporcionando uma experiência sem comerciais. Na verdade, a TIVO não era simples e fácil de usar. Netflix, Amazon Prime e Hulu têm tudo a ver com simplicidade e facilidade. Não é estranho que a TIVO tenha falhado e redes de TV ainda existam hoje? E devemos dizer que a Netflix entrou no radar porque as TVs ainda riam da TIVO e se consideravam imbatíveis?

Mas não vamos nos deixar enganar por outro fato. A Netflix não é apenas uma empresa de *streaming*. É uma empresa de entretenimento totalmente integrada, que controla não apenas a distribuição, mas também a produção. A maioria dos programas disponíveis atualmente é produção exclusiva da Netflix. Durante o Emmy 2017, Hulu foi o primeiro serviço de *streaming* a ganhar um Emmy de Melhor Drama, mas a Netflix trouxe muitos prêmios, com base em mais de 90 indicações, quase dobrando a quantia em comparação ao ano anterior. Este é o motivo: a Netflix investiu mais de US$6 bilhões em conteúdo original em 2017.[15] O plano para 2022 é ser ainda mais global, incorporando maior número de produções de diversos mercados, surfando na onda dos sucessos de *Round 6* e *La Casa de Papel*.[16]

A Disney lançou recentemente um serviço de *streaming*, *Disney+*, para produções próprias. É tão interessante quando uma empresa faz algo que poderia ter feito há muito tempo. No início de 2020, a Disney+ superou a Netflix com 11,8 milhões de novos assinantes no primeiro trimestre e forte previsão de crescimento[17]. Por falar em *streaming*, a Amazon adquiriu a Twitch, uma empresa de *streaming* de jogos, que está alinhada com o fenômeno global de esportes eletrônicos. A Amazon não é apenas *e-commerce*, é sobre serviços em nuvem e, quando confrontada com a concorrência da Microsoft Azure, a aquisição da Twitch pode representar um movimento estratégico para trazer mais desenvolvedores para a cena. Agora, a Amazon entraria na organização da liga e da competição, trazendo tempos desafiadores para as empresas atuais do setor, como a Netflix está fazendo com os estúdios de cinema? Como a Tencent, o conglomerado de tecnologia chinês que está se concentrando em dominar o conteúdo de esportes eletrônicos, a Amazon pode abordar o contrário, começando pelo controle do canal de *streaming*. A Valve deve permanecer independente ou um alvo para uma fusão com Netflix, Google ou Facebook (atual Meta)?

Construindo o caminho da ambidestria

Tanto uma estrutura funcional quanto uma estrutura divisional podem trazer algumas respostas aos desafios da empresa. E desafio a suposição de que ambas, ou uma estrutura matricial, serão suficientes para abordar a inovação por completo. Temos visto empresas experimentando diferentes estruturas para lidar com diferentes desafios. Algumas empresas optam por permanecer como estruturas funcionais ou divisionais, outras preferem os arranjos matriciais. Mas quando se trata de criar o recipiente para inovações revolucionárias, as estruturas funcionais, divisionais e matriciais não são suficientes. A execução de tentativas na estrutura de gerenciamento regular pode não gerar os resultados esperados.

Para construir um caminho ambidestro, precisamos passar por uma resposta complexa para uma pergunta simples: como podemos apoiar a estabilidade e, ao mesmo tempo, avançar para a inovação em longo prazo? A resposta direta é combinar risco e aprendizado dentro de um ambiente controlado.

Uma das coisas mais interessantes sobre o Grupo MCI — conglomerado suíço voltado ao marketing e ao engajamento — é sua capacidade de ser ambidestro quando se trata de inovação. Isso significa que, ao mesmo tempo que a empresa incentiva a inovação incremental, também dá, aos líderes locais, a liberdade de explorar coisas diferentes que parecem mais distantes do negócio principal. Como é uma empresa de serviços, o foco está sempre na tentativa de encontrar soluções novas e valiosas para os clientes, mas, ao mesmo tempo, a empresa dá às pessoas a liberdade de buscarem algumas iniciativas.

Nessas estruturas ambidestras, o sucesso não vem com o conhecimento da resposta certa, mas de permitir a experimentação e criar um aprendizado validado. Nunca nos deixamos cair na inércia e, pelo jeito que temos experimentado, o destruidor da inércia deve ser um dos valores da organização. Essa prevenção da inércia e o foco na exploração estão no cerne da inovação e do crescimento. Organizações ambidestras são uma combinação. De um lado, está a estrutura tradicional com foco em custos, lucro, eficiência, melhorias e inovação incremental, com estrutura formal e controles, valorizando a qualidade e sendo gerenciada de cima para baixo; e do outro lado, você tem pessoas focadas em novos produtos e inovações revolucionárias e empreendedoras, com uma estrutura adaptativa, valorizando a tomada de risco, a velocidade e a experimentação. E a raiz subjacente: comece fracassando.

A *startup* Branca de Neve

Em 2016, o Airbnb lançou um novo serviço baseado no fornecimento de experiências imersivas, expandindo a reserva de hospedagem para incluir um novo conjunto de serviços de *city tours*, surf, degustação de comida, encontro com locais, mountain bike e outros. Esse empreendimento, conforme comentado pelo guru de gerenciamento de *startups*, Eric Ries,[18] começou com o nome de Projeto Branca de Neve, mas ficou no limbo dentro da estrutura organizacional por algum tempo, até que Brian Chesky percebeu que pouco progresso havia sido feito. A solução que os fundadores encontraram foi iniciar uma nova *startup* dentro do Airbnb, administrando um programa de incubadora na cidade de Nova

York por três meses. O foco desse grupo criado dentro do Airbnb era explorar e descobrir o que a empresa deveria fazer a seguir.

Um dos principais critérios nesse projeto liderado pelo próprio Brian Chesky era manter a própria identidade do empreendimento, algo mais parecido com uma iniciativa da Disneylândia do que uma aventura de viagem. O foco da liderança foi manter essa estrutura ambidestra, até o momento em que ela estivesse pronta para ser incorporada por completo dentro do Airbnb. Agora, Tours é visto dentro da empresa como um dos elementos-chave para o futuro, como cita Chris Lehane, chefe de política global do Airbnb: "Realmente, é o próximo capítulo grande para nós. Tem potencial real para transformar fundamentalmente a forma como as viagens e o turismo funcionam".[19] Agora, o Airbnb também oferece aos viajantes excursões e experiências fornecidas por habitantes locais. Mas essa jornada não tem sido fácil, e a empresa ainda tem encontrado diversos problemas de implementação[20].

Esse novo serviço permite que o Airbnb crie um novo fluxo de receitas, enquanto o negócio principal da empresa lida, em muitos lugares, com regulamentações relacionadas a estadias de curto prazo. Mas isso é algo notável. A empresa decidiu não esperar que a crise se instalasse ou que o produto principal começasse a encolher. Ao integrar um processo real de criação de uma *startup* dentro da empresa, o Airbnb chegou a tempo para o próximo passo.

Startup você mesmo

A "economia de *startups*" está crescendo diante de nossos olhos, em todos os lugares. Um estudo da PwC sobre a economia tecnológica australiana concluiu que as *startups* têm o potencial de gerar US$109 bilhões, ou 4% do Produto Interno Bruto, e de gerar 540.000 empregos no país até 2033.[21] "O Global Entrepreneurship Monitor (GEM) fez uma pesquisa em 2020 sobre a quantidade de *startups* de tecnologia existentes globalmente. Os números mostram que há cerca de 50 milhões de novos negócios a cada ano, o que leva a 137.000 *startups* feitas por dia. O

Uma Estrutura Para a Inovação

número de óbitos de empresas também é significativo, cerca de 120.000 empresas são encerradas a cada dia."[22] Por outro lado, um estudo da Fundação Kauffman mostrou que as grandes empresas existentes reduziram mais de um milhão de empregos do que os aumentaram, entre 1977 e 2005.[23]

Quando uma ideia passa para a próxima fase, a execução, é quando uma *startup* é criada. Ainda não há cliente, mas os projetos estão saindo do papel para chegar a investidores, empréstimos bancários ou fundos do fundador. Algumas das *startups* acabam se tornando "unicórnios", quando atingem mais de US$1 bilhão em investimentos. É assim que Uber, Dropbox, Airbnb e muitos outros foram criados. De uma ideia a uma grande empresa.

Algumas grandes empresas passaram a considerar esses mercados de *startups* e descobriram que podem criar novos empreendimentos com base em ideias externas. A Alphabet usa o Google Ventures para buscar ideias inovadoras e a IBM integra *startups* em estágio inicial para sustentar a inovação. O motivo é que as *startups* podem promover uma visão renovada e estimular a inovação, além de trazerem pessoas talentosas a bordo. De acordo com um relatório do TechCrunch, a economia de *startup* está substituindo o currículo.[24] É fácil entender quando você coloca em perspectiva que 98% dos cientistas de dados recentes se formaram e foram trabalhar para o Google, Facebook (Meta), LinkedIn ou outras *startups*.[25] Considerando que os dados são um elemento-chave para o sucesso das empresas (como o mantra "os dados são o novo petróleo"), o que resta para as empresas tradicionais?

Financiar *startups* e manter a separação também é uma forma de experimentar, pois as empresas menores não se contaminam com a política corporativa e a burocracia, podendo encontrar soluções e ter ideias em menos tempo. Algumas empresas usam essa abordagem para testar tecnologias modernas, criar novas patentes, usar estruturas descomplicadas para lidarem com diferentes setores ou regiões do mercado ou desenvolverem curvas de aprendizagem mais rápidas e eficientes.

Por algum tempo, investir em *startups* foi um jogo executado, principalmente, por empresas de capital de risco (CR). Mas as empresas tradicionais entendem agora que trazer uma *startup* a bordo pode acelerar o ritmo da inovação. Mas também que trazer *startups* e mantê-las como estruturas separadas é o que as empresas deveriam fazer. Essa é uma maneira inteligente de criar estruturas ambidestras.

Pontos importantes

- A inovação incremental pode ser gerada em nossa estrutura atual.
- A inovação revolucionária precisa de um destinatário específico; portanto, criar um laboratório ou uma unidade separada, na qual as pessoas possam fazer experimentos, é um elemento-chave.
- As empresas devem criar *startups* internas para simplificar o processo de criação de falhas inteligentes.

Capítulo 9

Inovação Como Estratégia

Afinal, o que é estratégia?

A discussão sobre o que é estratégia e como as estratégias são criadas já existe há algum tempo. As origens dessas questões são de 1934, quando um professor da Universidade de Moscou, G. F. Gause, trabalhou com um grupo de experimentos com colônias de protozoários. Quando duas espécies diferentes foram colocadas juntas, ambas podiam sobreviver. Por outro lado, ao colocar exemplares de uma mesma espécie juntos, esses não foram capazes de sobreviver. Em conclusão, Gause disse que se povoássemos o experimento com espécies que buscassem a sobrevivência exatamente da mesma forma, acabariam se matando. Quando a conversa mudou para o mundo dos negócios, a conclusão foi que se duas empresas estão no mesmo mercado, mas cada uma tem uma estratégia diferente, ambas podem sobreviver e prosperar.[1]

Talvez o artigo mais famoso sobre o assunto tenha sido escrito por Michael Porter, em um trabalho para a *Harvard Business Review*, em 1996, sob o título "What is Strategy". Em resumo, Porter queria esclarecer que as empresas, em geral, não conseguem distinguir o que é eficácia operacional e o que é estratégia. Para Porter, trata-se de escolher

Aprenda com as **FALHAS**

o que fazer e o que não fazer, principalmente quando a pressão pelo crescimento faz com que as empresas tentem ultrapassar os limites, sendo que acabam comprometendo a posição estratégica.[2]

Porter trouxe, talvez, a contribuição mais importante para o entendimento do que é estratégia. Mas isso é o suficiente para um mercado em alta velocidade? As forças competitivas são as mesmas? Não parece assim, especialmente quando vários novos participantes estão em posição de reinventar setores ou ecossistemas completos. Hoje em dia, ficar dentro dos limites da estratégia atual é perigoso e pode matar um negócio. Os limites estão sempre mudando, especialmente por causa das tecnologias inovadoras. Vamos deixar de lado por um tempo o cerne da visão de Porter, que sustenta essa estratégia. No final, é sobre ser diferente, ou, em outras palavras, é sobre a escolha de criar e realizar um conjunto distinto de atividades para criar valor.

Outra contribuição para esse debate vem de Montreal. Henry Mintzberg, professor da Universidade McGill e um dos cérebros por trás do estudo da estratégia, usou um exemplo de "experimento fracassado" dentro de sua família para sugerir como as estratégias são criadas. Observar sua esposa, uma artista plástica, ao tentar desenhar um biscoito e terminar com uma forma artística diferente, foi a inspiração para ele chegar ao conceito de Estratégia de *Crafting*. Nas palavras de Mintzberg: "Imagine alguém elaborando uma estratégia. O resultado provável é uma imagem totalmente diferente, tão diferente do planejamento quanto o artesanato é da mecanização. O artesanato evoca a habilidade tradicional, dedicação e perfeição por meio do domínio dos detalhes. O que vem à mente não é tanto pensar e raciocinar, mas sim um sentimento de intimidade e harmonia com os materiais em mãos, desenvolvidos por meio de larga experiência e comprometimento. Formulação e implementação se fundem em um processo fluido de aprendizagem, por meio do qual estratégias criativas evoluem".[3]

Quando o Airbnb trabalhava com o Projeto Branca de Neve, os envolvidos foram a uma parte turística de São Francisco para entrevistar

Inovação Como Estratégia

pessoas e fazer perguntas: por que estavam visitando ou o que queriam fazer. A tecnologia Trips foi cultivada por dois anos, elaboração após elaboração, pergunta após pergunta. Isso se parece como um artesão elaborando uma obra-prima?

As empresas capazes de sustentar o núcleo e estimular o progresso, geralmente, buscam o que Mintzberg chamou de estratégia desconectada. Funciona de forma que a empresa isola uma parte da organização que, com o devido critério, seria capaz de realizar um conjunto de ações. O National Film Board of Canada foi um exemplo típico, quando a administração pressionou por uma série de filmes experimentais. O artista por trás do plano foi Norman McLaren, que seguiu sua própria estratégia pessoal independentemente das atividades de outros cineastas. Esse é mais um exemplo de combinação em uma estrutura ambidestra, ao permitir que uma *startup* florescesse dentro da empresa. Portanto, uma nova estratégia surgiu.

É o que acontece quando criamos e permitimos que um elemento da empresa busque algo diferente e criamos a proteção cultural para que ele sobreviva e seja projetado. Em 1940, o National Film Board of Canada já sabia que criar uma *startup* dentro da empresa era uma opção para experimentação. E como nos casos do Airbnb e do Projeto Branca de Neve, a liberdade foi o elemento-chave. Como Eric Ries observou: "A liberdade é uma parte essencial do que torna as *startups* possíveis".[4]

Em algum ponto, a experimentação bem-sucedida pode acabar sendo integrada ao negócio principal da empresa. A Amazon é um exemplo dessa integração. A partir de uma livraria online, a empresa implementou com sucesso novos produtos e serviços, que agora estão incluídos em seu amplo portfólio de negócios principais: serviços em nuvem, por meio da AWS, lançados em 2006; ou o Kindle, que veio em 2007, na forma de um dispositivo amigável para leitura de e-books. Não apenas expandindo seu negócio principal, a Amazon também criou novos ecossistemas: a AWS é a força motriz por trás de muitas *startups* de sucesso. E não para por aí. A empresa recentemente lançou o Machine Turk como plataforma para conectar empresas com profissionais de Machine Learning. Outro exemplo foi o IP Accelerator, para auxiliar empreendedores, automatizando o acesso aos recursos de propriedade intelectual.

Assim como a Amazon, que não se define como uma "empresa de uma coisa só", as organizações devem desenhar sua estratégia com um espaço aberto para inovações, que pode surgir da experimentação. Ao mesmo tempo, a empresa está atenta às mudanças do mercado e abraça todas as oportunidades para aprimorar os produtos e serviços atuais, pois estar aberta para ser mudada a partir de dentro é fundamental. Essa abordagem de criar *startups* internas e começar com pequenas apostas pode ser a fonte para eliminar o dilema do inovador.

As metas, as métricas e os reconhecimentos precisam estar totalmente alinhados com a transformação cultural. Em outras palavras, objetivos e recompensas são planejados também de forma ambidestra. O princípio de buscar uma execução de estratégia perfeita visa manter os mercados e clientes atuais em mente e com o foco na entrega de resultados projetados. As *startups* internas, por outro lado, devem se concentrar em encontrar aprendizagens validadas a partir de experimentos. As pequenas apostas podem render muito, contanto que a empresa se mantenha aberta para ajustar sua estratégia para aceitar os experimentos de sucesso escaláveis.

A liderança da empresa deve encorajar a exploração controlada. Experimentos bem-sucedidos podem virar avanços tecnológicos e podem emergir em uma nova forma estratégica, impactando também a estrutura. O empreendedorismo interno está no cerne desse processo. Diferentemente da abordagem tradicional da estratégia, a experimentação começa com uma visão, mas pode acabar de forma totalmente inusitada. É aqui que muitas tentativas do chamado intraempreendedorismo não têm sucesso. A maioria das empresas afirma possuir um forte empreendedorismo interno, mas, quando observamos atentamente, esse é vago e, na maioria das vezes, está sob o mesmo paradigma de controle.

Inovação Como Estratégia

Às vezes, é apenas como se fosse uma palavra da moda, como *"go big or go home"*, ou "inovar ou morrer".

A estratégia de inovação é algo sério. E não pode começar de fora, ao contrário, mas de dentro. A cultura está no centro e, se queremos um compromisso sério com o empreendedorismo interno, precisamos também adotar um compromisso sério com uma realidade inegável para os empresários: eles ou elas são obcecados pelo fracasso. Amazon, Apple, Michelin, Tencent, Cisco, Google e outros são exemplos realizáveis de empresas capazes de transformar a inovação e ampliar seus negócios centrais. Em todos os mercados, identificamos empresas se comportando da mesma forma, o que representa uma ameaça às mentalidades tradicionais.

Dois pinguins fofos

Ao entrar no edifício Tencent, em Shenzhen, na China, é fácil sentir-se dentro de um ambiente de alta tecnologia. O design do prédio em nada lembra a sede do Google ou da Apple, mas, de alguma forma, você pode sentir a energia inovadora. Uma grande mesa de LED dá as boas-vindas aos visitantes na torre de vidro brilhante, e um balcão de informações no meio do saguão faz companhia aos mascotes de Tencent: dois pinguins de pelúcia gigantes.

A Tencent foi criada para ser, em 2017, a empresa mais valiosa da Ásia e a quinta maior capitalização de mercado do mundo, ultrapassando o Facebook (Meta) como a empresa de mídia social mais valiosa do planeta.[5] Em 2022 a empresa figura como a quinta maior empresa de tecnologia do mundo[6]. Além disso, a Tencent é considerada uma das empresas mais inovadoras do mundo. Um verdadeiro conglomerado, que mantém muitas subsidiárias com serviços que vão de telecomunicações a serviços baseados na internet, incluindo mídia social, música, portais da web (QQ.com), sistemas de pagamentos, serviços de bate-papo (WeChat), jogos móveis e multiplayer online. Em resumo, poderíamos dizer que a Tencent é como o Facebook (Meta) e que o WeChat é o WhatsApp chinês. A Tencent tornou-se também uma das maiores empresas de investimentos do mundo, com um grande portfólio em tecnologia.

A empresa passou de uma desenvolvedora de software de comunicação para uma grande organização com muitos tentáculos, tudo isso em menos de 19 anos de existência. O primeiro produto, OICQ, foi lançado em 1999 e logo renomeado para QQ, evoluindo para o modelo de negócios "pago por uso", lançando jogos online em 2004 e, a partir de 2005, incluindo celulares e licenciamento. Os jogos logo se tornaram um dos pilares de grande crescimento e, em 2011, a Tencent adquiriu participação majoritária na Riot Games, criadora do mundialmente famoso MMORPG *League of Legends*. O caminho para a indústria de jogos começou a prosperar e a empresa passou a investir em desenvolvedores de outros jogos, como Epic Games e Activision Blizzard. Ao combinar uma presença online de distribuição de jogos massiva, forte impulso de inovação no consumo de jogos móveis (o jogo *King of Glory*) e adentrar em esportes, a Tencent encontrou nos jogos e nos esportes eletrônicos um amplo caminho a percorrer.

Em 2017, a empresa investiu em ações minoritárias do mecanismo de busca chinês Sogou.com, e em outros investimentos, envolvendo logística, *e-commerce*, tecnologia de loteria, compras móveis e distribuição de conteúdo, como HBO e NBA. Em 2015, o WeBank foi lançado para ser o primeiro banco exclusivamente online da China. Os investimentos em jogos continuaram, por meio da compra de participações de diversos tamanhos em empresas, como Robot Entertainment, Glu Mobile, Pocket Gem, Frontier Developments e Supercell (relacionada à categoria). A caminho para ser um conglomerado de alta tecnologia, a Tencent investiu em tecnologias de carros totalmente elétricos e autônomos, incluindo uma participação minoritária na Tesla de Elon Musk.

O WeGame, uma solução de jogos totalmente integrada, foi lançada em abril de 2017, sendo uma plataforma para jogar, fazer compras de conteúdo, serviços, *streaming* ao vivo e envolvimento da comunidade. Surgiu como um grande concorrente do Steam. Depois, o voo foi ainda

Inovação Como Estratégia

maior, já que a empresa projetou o lançamento completo do complexo temático de *e-sports*, capaz de hospedar torneios e focado no desenvolvimento de jogos. Percebendo a cultura pop e a geração do milênio como um mercado altamente atraente, a empresa também está se expandindo para quadrinhos digitais nos Estados Unidos e comprou uma participação de 12% no Snapchat, incluindo planos de usá-lo como plataforma de jogos.

A Tencent mostrou uma capacidade incrível para se adaptar muito rapidamente, ao se tornar a maior receita de jogos online do mundo, enquanto gerava enormes lucros, tornando-se uma líder chinesa impressionante no espaço de tecnologia. A empresa é uma referência da ascensão da China em avanços tecnológicos e planeja se expandir rapidamente para todo o mundo. A Tencent faz parte do crescimento de Shenzhen, uma grande cidade, com mais de dez milhões de habitantes, que foi uma vila de pescadores até 1979.

A China é, de fato, um dos 25 países mais inovadores, de acordo com o INSEAD e a Organização Mundial de Propriedade Intelectual. É um país que oferece inovação consistente e em alta escala, elevando-se a um padrão global de todos os tipos de inovação, incluindo drones, inteligência artificial e engenharia genética. A China está reinventando o significado da inovação em muitos setores. De acordo com Sun Baohong, da Cheung Kong Graduate School of Business: "as empresas chinesas são muito mais inovadoras (do que as norte-americanas) na integração de mídia social, jogos e comércio eletrônico para criar uma experiência incrível para o usuário".[7] Costumávamos nos referir às empresas chinesas como versões clonadas de empresas norte-americanas, mas isso não é mais verdade. À medida que o país se tornou altamente competitivo, as empresas de tecnologia chinesas tiveram que buscar inovação para se tornarem relevantes, sendo que o espaço digital foi capaz de capturar uma grande parte do espírito empreendedor.

A Tencent tem como objetivo ser um provedor global de experiência de ponta a ponta totalmente integrado, e dar os passos certos na dire-

Aprenda com as FALHAS

ção dos Estados Unidos é uma parte natural de sua estratégia. WeChat é uma versão em inglês do Weixin e reuniu mais de 100 milhões de usuários fora da China, tornando-se também o segundo aplicativo mais baixado na Índia em 2013. Nos Estados Unidos, a empresa investe em *startups* de compras, que podem ser novas fontes de serviços na China.

Focada em fornecer experiência de entretenimento de ponta a ponta ao cliente, a estratégia da Tencent para inovação está nos usuários, estabelecendo e monetizando produtos de alto padrão e, ao longo dos anos, sendo capaz de definir uma cultura de melhoria contínua, inovação e tomada de risco. Segundo Ma: "... na Tencent, podemos ser empresários, mas ainda perseguimos nossa evolução de TI, nossa ciência. Ainda estamos nos esforçando para criar algo legal, tentando criar coisas que nem poderíamos imaginar sem nossas novas tecnologias. Ainda sou apegado a esse entusiasmo."[8]

O desenvolvimento de produtos na Tencent é baseado em duas equipes de engenheiros, localizadas em Guangzhou (Cantão) e Shenzhen, que competem entre si. Essa abordagem se mostrou correta, pois a empresa foi capaz de se infiltrar em muitos setores de negócios muito rapidamente, como, por exemplo, o armazenamento em nuvem, no qual a empresa criou uma forma de oferecer dez terabytes de armazenamento gratuito para os usuários, enquanto outras empresas, como Dropbox ou Google Drive, oferecem apenas um décimo disso.

Revisando: por ter equipes diferentes para o desenvolvimento de produtos, as quais competem entre si, a Tencent poderia se infiltrar em muitos setores distintos. Jogos, *webchat*, armazenamento em nuvem. Foi interessante ver como a Tencent entrou no mercado dos jogos por meio da experimentação. Os jogos online faziam parte dos serviços desde 2004, com um modelo de licenciamento que evoluiu para a internalização da produção de jogos, por meio de aquisições ou desenvolvimento. Inicialmente, a empresa oferecia jogos casuais, depois passou a importar jogos imersivos de produtores sul-coreanos.[9]

Inovação Como Estratégia

Os jogos provaram ser a experiência certa para a Tencent e, em 2008, a empresa comprou 22,34% da Riot Games e logo evoluiu para dona majoritária das ações. A empresa não parou de investir em produtores de jogos e comprou ações da Epic Gaming e Blizzard, dentre outras. Então, recentemente, pagou quase US$9 bilhões para assumir o controle da Supercell, uma desenvolvedora de jogos para celular finlandesa, que fez *Clash of Clans*, sendo a segunda maior empresa de jogos para celular do mundo.[10] Então, ao lançar seu próprio jogo, *Honor of Kings*, consolidou a estratégia da empresa, sendo responsável por mais de 50% da receita de jogos de smartphones.[11]

Mas não vamos nos enganar aqui. O histórico da Tencent mostra uma empresa com poder para inovar, que experimenta coisas, as quais podem se encaixar na estratégia, e quando esses experimentos funcionam, a empresa se move para isso.

Vejamos agora outro exemplo. Como o Amazon Web Services começou? Em 2003, um dos engenheiros líderes pressionava para mostrar como a infraestrutura em nuvem da Amazon poderia ser ampliada, e não apenas fornecendo suporte interno, mas se tornando uma nova oferta, um novo serviço. As duas pessoas que trabalharam nisso enviaram a ideia para Jeff Bezos, que lhes deu liberdade para prosseguir com o plano. O Amazon Web Services (AWS) foi lançado em 2006. Brandon Butler observa que "(Benjamin) Black lembra Bezos imaginando uma plataforma que daria a qualquer pessoa, como universitários em um dormitório, as ferramentas de que precisariam para abrir uma nova empresa".[12]

O mundo é multidisciplinar e é difícil manter tudo como era antes. A tecnologia torna a combinação e a variação duas ferramentas poderosas. Por outro lado, tentar agarrar o mercado da maneira como as empresas faziam antes não é mais a resposta. A experimentação controlada é a norma. Veja como Green e Zimmer começaram com a Lyft. Foi uma ideia, então, fazer um aplicativo móvel no qual os passageiros pudessem

Aprenda com as **FALHAS**

solicitar um veículo pessoal que, de outra forma, ficaria estacionado o dia inteiro. Foi um experimento controlado que deu certo.

O setor de saúde tem sido um espaço fértil para inovação. Corti, uma *startup* sediada em Copenhague, desenvolveu um recurso de inteligência artificial que, por meio de software de reconhecimento de voz e aprendizado de máquina, analisa palavras e pistas e envia alertas para o suporte de emergência. Quando se trata de um ataque cardíaco, por exemplo, cada minuto conta, portanto, ao acelerar o tempo de reação, a Corti planeja salvar vidas.[13] É uma lacuna na pedra angular do mercado e uma nova solução criada por uma mente empreendedora. A Corti, no entanto, é formada por uma equipe multidisciplinar da NASA, Apple e IBM Watson.

Qual a diferença entre as empresas que buscam a inovação como prioridade e as que buscam preservar o *status quo*? Olhe para a lista das empresas mais valiosas em 2017 e você encontrará Amazon, Alphabet (Google), Alibaba, Tencent, Microsoft, Apple e General Electric. Isso significa que a geração de valor vem da inovação. Se criássemos um sistema de ranking para as empresas mais tolerantes ao risco, acabaríamos com os mesmos nomes.

A ameaça real

Nossa literatura costumava nos ensinar que as maiores ameaças à estratégia de uma empresa vêm de fora, por causa das mudanças na tecnologia ou por concorrentes que chegam em novas ondas. Mas a realidade é que a maior ameaça vem de dentro da própria empresa. Disseram-nos, muitas vezes, que o inimigo é nossa ganância de crescer, nossas visões equivocadas sobre os concorrentes e nossos próprios fracassos. No passado, as empresas costumavam começar coisas novas por completo, e era fácil chegar às conclusões que Zook mencionou, de que crescer fora do negócio central era perigoso.

Como vimos, a vantagem competitiva nos tempos atuais não é mais facilmente alcançável e é difícil desenhar uma estratégia quando os ne-

Inovação Como Estratégia

gócios enfrentam uma ruptura tecnológica. Há muita incerteza, o ambiente externo se move muito rapidamente e fora de nossas portas algo pode estar acontecendo. Algumas das empresas continuam jogando o "jogo da imitação", talvez não correndo riscos suficientes. Outros ainda estão navegando no mar do sucesso e tendem a pensar que são imbatíveis. Não estamos dizendo que as regras antigas não sejam mais válidas. Estamos reforçando que essas regras não são mais suficientes. Como observou Tushman: "as empresas mais bem-sucedidas são adeptas de refinarem suas ofertas atuais, mas vacilam quando se trata de serem pioneiras em produtos e serviços radicalmente novos".[14]

Atualmente, as empresas estão aprendendo que a nova estratégia vem da experimentação controlada e que é mais perigoso não tentar. O fracasso é a pedra fundamental para *startups*, tanto quanto o mantra "falhe rápido, falhe frequentemente". As empresas precisam perceber que a falha controlada é a chave para a sobrevivência. Aqueles que são verdadeiros defensores da inovação têm algumas características em comum:

- Os limites entre o negócio central e os produtos inovadores são confusos. A Amazon agora tem grandes receitas provenientes da AWS, a Tencent tem mais de 50% das receitas da divisão de smartphones com base em jogos móveis.

- As empresas nunca param de tentar. Como Bezos reforçou na carta aos acionistas, e mesmo que ele já não esteja diretamente no comando da empresa, a Amazon continuará incentivando a experimentação de novos modelos de negócios, pois essa é a chave para o crescimento da empresa.

- Ouvimos sobre sucessos e fracassos. Mas as empresas valorizam muito o fracasso, reconhecem o fracasso como a base do sucesso e não têm medo de dizer às pessoas "vá e tente (de novo)".

- Elas têm funcionários altamente engajados. Quase consequentemente, as pessoas vêm e ficam. Se você permitir que elas falhem, elas virão e o ajudarão a ser maior.

No passado, o planejamento estratégico costumava nos dar o mapa que deveríamos implementar dentro dos limites da empresa e transformar em execução. Quando inovação é mais do que uma palavra da moda, mas também a nova fonte de vantagem, a capacidade de transformar ideias em produtos minimamente viáveis, testar e gerar aprendizagem validada é a resposta verdadeira. Podemos, de fato, presumir que as empresas podem ter sucesso em lucrar com o presente e projetar o futuro.

Como a Intel está se mantendo no jogo

A multidão torcia em uma arena completamente lotada, em Katowice, Polônia. O palco era uma obra-prima em termos de tecnologia e iluminação, e incluía efeitos especiais capazes de gerar muitos momentos "uau" na plateia. Os dois times entraram na arena sob aplausos e muito barulho. De um lado, estava o NAVI, um time ucraniano de *CS:GO*, e do outro, um novo time, formado por jogadores brasileiros que estreava em um palco grande pela primeira vez. Os fãs estavam animados para ver o NAVI obter outra vitória esmagadora. Então o jogo começou e os azarões venceram um mapa após o outro. Em *Counter Strike*, ou *CS:GO*, cada *"quarter"* é baseado em um mapa, no qual um time foca em derrotar o outro.

O início da partida surpreendeu a plateia completamente, pois ninguém poderia imaginar que um azarão derrotaria o time favorito, mas estava acontecendo. O segundo mapa foi diferente e o NAVI se recuperou, empatando o jogo. Então, no terceiro e último mapa, os azarões começaram ganhando outra vez, abrindo uma vantagem de 8 a 1. Naquele momento, toda a arena na Polônia começou a torcer pelo time azarão. O repórter que cobria ao vivo no meio da multidão começou a perguntar por que as pessoas estavam mudando seu apoio do time favorito para o azarão. A resposta foi baseada na essência dos esportes eletrônicos. As pessoas começaram a apoiar o azarão porque queriam que ele tivesse sucesso, queriam que a equipe fizesse história. Isso é uma coisa admirável

Inovação Como Estratégia

nos *e-sports*: a plateia é fanática pelo jogo e se anima ao ver os desempenhos dos jogadores. Às vezes, não importa o time.

E-sports são, basicamente, os esportes dos millennials. As plateias agora são arenas lotadas por todo o mundo para ver seus semelhantes jogando. E, apesar de o jogo não ser novo, agora é massivo. Alguns de nós ficamos confusos quanto ao futuro das companhias de internet quando vimos a grande crise do meio dos anos 2000. Quando a AOL anunciou a fusão com a Time Warner, todos nos juntamos à multidão que gritava: "Os bits e bytes não vão sobreviver sem tijolos e argamassa". No entanto, a internet provou-se mais resistente que o esperado.

Em abril de 2006, ao discursar para uma plateia em uma empresa privada, o Dr. Jacques Bughin, diretor da McKinsey & Company na Bélgica, trouxe algumas ideias interessantes, baseadas em previsões de alto nível sobre a nova curva S, para serviços de conteúdo na era digital:

- Plataforma de audiência: a ascensão da banda larga estava criando a nova curva S de penetração da internet;
- Consumo na internet: os usuários começaram a pagar por serviços, enquanto a web se desenvolvia rapidamente em termos de comunidades sociais, busca e entretenimento;
- Com relação aos acessos, uma disputa de vários provedores criava uma lenta convergência para comunicação móvel e fixa, além de entretenimento, levando a um novo modelo de monetização.

Em resumo, foi isso: uma internet que se torna a plataforma social para interações, criando um universo com grande conectividade, ligações sociais, contribuições ativas, comunicação, comércio e entretenimento. Depois, os pioneiros de esportes eletrônicos decidiram seguir essa tendência, e um novo modelo de entretenimento esportivo foi criado.

Em 2015, aproximadamente 1,3 milhão de pessoas assistiram ao *streaming* ao vivo do Super Bowl, quase três vezes o número de pessoas que atendeu ao mesmo evento em 2012. Em março de 2017, em Katowice, na Polônia, o IEM (Intel Extreme Masters) reuniu uma multidão de 173.000 fãs de *e-sports*, que tomaram a cidade para assistir às finais do maior torneio da categoria do mundo, chegando a mais de 46 milhões de espectadores online, ou seja, 35% a mais que no ano anterior. A quantia é maior que o número de pessoas que assistiram ao final das séries de TV *Breaking Bad*, *24 horas* e *Família Soprano* juntos. E, no mesmo ano, a final da NBA foi assistida por 31 milhões de pessoas. Alguma dúvida de que os *e-sports* se tornaram uma força revolucionária?

O crescimento esperado desse setor, de acordo com Goldman Sachs, é, em média, de 22% ao ano, e o mercado prevê um crescimento acelerado, atingindo globalmente um valor de US$2,8 bilhões até 2028, com um CAGR de 14,50%[15]. As marcas também passaram a reconhecer a capacidade dos *e-sports* de engajar as audiências mais jovens, conforme demonstrado por uma análise recente da *Business Intelligence*, que mostrou que se esperava que esse segmento, em 2019, atraísse US$800 milhões em investimentos de marca, tanto em propaganda quanto em patrocínio.

Esportes eletrônicos surgiram em uma geração digitalmente conectada. Foi quando muitos de nós estávamos vendo o crescimento da banda larga como uma oportunidade de fazer manobras digitais de nossos produtos e serviços atuais. Essa banda larga trouxe uma série de produtos e serviços que apenas algumas empresas, como Netflix, Amazon, Riot Games ou a Valve, atingiram.

Frequentemente, referimo-nos aos millennials como nativos digitais, que não entendem como era a vida sem wi-fi, Google ou smartphones. As referências do que é local simplesmente não existem para aqueles nascidos na era pós-digital, e os *e-sports* capturaram esse princípio, por serem uma atividade que as pessoas praticam sem limites ou fronteiras, pois podem jogar de onde estão a qualquer hora e em qualquer lugar. Os dispositivos são extensões naturais: os jogadores e computadores ou smartphones têm relevância similar e um não pode existir sem o outro. Não se trata de um adicional, mas de parte deles. *Gamers* não são

Inovação Como Estratégia

indivíduos isolados, como muitos podem imaginar. Na verdade, são extremamente conectados e interativos, e formam uma demografia interessante, em média de 31 anos de idade, que pode englobar tanto nativos digitais da geração Z quanto millennials.

O consultor de inovação tecnológica, Salim Ismail, nota que "hoje, a internet está produzindo comunidades baseadas em traços que dividem intenção, crença, recursos, preferências, necessidades, riscos e outras características, nenhuma das quais depende de proximidade física."[16] O que forma uma comunidade? Paixão e propósito, duas palavras que definem o mundo dos *e-sports*. Ser parte de uma partida logo de início é uma faceta dos desenvolvedores de *e-sports*, então parece que a comunidade pode opinar no desenvolvimento do produto. Criadores de jogos aproximam-se dos ecossistemas de *e-sports* de vários modos, mas uma das empresas mais bem-sucedidas nesse setor é a Valve, que está baseada perto de Seattle, que não tem hierarquia formal. Os trabalhadores votam quais projetos são vantajosos e trocam de mesas quando estão prontos para novas tarefas. Além de tudo isso, todo funcionário tem liberdade criativa, sem ser punido quando as coisas não dão certo. Resultado: a Valve alcançou o valor de capital de US$2,5 bilhões em 2012 e US$10 bilhões em 2019.

De algum modo, os *e-sports* derrubam a barreira entre conteúdo e público. O engajamento é massivo porque os fãs querem evoluir e receber reconhecimento dentro da comunidade, então uma competição de *e-sports* imediatamente se torna uma experiência de aprendizado. Em 2006, Chris Anderson escreveu *A Cauda Longa*, nos ajudando a entender algumas mudanças substanciais no mercado, especialmente a mudança do consumismo para um "producerismo" participativo. A Apple tornou-se um grande exemplo desse elemento de produção, dando a seus consumidores ferramentas que os tornam produtores, transformando radicalmente o mercado e a economia. O número total de aplicativos móveis no planeta chegou a 8,93 milhões, de acordo com um novo relatório da RiskIQ[17]. Por que isso é importante? Conforme Chris Anderson escreveu, "quando profissionais — editores, acadêmicos, jornalistas — estão dando as ordens, pelo menos sabemos que é função de alguém ficar de olho em coisas como precisão. Mas, agora, estamos dependendo, cada vez mais, de sistemas em que ninguém está no comando; a inteligência é simplesmente "emergente", o que quer dizer que ela aparenta emergir espontaneamente dos cálculos". Quando um novo ecossistema nasce, ele vem com seu próprio conjunto de regras de engajamento.

E um dos grandes vencedores dessa nova corrida é a Intel. A empresa é dona dos direitos de nome do maior torneio de *e-sports* (Intel Extreme Masters) e os usa como oportunidade de demonstrar suas inovações e soluções para *gamers* em um cenário relevante e autêntico. Uma das principais razões pelas quais as pessoas compram um computador com processadores poderosos é para *games*. A Intel foi empurrada para o mercado de jogos, especialmente, porque seu maior competidor, AMD, recebeu ações do mercado, por ser considerada uma empresa de processadores para *gamers*, e logo foi reconhecida como uma ameaça à posição dominante da Intel.

Mas a história de inovações da Intel não é recente, pois a companhia é altamente reconhecida como portadora de anti-inércia. Andy Grove costumava dizer que "há ao menos um ponto na história de qualquer empresa em que você tem que mudar dramaticamente para aumentar o nível de desempenho. Se perder o momento, você começa a decair".[18] A inovação sempre foi prioridade para a Intel, desde meados dos anos 1960, quando a Fast Company relatou que o cofundador, Gordon Moore, disse que era possível dobrar o poder de computação a cada 18 meses[19], previsão que depois tornou-se a "Lei Moore". Esse valor é perpetrado na cultura de uma empresa, conforme disse o CEO Brian Krzanich para a CNBC, em 2015: "Este é um dos meus grandes objetivos, mostrar às pessoas que somos um motor de inovação e que a inovação vai gerar crescimento. Tivemos que retomar e realmente fazê-la mover-se mais rápido".[20]

Inovação Como Estratégia

A Intel nunca para de olhar adiante. Quando a empresa estava recebendo lucros do processador 286, a criação do 386 já estava em andamento, e a história se repetiu com o 486 e todos os novos e poderosos processadores criados pela empresa. Ficar no topo nunca foi o bastante. Ficar permanentemente no topo era o verdadeiro desafio para a Intel. Como George Anders afirmou: "muito antes de projetos como o chip TeraHertz alcançarem seu crucial momento 'Eureca!' nas salas limpas, a Intel já fazia quatro coisas: definia o desafio crucial corretamente, colocava as pessoas certas para trabalhar o problema, derrubava as barreiras entre pesquisa e desenvolvimento e fabricação e dava aos pesquisadores a mistura certa de autonomia e direcionamento".[21]

A ambição de ser a escolha permanente do consumidor levou a Intel para a indústria de jogos, notadamente, de *e-sports*, que está alinhada com os pilares estratégicos da empresa: nuvem e *data center*, Internet das Coisas, memória e soluções programáveis. A empresa tem sido membro da comunidade de *e-sports* há mais de quinze anos, dando nome à "Copa do Mundo de *e-sports*": a Intel Extreme Masters tornou-se o maior evento de *e-sports* do mundo. Organizado na cidade de Katowice, no sul da Polônia, o IEM 2017 recebeu um público de 173 mil pessoas. Mas não se trata apenas de patrocínio, a Intel é responsável pela tecnologia para jogadores, o que representa um posicionamento corajoso para a comunidade.

E para ilustrar como buscar a experimentação como chave para a inovação, Lee Machen, diretor de relações de desenvolvimento na Intel, diz: "Quando começamos com *e-sports*, ninguém sabia que isso cresceria até tornar-se o que se tornou hoje, rivalizando com a audiência de esportes tradicionais."[22] Na verdade, relatórios de 2016 da Newzoo mostram que, na América do Norte, fãs entre 21 e 35 anos já têm *e-sports* como o terceiro mais assistido, rivalizando com futebol americano (1°) e basquete (2°). Newzoo mostra que *e-sports*, para esse grupo, serão maiores que o basquete e hóquei no gelo.[23] Essa parece ser uma realidade ainda mais premente para a geração Z. Segundo dados da Immersive.io, apenas metade (47%) dos "Gen Zers" se identificam como

Aprenda com as FALHAS

fãs de esportes, trazendo um desafio enorme para marcas que usam esse setor para criar engajamento[24]. Já os esportes crescem cada vez mais em popularidade na geração Z[25].

Uma vez que a Intel experimentou como a tecnologia é importante para os *e-sports*, a companhia decidiu ir atrás dos esportes tradicionais, e planeja incorporar mais tecnologia para criar novas experiências de consumo para seu público. A Intel vê algum tipo de lacuna experimental e começou a desenvolver soluções em realidade virtual para esportes ao vivo, buscando criar contextos nos quais podem colocar as pessoas virtualmente dentro das arenas. No início de 2017, a empresa anunciou uma parceria com a Major League Baseball, para começar um *streaming* ao vivo em VR, no qual os fãs podem usar o aplicativo True VR da Intel, no *headset gear* VR da Samsung, para assistir a jogos, escolhendo múltiplos ângulos de câmera.[26]

A Intel está olhando ao longe e permitindo que novas coisas surjam de seu interior. Investimentos em tecnologias autoconduzidas também são parte de como a empresa vê o futuro. Teve início com uma parceria com a BMW, e depois de adquirir a Mobileye, também se uniu à Fiat Chrysler para desenvolver novas plataformas para automóveis. A Intel planeja desenvolver o padrão de mobilidade, incluindo software, troca de dados e interfaces de usuário.[27] Esse é outro exemplo da importância de se atirar à experimentação. O acordo com a Mobileye começou como uma parceria, mas a Intel viu um nível tão grande de complementaridade que acabou adquirindo a *startup*. Conforme noticiado pela TechCrunch, a Intel pagou US$15,3 bilhões pela Mobileye e mudou sua unidade automotiva para Israel.[28] Essa aquisição trouxe grande conhecimento para a Intel, ou, como mencionou Ziv Aviram, cofundador da Mobileye: "Ao unir nossas infraestruturas e nossos recursos, podemos aprimorar e acelerar nosso conhecimento combinado nas áreas de mapeamento, direção virtual, simuladores, cadeias de ferramentas de desenvolvimento, hardware, *data centers* e plataformas de computadores de alto desempenho. Juntos, forneceremos uma proposta de valor atraente para a indústria automotiva.[29]

Inovação Como Estratégia

A Intel é referência em inovação, mas, para entender como esta funciona para a empresa, precisamos ver como cultura, estrutura e estratégia trabalham juntas. Desde sua origem, a Intel estabeleceu um compromisso com a inovação. Dentre os valores da empresa, podemos encontrar "tomadora de riscos", que é traduzido da seguinte forma: "Assumir riscos é reconhecer que alguns fracassos são inevitáveis. Alguns experimentos vão gerar resultados favoráveis, enquanto outros levarão à decepção. Mas mesmo as decepções podem ser transformadas em ganhos. Nós nos esforçamos para englobar uma mentalidade de crescimento em tudo o que fazemos, favorecemos a inovação e o pensamento criativo, abraçamos a mudança e desafiamos o *status quo*, escutamos todas as ideias e os pontos de vista, aprendemos com nossos sucessos e erros e encorajamos e recompensamos a tomada de risco informada."[30]A Intel mantém suas estruturas ambidestras e cria separações para novos riscos. Mantendo as pessoas focadas no negócio central e deixando as divisões livres para irem atrás de inovação e disrupção, a Intel quer se manter no longo prazo. Foi assim desde sua origem. E, rapidamente absorvendo inovação dentro da estratégia, a empresa pode se mover mais rápido que a concorrência.

Outra empresa também está apostando nos *e-sports* para criar uma nova fonte de renda, Cineplex, um conglomerado canadense que controla 162 cinemas no Canadá. Em 2015, a empresa anunciou a aquisição de uma plataforma de jogos, a World Gaming, como forma de exibir torneios de *e-sports* em suas telas.[31] O Cineplex transformou alguns de seus cinemas em locais "ligar-e-usar", que se tornaram conversíveis para receber eventos e torneios de *e-sports*. O entretenimento está se direcionando para um conjunto complexo de coisas mescladas à tecnologia, e o Cineplex tenta acompanhar o passo da nova geração ao não ser apenas um local de "filmes", mas também de jogos. Ainda é cedo para compreender se esse se tornará um grande canal de receitas ou um produto complementar, mas o Cineplex tomou a decisão de experimentar.

Aprenda com as FALHAS

Mantenha os dedos no pulso, o que não é fácil

Agora que você leu essa longa explicação sobre esportes eletrônicos, temos algumas questões simples. Quando você percebeu que isso era algo a se prestar atenção? Sua empresa é ou poderia estar de algum modo relacionada a esse universo? A realidade é que esse fenômeno ficou oculto por muito tempo, e poucas empresas foram capazes de capturá-lo desde o início. Agora vemos todos os tipos de empresa de setores completamente não relacionados entrando na festa. Algumas ainda encontrarão um lugar na competição, mas muitas empresas estão chegando tarde demais.

E isso é o que faz da Intel um perfeito exemplo de uma cultura de inovação, uma estrutura ambidestra e uma estratégia transformadora. Seu radar percebeu a chegada dos *e-sports* muito antes de várias outras, e então a Intel desenhou sua estrutura para perseguir o assunto e o abraçou completamente em seu núcleo de negócios.

Talvez a maior contribuição do verdadeiro empreendedorismo interno seja aumentar o número de dedos a contar a imensa quantidade de pulsações. Os dois lados da mesma equação, gigantes da tecnologia e *startups* de tecnologia estão provando que, mais do que nunca, os limites vão sendo borrados, então nunca sabemos de onde a nova tendência está vindo. Não estou dizendo que as empresas deveriam ir loucamente atrás de tudo, criando tal nível de caos que não se chegaria a lugar nenhum. O que quero dizer é que as empresas precisam se esforçar mais para criar antídotos contra dois grandes inimigos: miopia em marketing e o dilema da inovação.

A primeira parte é evitar a miopia em marketing, mantendo o foco nas necessidades transformativas das pessoas e modos abrangentes de atendê-las. A segunda parte é garantir que temos empreendedorismo interno verdadeiro, depois experimentação em pequenas apostas, até encontrarmos algo. Isso não é perseguir tudo loucamente, mas criar a capacidade de cobrir mais áreas.

Uma vez que o mercado flutua entre momentos de mudanças incrementais, pontuados por descobertas, o papel-chave para a liderança de uma empresa é manter vivos ambos os lados. Ao mesmo tempo que o líder alinha a empresa em termos de estrutura, estratégia e processos relacionados aos mercados, aos clientes e às capacidades atuais, o trabalho dele ou dela é preparar a empresa para a descontinuidade. Melhor ainda, criar descontinuidade. E, conforme o professor Phanish Puranam, do INSEAD, afirma: "Para líderes de firmas de vários negócios, as melhores decisões não são necessariamente aquelas que produzem os melhores resultados imediatos."[32]

É assim que empresas modernas deveriam se encarar, como culturas de inovação, estruturas de inovação e inovação como estratégia. Mas tudo começa com a criação da capacidade de criar exploração controlada e experimentação. E tudo se inicia com o aprender a fracassar.

Pontos importantes:

- Manter uma estratégia deliberada não é mais a única solução. Empresas precisam aprender a desenvolver estratégias emergentes como obrigação.
- A tecnologia borrou os limites do negócio central. Deveríamos manter opções abertas para evitar miopia em marketing.
- Experimentação bem-sucedida precisa ser integrada na estratégia da empresa e, potencialmente, aumentar o negócio central.
- Posições de liderança estão mais difíceis do que nunca. Líderes são encarregados de garantir que a empresa possa executar sua estratégia com sucesso e, ao mesmo tempo, criar capacidade de descontinuidade.

Capítulo **10**

Começar do Fracasso

Nunca desperdice um bom fracasso

> *Apesar do popular reconhecimento que tempos desafiadores impõem demandas em pessoas e negócios, ainda encontro muitos gerentes que prefeririam evitar a conclusão lógica que surge daqui: o fracasso é muito mais comum em ambientes altamente incertos que em situações mais bem entendidas. Em vez de aprender com os fracassos, muitos executivos tentam mantê-los escondidos ou fingem que eram parte de um plano e nada mais. A esses executivos, deixe-me dizer que um recurso empresarial extraordinariamente valioso estará sendo desperdiçado se o aprender com os fracassos for inibido.[1]*
>
> RITA MCGRATH

Como vimos, para construir sistemas prontos para falhar, precisamos ajustar aspectos culturais que podem criar ou destruir a capacidade de inovar de uma empresa. Desenvolver a cultura e criar a estrutura para empreendedorismo interno é a possível resposta

Aprenda com as **FALHAS**

certa para preparar nossas empresas. Como vemos, o desafio é passar o empreendedorismo de um mito ou uma retórica para algo tangível.

Há muitas fontes de inspirações e conhecimento sobre como criar inovação. O Business Model Canvas, criado por Alexander Osterwalder e o *Design Thinking*, baseado nas descobertas de Herbert Simon, são duas delas. Essas ferramentas podem, realmente, acelerar a geração de ideias e ajudar a construir o mercado interno de que as empresas precisam. Mas, sem preparação, o Business Model Canvas e o *Design Thinking* não serão nada mais que um bom exercício.

Se houve problemas com planejamento estratégico no passado, as coisas podem seguir diferentes do esperado. A empresa cria uma sessão de três dias com gerentes, diretores, executivos e, no fim, geralmente, podemos encontrar um mercado de ideias incrível. Mas apenas algumas empresas perseveram e transformam descobertas em modelos de negócios significantes. Coincidência ou não, geralmente essas empresas são aquelas com cultura de correr riscos calculados, lideranças tolerantes a fracasso e estruturas internas que protegem ideias inovadoras de anticorpos culturais. Podemos usar metodologias diferentes para nutrir a inovação, contudo uma cultura de empreendedorismo deveria vir em primeiro lugar.

O desenvolvimento de empreendedorismo interno precisa começar com questões simples:

- Quão bem preparada está sua empresa para iniciar novas coisas e fracassar na maioria delas?
- Como você espera tratar aqueles que fracassam? Vai despedi-los, excluí-los?
- Como você vai fazer a cultura de sua empresa tornar o fracasso aceitável?
- Como você vai erradicar vieses que matam ideias e levar os *brainstorms* internos a sério?
- Como você planeja criar o espaço certo para nutrir ideias criativas?

Se você, como líder, tem respostas positivas para essas cinco perguntas simples, possivelmente está no caminho certo. Mas esse é apenas o começo. Muitos outros elementos precisam estar no lugar, e esse é o assunto deste último capítulo. Como podemos ver em exemplos de empresas de variados tamanhos e setores do mercado, desenvolver proficiência em inovação foi a chave para o sucesso.

A orientação para inovação sempre foi um dos fundamentos da 3M, que foi reconhecida mundialmente como uma empresa que foi capaz de se autotransformar por dentro, baseada em indivíduos que expressaram seus pensamentos e experimentaram coisas novas. Como Jim Collins escreve em seu livro *Feitas para durar*, esse é o modo pelo qual a liderança da 3M costumava ver os valores fundamentais por trás do propósito de inovação da empresa: "Escute qualquer um que pode vir com uma ideia original, não importando quão absurda ela pareça no início. Encoraje, não critique. Deixe as pessoas seguirem com a ideia. Contrate boas pessoas e deixe-as em paz. Se colocar cercas ao redor das pessoas, você ficará com ovelhas. Dê o espaço de que as pessoas precisam. Encoraje rascunhos experimentais. Tente — e rápido!"[2] Para a 3M, a inovação não é uma história única, mas é um processo e uma estratégia, e conta com um portfólio de quase 60.000 produtos, incluindo os famosos Post-It, Scotch-Brite, bandagens ACE e muitos outros produtos médicos e industriais inovadores[3].

Olhe de novo! No núcleo de sua proficiência em inovação, a 3M costumava confiar na experimentação para encontrar novos produtos e mercados. A liderança da empresa acreditava que alimentar iniciativa individual geraria crescimento e evolução. Mas a cultura da empresa também estava alinhada com o princípio da falha: "Erros serão cometidos, mas... os erros que ele ou ela comete não são tão sérios em longo prazo quanto os erros que a gerência cometerá se for ditadora e tentar dizer àqueles sob sua autoridade exatamente como devem fazer seu trabalho. Gerências que são destrutivamente críticas quando se cometem erros matam a iniciativa e é essencial que tenhamos muitas pessoas com iniciativa, se quisermos continuar crescendo".[4]

O que faz a 3M bem-sucedida em inovar é não aceitar a inércia e a complacência. E essas forças negativas são poderosas. Nós crescemos, temos sucesso, criamos burocracia. Quando encontramos um lugar para ter sucesso, não queremos mudar nosso *status quo*. Mas a realização duradoura vem de modo oposto, alimentando a iniciativa, experimentação e reforçando aspectos culturais que permitem que a inovação se estabeleça. Não só *startups* podem reinventar ecossistemas, empresas bem estabelecidas também podem, quando permitem que fontes internas encontrem locais para inovação disruptiva ou descobertas. Mas, novamente, é preciso uma liderança que entenda isso para fazer acontecer.

Como a Adobe inova? Parte das transformações culturais da empresa foi baseada nas pessoas serem capazes de trabalhar em projetos sem a aprovação de ninguém. Como Hailin Jin, da Adobe, mencionou: "Antes, você tinha que conseguir aprovação de seu chefe, o time de produtos e outros departamentos. Agora, as pessoas trabalham em projetos sem aprovação de ninguém".[5] A Adobe foi capaz de abraçar uma grande mudança cultural ao recompensar quem assume riscos. E, como o povo nos corredores diz agora, esse foi o elemento fundamental que mudou o modo pelo qual as pessoas pensam.

Veja a Valve, a gigante dos *e-sports*, que dá às pessoas a liberdade para trabalhar em seus próprios projetos, trazê-los à equipe quando acharem necessário e focar seu tempo em coisas que acreditam que terão sucesso. A Valve, de modo oposto da maioria das empresas, foca em pessoal caro, porque enxerga que qualquer um pode ser um líder. Como resultado, algo que poderia soar caótico é, na verdade, o que faz da Valve uma empresa bilionária, com lucratividade por funcionário maior que outras gigantes da tecnologia, como o Google e a Apple.

E não vamos nos enviesar pelo sentimento de que isso acontece só porque a Adobe e a Valve são empresas de tecnologia. Pensemos numa gigante de bens de consumo, a Johnson & Johnson. A história da empresa mostra como um ambiente descentralizado e a ação de nutrir as iniciativas individuais ao permitir as experimentações foram parte da cultura por muito tempo. A Johnson & Johnson permite que a experimentação ocorra e fica de olho nos critérios de seleção. Empresas como 3M, Adobe, Valve, Johnson & Johnson e GE são boas referências para responder às questões do início deste capítulo: entender de forma perspicaz que liberdade de iniciativa para experimentação, tolerância ao fracasso, sistemas de direito para contratar e compensar as pessoas que se alinham com a visão da empresa, criação de ideias de mercado, experimentação, geração e validação de aprendizado são algumas das respostas.

Criando fracassos inteligentes

Quando sua experimentação é apoiada pela cultura certa e arranjos estruturais, você pode criar fracassos inteligentes, aqueles que criam a curva de validação do aprendizado. Como o pesquisador de comportamento organizacional, Sim B. Sitkin escreveu: "o senso comum sugere que o fracasso é algo a ser evitado. Afinal, o fracasso pode estigmatizar: a mancha de um fracasso pode prejudicar mesmo a carreira mais estelar ou o histórico organizacional mais sucedido".[6] A chave, segundo Sitkin, é focar o esforço para provocar fracassos inteligentes. Nossa atitude de evitar o fracasso é baseada em como odiamos ou nos sentimos inseguros sobre fracassar. Nós não ficamos envergonhados em ambientes competitivos de negócios: podemos perder nossos empregos, nossas promoções ou nossa autoestima, o que nos colocará fora de qualquer tipo de competição.

Fracassos inteligentes são baseados em planejamento cuidadoso, de modo que podemos ligar os resultados a cada parte do processo. As outras características são que resultados não podem ser identificados antes de o experimento ser concluído, o tamanho é controlável de modo a não prejudicar toda a empresa (ambidestro), elas encaram viradas rápidas de modo que resultados podem ser rastreados; e conclusões podem servir para validar aprendizados em outras partes da organização.

Assumir riscos está no núcleo da inovação, e significa que uma parte significativa das tentativas não vai funcionar. Mas muitas empresas ain-

Aprenda com as FALHAS

da preferem aprender tentando evitar falhas. Então como elas pretendem criar condições para se adaptar sem disposição para procurar? O maior benefício do fracasso, afinal, é criar resiliência interna.

A capacidade de gerar nossos próprios fracassos é o que desenvolve nossa resiliência, ao nos ensinar como nos atentar mais a padrões, como aumentar a busca, desenvolver tolerância a riscos e fornecer motivações a se adaptar a ambientes rápidos. E, o mais importante, a experimentação deve ser realizada a nível sistêmico, não em uma base individual. Com a legitimação da experimentação e do fracasso, uma empresa pode realmente criar aprendizado validado.

Gerando aprendizado validado

Aqui, um pouco da experiência pessoal do coautor Juliano:

> Eu tenho várias histórias sobre meus fracassos pessoais, já que passei boa parte da minha carreira trabalhando em divisões organizacionais responsáveis por criar fora do negócio central. Neste caso específico, nosso plano para a empresa era gerar um portfólio de ativos. Basicamente, o sonho era construir uma sequência de projetos baseados em três elementos: oportunidade de mercado, maioria do controle e potencial de crescimento. Então, começamos a escanear o mercado, focando em tentar identificar lacunas e criar produtos para supri-las. Não era novo, pois já havíamos feito isso em outros mercados com resultados confiáveis. Em toda indústria, como a literatura nos ensina, deveríamos ser capazes de encontrar novos produtos para o mesmo mercado, novos mercados para os mesmos produtos ou uma mistura dos dois.

> Então vimos uma janela de oportunidade, baseada num projeto que identificamos em outro país, e que pensamos que seria facilmente implementado nesse mercado específico. Passamos cinco meses refinando o projeto, focando nos detalhes, desenhando os resultados, criando hipóteses incríveis e um monte de certezas sobre como esse projeto teria sucesso. Em resumo, nosso projeto falhou, pois nos faltou mudar de certezas para hipóteses, e começar por um MVP (do

inglês *Minimum Viable Product*). O que fizemos foi tornar esse experimento num aprendizado real e recheado de dados. Isso fez com que todos os produtos que vieram em seguida usassem esse aprendizado para evitar os mesmos erros, e todos foram bem-sucedidos.

Nós vemos esse tipo de situação acontecendo tanto em *startups* quanto em empresas bem estabelecidas. Mas, na maior parte do tempo, quando fracassamos, queremos contratar e esquecer um capítulo tão ruim. Porém, o fracasso é a forma mais notável de aprendizado, se você fizer dele um aprendizado válido. Não importa quão grandes são os seus experimentos, você precisa rastrear cada elemento para garantir que os resultados se tornem dados valiosos para o futuro. Precisamos testar nossas suposições, e o melhor modo de fazer isso é pela experimentação. Aí então você pode medir resultados e selecionar o próximo curso de ação. De acordo com o manifesto do então Facebook (no arquivo S-1), o fundador Mark Zuckerberg disse: "Tentar construir os melhores serviços em longo prazo ao rapidamente liberar e aprender de interações menores, em vez de tentar conseguir tudo de uma vez... temos as palavras 'feito é melhor que perfeito' pintadas em nossa parede para nos lembrar de sempre continuar inovando".

Esse é o papel do aprendizado validado. E há uma diferença significante entre aprendizado e aprendizado validado. Aprendizado validado requer que você observe e analise resultados como um cientista. É preciso tentar encontrar relações entre causa e efeito, se quer criar mudanças reais. Você, como líder, precisa perguntar sobre aprendizado e não sobre fracasso.

Aprendizagem organizacional (validada)

O consultor de gerenciamento Peter Senge apresentou o conceito de Aprendizagem Organizacional, em 1990, sustentando que "organizações nas quais as pessoas continuamente expandem sua capacidade de criar os resultados que realmente desejam, nas quais padrões de pensa-

Aprenda com as FALHAS

mento novos e expansivos são fomentados, nas quais aspirações coletivas são liberadas e as pessoas estão continuamente aprendendo a ver o todo em conjunto."[7] Em outras palavras, Senge estava dizendo que as organizações desenhadas para o sucesso são aquelas abertas ao aprendizado, tolerantes com o fracasso e, consequentemente, aquelas que experimentam melhores resultados com o tempo.

Salim Ismail, em 2014, fez referências a alguns elementos muito similares quando descreveu empresas que podem atingir crescimento exponencial ao longo do tempo. Dentre os maiores componentes internos que representam a capacidade de uma organização de produzir maiores retornos, a capacidade de experimentação tem um papel fundamental. Essa capacidade sustenta que, em contraste com o pressuposto da abordagem tradicional de planejamento estratégico que não trata o risco de uma mudança de forma apropriada, as empresas deveriam focar no que chamamos de "aprendizado escalonável".[8]

A capacidade de mudar ou melhorar não é apenas para *startups*. Está, por exemplo, no centro da Manufatura Enxuta implementada pela Toyota. Ao mesmo tempo que a empresa segue alguns padrões de produção fixos e rígidos, a Toyota também é flexível e responsiva a mudanças do mercado. Dentro de uma empresa, os responsáveis sustentam que estão trabalhando em produtos para chegar ao mercado daqui a 30 anos. Coincidentemente (ou não), a Toyota também tem um dos maiores valores de mercado entre as produtoras de automóveis.[9] A Toyota é movida por uma competitividade autocrítica, uma verdadeira obsessão por melhora e uma difusa falta de complacência.[10] Dentro da cultura da Toyota, encontrar melhores meios de executar é uma tarefa básica para todos.

Então, aceitar fracassos e aprender é a mesma coisa? Não antes de aplicar alguns princípios para criar aprendizagem validada. Uma das nossas referências favoritas para abordar a aprendizagem validada vem de Eric Ries, que fala abertamente sobre inovar a contabilidade. Em suas próprias palavras: "Inovação em contabilidade permite às *startups* provarem, objetivamente, que estão aprendendo como criar um negócio sustentável. Inovação em contabilidade começa ao transformarmos suposições que exigem fé em um modelo financeiro quantitativo."[11]

Mas esse não é apenas um princípio para uma *startup* lançar um novo negócio. Esse princípio pode ser incorporado em rotinas de tomada de decisões de qualquer tipo de empresa. Não queremos dizer que devíamos, simplesmente, tentá-lo na empresa, mas também focar em unidades específicas de análise, e, depois, no crescimento. Mas o *framework* de organizações ambidestras poderia ajudar no processo.

Então, para criar uma organização enxuta e com aprendizagem, é preciso aceitar que você cometerá erros. Uma vez que você não pode prever quais resultados irão sustentar ou mudar sua hipótese, precisa aceitar que a evolução acontece ao cometer erros. Como dito por Jim Collins: "para se ter uma evolução saudável, você precisa tentar a quantidade suficiente (multiplicar) de experimentos de tipos diferentes (variar), manter aqueles que funcionam (deixar os mais fortes sobreviverem) e descartar os que não funcionam (deixar os mais fracos morrerem). Em outras palavras, você não pode ter um sistema vibrante e automutável sem vários experimentos fracassados (...) uma empresa visionária tolera erros, mas não 'pecados', ou seja, quebras na ideologia central".[12]

O Homem que Mudou o Jogo

Quando Howard Schultz foi trazido de volta à Starbucks, ele focou em apostas pequenas. Jeff Bezos escreveu em sua carta aos investidores que criar experimentos era a base para o futuro da Amazon. A Nintendo tentou diferentes abordagens tecnológicas antes que o Wii fosse completamente inventado. A Netflix usou a competição *open source* para trazer um novo algoritmo de busca. A lista continua.

Quando Billy Beane era o diretor gerencial da Oakland Athletics, a equipe não tinha o dinheiro para fazer uma aposta grande. Mas, ao usar *big data* fornecido pelo jovem assistente Peter Brand, um graduado em Economia da Universidade de Yale, Billy foi capaz de entender que o que o time precisava não era de um jogador famoso e reconhecido,

Aprenda com as **FALHAS**

mas sim de uns *home runs*. E esses *home runs* podiam ser alcançados por uma combinação de jogadores com habilidades diferentes e complementares. Billy Beane não apostou o dinheiro da Oakley Athletics em apenas um jogador, mas em um grupo de pequenas apostas. Juntos, eles foram a resposta que trouxe o time às finais da MBL em 2002. E não vamos nos esquecer de que Beane teve que afastar de sua vista o grupo de pessoas tentando proteger o *status quo*. Ser o líder requer alguns pensamentos insensatos.

O exemplo da Oakland Athletics é baseado em uma das situações que mais tememos: não ter os recursos para juntar a implementação de um planejamento estratégico supostamente ótimo. Os fundadores do Airbnb tiveram que vender caixas de um cereal de edição especial para arrecadar dinheiro para começar a plataforma. Era pouco. E o pouco nos permite cometer erros. A GoPro recebeu milhões de dólares para começar um novo império de mídia, dinheiro o bastante para trazer mil novos empregados, e houve uma grande queda. Kit and Ace já tinham o sucesso prévio da companhia irmã Lululemon e muito dinheiro, mas não adiantou. A experimentação precisa começar como um processo enxuto.

O mapa

> *"Não é o bastante só melhorar práticas gerenciais. Temos que resolver esses incentivos também. Muitos gerentes que já conheci e com quem trabalhei sabem que estão pedindo para que façam a coisa errada, mas continuam a fazê-la mesmo assim, porque se sentem presos em um sistema de incentivos que deixa impossível fazer qualquer outra coisa."*[13]
>
> **ERIC RIES**

> *"É irracional ser paralisado pelo medo de assumir riscos."*
>
> **JASON JENNINGS**

Agora é hora de organizar tudo o que lemos sobre preparar nossas empresas para o empenho e o esforço para fechar as lacunas no mercado, criando a abordagem que ajudará a se afastar do dilema da inovação. Nós vimos, muitas vezes, que empresas bem-sucedidas são aquelas que preservam o negócio central e estimulam o progresso. E, quando estimulamos o progresso, podemos expandir nosso núcleo, e isso, eventualmente, torna-se um movimento autogerenciado, que nos mantém empurrando nossas empresas para frente.

Passo Um –
Revisitar os aspectos culturais que nos impedem de experimentar

- Mudar suposições por hipóteses: suposições são as principais condutoras de oportunidades perdidas. Precisamos tentar pensar como cientistas. Em vez de ter certeza das coisas, os cientistas desenvolvem hipóteses e as testam. Em alguns casos, os resultados desse tipo de pensamento levarão à confirmação das coisas que sempre soubemos, mas, na maioria das vezes, testar hipóteses vai gerar aprendizado novo. Prefira falhar em suas suposições primeiro.

- Revise seus próprios sentimentos sobre fracasso: como líder, você precisa exercitar tolerância aos riscos e aos erros. O futuro é inventado quando líderes falam e agem de modo a ajudar as pessoas a superarem o medo do fracasso. Esse comportamento, eventualmente, criará a cultura da tomada de riscos inteligentes. Então, para mover sua organização ao próximo nível, comece a encorajar as pessoas a gerarem experimentos controlados. Erros construtivos são fundamentais, e é seu trabalho como líder espalhar essa mensagem. É preciso criar um senso de permissão para explorar, pois o resultado mais importante da experimentação é a aprendizagem validada. Novos negócios e novas ideias disruptivas virão de assumir riscos e aprender com os erros. E mais importante: as empresas precisam abraçar o fracasso a nível sistêmico, não no âmbito individual.

- Como você aborda a competição? Ambientes de negócios estão cheios de rivalidade e jogos de ego. Como líder da transformação, você precisa liderar as ideias sobre competição pessoal e encorajar a colaboração. Ela vem com um efeito colateral: as pessoas aparecerão, mesmo que a maioria nunca tenha oportunidade de apresentar ideias. Do mesmo modo, é preciso encorajar a participação ativa de todos os funcionários e você precisa fazer os gerentes e funcionários perceberem que a inovação é também parte de seu papel na empresa.

- Faça perguntas em vez de vetar ideias. Hierarquia pode ser uma matadora de ideias se não for propriamente controlada. Como líder, você precisa guiar as conversas fazendo perguntas, não dando respostas. Há uma razão fundamental para isso: quando damos respostas, estamos impondo nossas visões, de modo que matamos todo o processo de validar hipóteses. Mas fazer perguntas tem o poder de fazer as pessoas pensarem profundamente sobre suas ideias e isso também as ajuda a criar hipóteses. Em outras palavras, elimina vieses que, geralmente, são fixos às mesmas visões. Às vezes, pessoas sem experiências validadas em um produto ou serviço específico também podem ser capazes de trazer pensamentos perspicazes. Jeff Bezos não tinha experiência no varejo de livrarias e Anita Roddick, fundadora da Body Shop, não tinha experiência pregressa na indústria de cosméticos.

- Como você recompensa execução e inovação? Ambas são extremamente importantes, e você precisa ter algum tipo de sistema híbrido para recompensa e reconhecimento. Precisamos nos esforçar bastante para as pessoas entenderem que tanto a execução quanto a inovação são altamente importantes. Também, aqueles alocados para focar no descobrimento de modos de destruir nosso negócio atual precisam ser recompensados por tentar, e também por ter sucesso. Garanta que as pessoas entendam que assumir riscos e fracasso inteligente são partes legítimas da empresa.

Começar do Fracasso

- Dissolva a resistência interna: as pessoas tendem a se manter com suas ideias e forma de fazer as coisas porque estão treinadas assim. E quanto mais inseguros se tornam, maior a resistência interna, o que age como inibidor de inovação. Tente descobrir na empresa em qual setor há mais equidade emocional na preservação do *status quo*.

- Empreendedorismo interno não pode ser moda passageira. Se ocorrer, diferentes sistemas de contabilidade, treinamento e caminhos de carreira precisam ser colocados para abarcar os empreendedores. Seus empreendedores internos são aqueles que forçam os limites e criam, às vezes, uma nova empresa.

- Liderança balanceada: pessoas com autoridade precisam preservar o núcleo e estimular o progresso. Habilidades balanceadas para gerenciar reações hostis, disciplina de experimentação, visão para entender quando uma ideia é escalonável e destruir os celeiros entre execução e inovação é o conjunto de habilidades requerido.

- Um exemplo visível de liderança é a que legitima todo o esforço. Sabemos que é difícil admitir quando nós, como líderes, tomamos as decisões que levam ao fracasso. Mas um líder tolerante a fracassos também é alguém que tem histórias organizacionais de fracassos pessoais e, ao serem abertos e transparentes, o líder pode influenciar toda a empresa.

- Pense sobre sua diversidade interna. Grupos homogêneos tendem a pensar de forma similar e a diversidade é necessária para construir um bom conflito de opiniões.

- Desenvolva ambientes criativos: as empresas, pilotando a nave da inovação, descobriram, há muito tempo, que o ambiente provoca o comportamento. E a base disso foi o conceito de *startup* de "começar em uma garagem". Seu ambiente organizacional diz muito sobre sua cultura, mas, mais importante, diz às pessoas como a empresa pensa. E não vamos nos esquecer de que a carga de trabalho conta muito sobre como as pessoas abordam a experimentação. Faça as escolhas certas para dar às pessoas o equilíbrio de que precisam.

- Continue pedindo às pessoas para fornecerem referências de potenciais mudanças no jogo. Recompense-as por isso.

- Quando nosso gelo derrete, geralmente preferimos culpar o aquecimento do ambiente. Mas as empresas não caem devido ao ambiente. Elas caem quando não são capazes de criar respostas internas em face do ambiente em mutação.

Passo Dois –
Revisitando os aspectos estruturais que nos permitirão experimentar

- A inovação é a principal tarefa para preservar o núcleo: pessoas de todos os setores da empresa deveriam ser capazes de dedicar parte de seu tempo para criarem pequenos experimentos de tamanho controlado. Veja o exemplo do Google e de como muitas das coisas novas e interessantes que a empresa tem lançado foram baseadas na abordagem constante de melhorar em todos os níveis.

- A inovação é a principal tarefa a estimular o progresso: quando se trata de procurar inovação disruptiva, nossos experimentos precisam ser maiores em tamanho e escopo. Ao criar uma estrutura ambidestra, ter um grupo de pessoas organizadas em um "laboratório experimental" pode ser fonte de disrupção. A hipótese básica para essa unidade separada seria "o que deveríamos fazer que não estamos fazendo ainda?".

- Evoluir é respeitar a lei da natureza, a mesma regra que regula a evolução de nossas células. A primeira vez que apresentei esse conceito, um dos meus alunos usou um argumento convincente, dizendo que a evolução celular também é o que causa o câncer. Ele não estava errado, mas há uma grande diferença: células desenvolvem câncer ao se dividirem sem controle. Criar uma estrutura ambidestra permite o processo de inovação.

- Encontre o modo de fornecer liberdade criativa. Na maioria das vezes, novas ideias de negócios não passam nas lentes tradicionais do escaneamento financeiro. O mercado de ideias internas trará muitas opções que não terão projeções financeiras de apoio e análises tradicionais fazem o gerenciamento principal de não as abraçar. Sua trajetória ambidestra deve criar um sistema de análise capaz de lidar com ideias que não criam resultados financeiros do zero.

- Estruturas flexíveis e prontas a mudar: flexibilidade para adaptação é um elemento-chave. Veja como Tony Hsieh desenhou a estrutura da Zappos, algo que muda toda vez que for necessário, ou como a Valve tem uma estrutura flexível desde o núcleo, ou como a Adobe criou uma maleta de ferramentas que ajuda todas as partes da empresa a criarem mudanças.

Passo Três –
Incorporando a experimentação na estratégia

- Comece com o ponto crítico fundamental de uma *startup* em crescimento: rotacionar ou perseverar. Isso é mais do que um jargão, faz parte da nova linguagem de negócios. Rotacionar significa realizar uma mudança em estratégia sem mudar a visão. Às vezes, quando há sucesso, você não precisa jogar tudo fora. Uma mudança daqui em diante pode ainda entregar sua visão original. Perseverar é o oposto. As coisas vão bem e tudo de que você precisa é fazer ajustes e incrementos, mas não precisa mudar sua estratégia. A experimentação naturalmente o levará a rotacionar muitas vezes. Várias e várias vezes. Precisamos incorporar o que Jeff Bezos aprendeu com fracassos. Ele sabe que a rotação vem depois de fracassos, então ele incentivava as pessoas na Amazon a fracassarem do modo mais rápido e barato possível.

Aprenda com as **FALHAS**

- Transforme sucessos em novas linhas de negócios. Lembre-se de como a Amazon integrou rapidamente a AWS como uma nova unidade de negócios e como a empresa produziu muito crescimento, ou como a Tencent, rapidamente, incorporou jogos em suas competências essenciais, usando o aprendizado validado para começar com jogos para smartphones. Esses são grandes exemplos de experimentação interna seguida por uma estratégia de perseverança, pois os resultados foram convincentes.

- Não importa quão grande é o valor que você põe em seu planejamento estratégico, não se esqueça de que planos são histórias de oportunidades de negócios. Uma visão de PowerPoint pode ser perigosa, se não experimentada propriamente antes de ser completamente aceita.

- Frases como "inove ou morra" ou "precisamos inovar para crescer" não são estratégia. Só trazem caos e confusão. Em vez disso, gere inovação por meio de um processo transparente, no qual pessoas vão se sentir encorajadas a trazer novas ideias. Então, tenha certeza de que sua estratégia tem espaço para incorporar resultados positivos da experimentação.

- A liderança é responsável por conectar os pontos, criando um plano de alto nível para criar recursos para experimentação e para conectar os resultados positivos na estratégia.

- Abrace as estratégias emergentes: experimentos de sucesso devem ser transformados em consistência em ação. Essas estratégias emergentes podem preencher nichos e a empresa pode evitar deixar lacunas para recém-chegados atacarem.

- Por fim, a inovação vai se conectar com a estratégia ao ser capaz de gerar valor para os clientes. Mas pode ser necessário que você faça trocas necessárias para evitar o dilema da inovação.

Epílogo

omeçamos a pesquisar para este livro logo após assistir à partida final do Super Bowl LI. Mais especificamente, depois de assistir à derrota que o Atlanta Falcons sofreu contra os New England Patriots. Concordamos que simplesmente não se pode concordar com o senso comum, dizendo que só os Patriots foram responsáveis pelo resultado final. Ficamos nos perguntando o motivo de os Falcons falharem, e percebemos que a razão por trás da derrota eram as mesmas razões inerentes pelas quais empresas bem estabelecidas falham nos negócios. Pense em uma lista de empresas que você conhece e que não existem mais. E se você cavar levemente abaixo da superfície, encontrará razões internas para elas não estarem mais por aqui: negação perigosa, inércia estrutural, cegueira racional e manter suposições excessivas são as razões inerentes para o fracasso.

Mas, diferentemente da maioria das empresas que encaram essa situação, as explicações vindas dos atletas do Atlanta Falcons e seu treinador não estavam focadas em como o mercado mudou muito rápido, como os consumidores mudaram de ideia, como a internet revolucionou tudo, como a digitalização trouxe novos entrantes ou como competidores chegaram com estratégias diferentes. Não. Eles deram explicações simples e nunca negaram que poderiam ter feito diferente. Talvez o mesmo pudesse acontecer para empresas, respostas pelos fracassos poderiam ser encontradas dentro dos corredores, na cultura, no comportamentos e

Aprenda com as **FALHAS**

nas suposições. Na maior parte do tempo, as respostas estão dentro de nossas paredes, não em novidades externas. Trata-se de nossas suposições, o modo pelo qual vimos e interpretamos as coisas.

O livro iniciou com meses de análise a milhares de jornais, artigos, publicações em geral, lendo histórias sobre empresas que mantêm a marcha da mudança e empresas que sucumbiram à falta de adaptação. Foram assistidas a centenas de entrevistas de líderes de negócios de companhias de diferentes tamanhos e setores de mercado e de *startups* que reinventaram ecossistemas. Como resultado, todas as descobertas apontavam para a mesma direção: a queda começa por dentro, não por fora. Caímos por causa de complacência e negação, porque achamos que é mais fácil, seguro e mais confortável ficar no mesmo lugar do que realmente confrontar os problemas de crescimento. Caímos porque é como se precisássemos da Lei da Inércia de Newton para nos dar um tapa na cara para provocar uma reação. Ainda assim, quando olhamos ao redor, encontramos conclusões semelhantes: nossas viradas vêm de dentro, não ao seguirmos elementos externos. Então, por que empresas não constroem todas as capacidades internas de que precisam para prosperar nesse mundo complexo?

Como em campeonatos esportivos, há perdedores, mas há ganhadores, e nesse trabalho encontramos uma variedade de percepções sobre como as empresas estão se ajustando, baseadas em um foco substancial na inovação. Muitas empresas estavam se desafiando ao, supostamente, provocarem ruído interno, sustentando declarações públicas sobre reinventar modelos de negócios, recriando mercados, e assim por diante. Ainda assim, nos pareceu que algo estava faltando. Apesar de muitos terem se juntado ao coro do empreendedorismo para reinventarem modelos de negócios de dentro para fora, na maioria das vezes, eram apenas chavões em vez de ações reais. E quando olhamos abaixo da superfície, o apoio para gerar inovações parece mais uma modinha. Para a maioria das empresas, o sucesso não está relacionado à pesquisa e às descobertas, mas a algo desenvolvido para reconhecer apenas projetos comple-

Epílogo

mentares. Na verdade, o fracasso ainda é um mito dentro dos corredores da organização.

Na verdade, reinvenção e mudança são remédios difíceis de engolir, mas, ao mesmo tempo, são medidas necessárias. Durante a pesquisa, encontramos muitos exemplos de empresas de diferentes setores do mercado, diferentes países e diferentes tamanhos que foram capazes de mudança constante, melhoramentos e transformações radicais. E descobrimos, mais do que nunca, um forte significado para a palavra experimentação. Em outras palavras, empresas inovadoras são as líderes da transformação, são aquelas que ditam o ritmo da mudança e agem sob uma mentalidade empreendedora. São aquelas que permitiram culturas internas e estruturas de experimentação. Descobri que a disciplina da experimentação pode trazer um modo melhor de fazer as coisas, de desafiar o *status quo* ao ir contra suposições comuns, o que pode ajudar a empresa a desenvolver resiliência interna.

Constantemente nos dizem que empresas evoluem baseadas em ciclos previsíveis, o que quer dizer que, conforme crescem, elas mudam o jeito de fazer as coisas e se afastam do empreendedorismo para criarem processos de gerenciamento formais. Afinal, o dilema de inovação de Clayton Christensen é, na verdade, um tipo de dano autoimposto: se as empresas crescem, precisam seguir o caminho de crescentes processos, reforçar estruturas de gerenciamento, desenvolver burocracia. Ou, como notado por Maxwell Wessel, a razão pela qual empresas maduras não conseguem inovar é porque não são projetadas para inovar. Em vez disso, foram cuidadosamente organizadas para executar. Gestores foram instruídos de que as regras do sucesso são baseadas em ser proficientes em lidar com problemas, usando-se conjuntos de suposições aprendidas há muito tempo. Sem perguntas, sem levantar hipóteses.

Contudo, empresas de sucesso e bem estabelecidas encontraram modos de lidar com esse dilema. Perceberam que os ciclos foram encurtados, devido ao passo rápido da tecnologia e estava impossível definir em que ponto estamos no ciclo, porque pode haver disrupção na manhã seguinte. Essas companhias aprenderam como lidar com um ambiente altamente complexo ao abraçarem a inovação como consequência de manterem uma mentalidade de empreendedor e experimentarem antes de fazer. Isso é algo que todos nós já vimos, com as duas maiores ondas de inovação trazidas pelo Vale do Silício e seus derivados. Em resumo, empresas de sucesso e bem estabelecidas, que alimentam transformação contínua, são aquelas que nunca pararam de aprender. E ao aprenderem vorazmente, empresas de sucesso, rapidamente, identificaram que, para empreendedores, aprendizado e fracasso sempre se parecem.

Fundamentalmente, empresas de sucesso descobriram como mudar suposições por meio de hipóteses, ao perguntar a si mesmas: *e se?* "E se usássemos nossa infraestrutura para vender armazenamento e serviços na nuvem para outras empresas?". Como o engenheiro Benjamin Black perguntou a Jeff Bezos sobre o que tornou a Amazon Web Services um negócio de bilhões de dólares para a gigante da tecnologia Amazon. "E se virássemos nossos aviões em dez minutos em vez de vinte e cinco?", foi a questão feita dentro dos corredores da Southwest Airlines, que salvou a empresa e a preparou para se tornar uma das linhas aéreas mais valiosas do mundo. Este *e se?* pode também ser a questão que Guy Laliberté se fez quando criou o circo moderno. Provavelmente, não foi a questão que John Antioco se fez quando foi confrontado com a possibilidade de adquirir a Netflix; não foi a pergunta feita pela Toys "R" Us sobre como se manter relevante. Mas, provavelmente, foi feita por Brian Chesky, quando mudou o Airbnb para o Projeto Branca de Neve, que acabou se tornando uma nova unidade de negócios. *E se?* é o tipo de pergunta que se usa para consertar algo antes mesmo de estar quebrado.

Nos perguntarmos *"e se?"* não é o primeiro estágio da inovação. Percebemos que, antes de fazer essa pergunta, empresas com novas altitudes dominaram três habilidades importantes: criaram culturas organizacionais de empreendedorismo e inovação, abraçando o risco e a falha; criaram estruturas adequadas para proteger o dilema de dois lados de preservar o núcleo e estimular o progresso; e aprenderam como integrar os experimentos bem-sucedidos em estratégias emergentes. E

Epílogo

essas companhias estão avançando, baseadas na forte motivação de repensar o modo pelo qual definem a estratégia, como estabelecem o progresso e como se afastam da forma de silos. Para as organizações transformativas, cortar custos e ser conservadores não eram mais as respostas. Em vez disso, alimentaram culturas de diversidade ao dar ideias de liberdade de competição.

Por trás das culturas de inovação, descobrimos executivos transformacionais, líderes que forjaram as condições de descoberta. E isso não é fácil, pois líderes estão, na maior parte do tempo, superocupados em manter a empresa em forma para lidar tanto com os consumidores quanto com os investidores. Isso os faz não terem energia para perseguir o não convencional e o insensato, exatamente quando as empresas mais precisam disso. Líderes verdadeiramente pacientes e comprometidos não fizeram pela metade, mas abraçaram a inovação completamente, o que inclui tanto o sucesso quanto o fracasso. Como o ex-CEO da GE, Jeff Immelt escreveu em um artigo que líderes precisam se comprometer a mudar mesmo com resultados desconhecidos, precisam abarcar o fato de que a transformação não é garantia de sucesso, mas é o único modo de lidar com tempos incertos. Líderes de empresas transformativas são os estimuladores apaixonados por trocar suposições por hipóteses.

Sucesso e complacência são grandes inimigos do futuro. Ser bem-sucedido significa reforçar nossas suposições, e ser complacente significa desistir da zona de conforto e da possibilidade de escolher permanecer o mesmo. Nossas empresas precisam, constantemente, desafiar as razões de sua existência, o *porquê* de elas existirem, com uma disciplina constante para evitar miopia estratégica. E essa disciplina não deveria ser restrita ao gerenciamento sênior, mas deveria se espalhar por toda a empresa. Uma cultura de inovação requer uma cultura de engajamento e empoderamento e ser inquisitivo é o jeito certo de começar. Conforme mencionado em uma pesquisa dos professores Boris Groysberg, Sarah Abbott e Katherine Connolly, da Harvard Business School, respondentes estimaram que quase 20% de suas habilidades atuais se tornam obsoletas anualmente. Como, então, podemos liderar nossas empresas

Aprenda com as FALHAS

por meio de transformação, sem trocarmos suposições por hipóteses ou perguntas? É difícil lidar com a incerteza, e nos acomodarmos com a *expertise* atual não é a resposta.

Empreendedores e *startups* encontram as lacunas exatamente porque empresas bem estabelecidas e seus sistemas feitos para dominar a proficiência de executar não estão se perguntando *"e se?"* Mas tempos acelerados requerem abordagens diferentes, e a principal habilidade, eventualmente, será a proficiência em inovação. A estratégia deveria abrir espaço para experimentos bem-sucedidos, que são resultados de uma cultura de empreendedorismo interno e de um cenário estrutural adequado. Na organização transformativa, hipóteses precisam substituir suposições. Liberdade para tentar e cometer erros será a espinha dorsal do empoderamento e do engajamento.

Às vezes, precisamos reinventar a roda, às vezes precisamos sentir e responder, em vez de tentar controlar e prever. Na maior parte do tempo, precisamos nos adaptar às mudanças. Mas o que acreditamos é que o elemento mais essencial para empresas criarem um espírito interno de experimentação, que fará a criatividade e inovação acontecerem, é deixar as pessoas pedirem perdão em vez de permissão. Fracasso inteligente e inovação são inseparáveis.

Então, esse novo olhar nos diz que precisamos aprender a falhar.

Para Saber Mais

Embora seja um livro voltado para executivos, imaginamos que você queira saber mais sobre os conteúdos que deram suporte aos capítulos. Sendo assim, preparamos uma lista de leituras adicionais para cada um dos capítulos.

Vale ressaltar que uma parte significativa desses artigos é de estudos de pesquisas acadêmicas. Embora possa não ser o costume para a leitura executiva, acreditamos que a gestão baseada em evidências, além da experiência e do tratamento dos dados e informações adequadas, precisa incorporar evidências científicas. A leitura adicional também pode ajudar na organização de cursos de pós-graduação em conjunto com o livro.

Capítulo 1 - Todos nós Precisamos Falhar

Além dos artigos apresentados neste capítulo, incluímos mais um que indica a importância de aprender com as falhas.

> Lee, J., & Miesing, P. (2017). How entrepreneurs can benefit from failure management, *Organizational Dynamics*, 46(3), 157-164. https://doi.org/10.1016/j.orgdyn.2017.03.001.

Os autores argumentam que as ideias existentes sobre a falha podem ser classificadas em quatro perspectivas: (1) por que aprendemos com as falhas; (2) como aprendemos com as falhas; (3) o que aprendemos da falha retrospectivamente; e (4) como usamos a falha prospectivamente. Os autores discutem o conhecimento existente em cada uma dessas perspectivas.

> Kim, W., & Maugborgne, R. (2005). Blue Ocean Strategy: From Theory to Practice. *California Management Review*, 47(3):105-121. doi:10.1177/000812560504700301

Os autores apresentam sua pesquisa de 15 anos. Apresentam a ideia de tornar a competição irrelevante ao buscar um espaço de mercado sem concorrência — "oceano azul".

> Mooney, A. (2007) Core Competence, Distinctive Competence, and Competitive Advantage: What Is the Difference? *Journal of Education for Business*, 83(2), 110-115. doi: 10.3200/JOEB.83.2.110-115.

A autora apresenta de forma clara o conceito de competência central em relação aos outros dois conceitos.

Capítulo 2 - A Era da Inovação Extrema

> Danneels, E., & Vestal, A. (2020). Normalizing vs. analyzing: Drawing the lessons from failure to enhance firm innovativeness. *Journal of Business Venturing*, 35(1), 105903.
>
> https://doi.org/10.1016/j.jbusvent.2018.10.001.

Os autores apresentam duas abordagens organizacionais para a falha: a normalização, ao tolerar a falha como parte do processo de inovação; e a análise, ao buscar aprender com as experiências das falhas para criar conhecimento. Os autores estudaram, ao longo do tempo, 106 empresas de manufatura. Chegaram à conclusão de que a tolerância à falha não gera efeito sobre a inovação dos produtos. No entanto, as empresas que buscam aprender com as falhas criam produtos mais inovadores, quando trabalham em um ambiente de conflito construtivo, com discussão aberta e honesta.

> Levitt, T. (1960). Marketing myopia. *Harvard Business Review*, 38, 45–56.

Nesse artigo clássico, Theodore Levitt apresenta o conceito de Miopia em Marketing. O conceito apresenta o perigo de se concentrar nos produtos em vez dos clientes. Ou seja, um foco míope na venda de produtos e serviços, no lugar da compreensão do que os consumidores realmente desejam.

> Whittington R. (2018) Emergent Strategy. In: Augier M., Teece D.J. (eds) *The Palgrave Encyclopedia of Strategic Management*. Palgrave Macmillan, London. https://doi.org/10.1057/978-1-137-00772-8_577.

Whittington apresenta de forma concisa o conceito de estratégia emergente de Mintzberg, em comparação com a abordagem de planejamento mais tradicional. Identifica cinco implicações da estratégia emergente: redução do investimento no planejamento estratégico formal; a fusão da formulação e implementação da estratégia; o maior envolvimento dos gerentes de nível médio na estratégia; o enfraquecimento de abordagens sequenciais para o processo de estratégia; e o maior papel do aprendizado em estratégia.

> Whittington, R., & Cailluet, L. (2008). The Crafts of Strategy: Special Issue Introduction, *Long Range Planning*, 41(3), 241-247. https://doi.org/10.1016/j.lrp.2008.03.003.

Nessa apresentação de edição especial, os autores apresentam de forma mais profunda, em complemento à sugestão de leitura anterior, as diferenças entre a construção da estratégia e o planejamento formal.

> Quy, N. H., & Mintzberg, H. (2003). The Rhythm of Change. *MIT Sloan Management Review*, 44(4), 79-84.

Para Saber Mais

Os autores argumentam que os gerentes devem ter atenção que percebemos que nosso ambiente está em constante fluxo porque tendemos a notar apenas as coisas que mudam. Apesar das mudanças importantes que ocorreram nas últimas décadas, a estabilidade e a continuidade realmente formam a base de nossa experiência, fornecendo o significado contextual da mudança. E porque muitas coisas permanecem estáveis, a mudança deve ser administrada com um profundo apreço pela estabilidade.

A mudança dramática só pode ser dramática. A mudança sistemática é amortecedora. A mudança orgânica sem as outras duas pode ser caótica. Os autores argumentam que devem ser combinadas ou sequenciadas, ao longo do tempo, criando um ritmo de mudança.

> Nicholls-Nixon, C., Cooper, A., & Woo, C. (2000). Strategic experimentation: Understanding change and performance in new ventures. *Journal of Business Venturing*, 15(5–6), 493-521. https://doi.org/10.1016/S0883-9026(98)00018-4.

Os autores usam cognição gerencial com o argumento que experimentação estratégica pode ser a base conceitual para estudar mudança e estratégia em novos negócios. As mudanças ao longo da implementação da estratégia seguem um processo de aprendizagem por tentativa e erro, para a compreensão da situação competitiva e de como competir. Os autores sugerem que a experimentação estratégica é uma parte normal do processo de posicionamento do negócio. Mudanças periféricas (ênfase competitiva e alocação de tempo) são mais propensas a ser o foco de tais esforços de aprendizagem e adaptação do que as características essenciais (escopo do produto e status de parceria). Empreendimentos em ambientes mais hostis claramente enfrentam dilemas difíceis.

> Kemp, A. (2021). Artificial Advantages: Toward a Theory of Situated AI. *Academy of Management Proceedings*, 2021. https://doi.org/10.5465/AMBPP.2021.16279abstract.

A autora, neste artigo recente apresentado no congresso da Academy of Management, argumenta a possibilidade da relação da inteligência artificial e vantagem competitiva.

Capítulo 3 - O Dilema Organizacional

> Henderson, R. (2006). The innovator's dilemma as a problem of organizational competence. *Journal of Product Innovation Management*, 23(1), 5-11.

O livro de Clayton Christensen sobre o dilema do inovador foi um dos mais importantes e influentes já escritos. O artigo mencionado apresenta uma perspectiva das competências organizacionais para o dilema do inovador. Busca complementar e discutir criticamente a perspectiva apresentada no trabalho original para além do foco nas falhas cognitivas dos gestores de topo, e inclui as competências relacionadas aos clientes e mercados como adicionais para responder às inovações disruptivas.

> Thomke, S. (2020). How you can encourage the state of mind required for an experimentation culture in the company. *Harvard Business Review*, march-april, 1-10.

É um artigo recente do Prof. Stefan Thomke que é o autor do livro *Experimentation Works*. O autor argumenta a importância em aumentar a capacidade de experimentação das organizações. Ressalta a importância das barreiras culturais e da criação de um

Aprenda com as FALHAS

ambiente nutrido pela curiosidade, suportado por dados e com um estilo de liderança mais democrático.

Capítulo 4 - O Mito do Fracasso

Martignoni, D., & Keil, T. (2021). It did not work? Unlearn and try again—Unlearning success and failure beliefs in changing environments. *Strategic Management Journal*, 42, 1057– 1082. https://doi.org/10.1002/smj.3261.

Os autores apresentam a importância de desaprender para poderem se adaptar aos ambientes mutantes e dinâmicos. Principalmente, ressaltam a necessidade de desaprender o que não funcionou, que pode ser mais poderoso que simplesmente desaprender o que funcionou no passado.

Muehlfeld, K., Rao Sahib, P., & Van Witteloostuijn, A. (2012). A contextual theory of organizational learning from failures and successes: A study of acquisition completion in the global newspaper industry, 1981–2008. *Strategic Management Journal*, 33, 938-964. https://doi.org/10.1002/smj.1954.

Em um artigo estudando a experiência anterior em fusões e aquisições, os autores enfatizam a importância do contexto e a possibilidade de aprender com as falhas passadas, condicionada à intenção e ao foco do aprender com as falhas.

Knott, A., & Posen, H. (2005). Is failure good? *Strategic Management Journal*, 26, 617- 641. https://doi.org/10.1002/smj.470.

Em um estudo científico interessante, os autores indicam que mesmo as empresas que falham geram externalidades positivas e são boas para a economia em geral.

Serra, F., & Lissoni, J. (2006). Los pilares de la estrategia y el éxito de las orgnizaciones. *Revista de Empresa*, 18, 36-48.

Nós propomos quatro dimensões que suportam a estratégia: liderança e equipe executiva, foco estratégico, aposta e apoio pelos recursos. Trabalham a partir de estudos diversos relacionados a empresas que são consideradas inovadoras em determinado momento de sua história: Honda, Swatch, GE, Microsoft e Soutnwest Airlines. Vale para compreender a importância da liderança e gestão para a organização ambidestra.

Ferreira, M., Serra, F., & Maccari, E. (2012). When the innovator fails to capture rents from innovation. *Latin American Business Review*, 13, 199-217.

Argumentamos que as empresas inovadoras enfrentam o dilema de saber quando serão capazes de se apropriar dos rendimentos de suas inovações. É o valor futuro dos rendimentos que cria um incentivo para inovar. As inovações que são imitadas ou aprimoradas pelos concorrentes impedem as empresas inovadoras de capturar esses rendimentos. Observamos as condições sob as quais a proteção garante a apropriação.

Para Saber Mais

Capítulo 5 - O que faz um Fracasso Ruim

McMillan, C., & Overall, J. (2017). Crossing the Chasm and Over the Abyss: Perspectives on Organizational Failure. *Academy of Management Perspectives,* 31, 271–287. https://doi.org/10.5465/amp.2017.0018.

Os autores apresentam uma perspectiva integrativa sobre o fracasso organizacional conceituando três níveis de falha — processos de aprendizagem organizacional (que podem originar falhas simples), processos de planejamento organizacional (que podem dar origem a falhas complexas) e capacidade estratégica de agilidade organizacional (que pode dar origem a falhas catastróficas) — como um modelo de disfunções crescentes. As falhas simples são o resultado de deficiências de aprendizagem decorrentes da decisão de ciclo único de criação e fracas competências de aprendizagem. As falhas complexas são causadas por falhas estruturais, rigidez e patologias da inteligência. Falhas catastróficas são resultado de falhas de inclusão de conhecimento e plataformas organizacionais fracas, que ocorrem a partir de uma espiral descendente de eventos decorrentes de falhas simples e complexas. Áreas para estudos adicionais são sugeridas.

Teixeira, J., Serra, F., Pinto, R. & Salles, L. (2020). Resource orchestration in a context of organizational decline. *Management Research*, 18(1), 73-98. https://doi. org/10.1108/MRJIAM-07-2018-0841.

Nosso artigo indica que a orquestração de recursos é uma capacidade crítica para garantir a implementação coordenada de ações operacionais e estratégicas num *turnaround*. Adicionalmente, num contexto envolvendo choques ambientais significativos, a preservação da folga organizacional parece influenciar a eficácia da orquestração de recursos e explicar a diferença dos resultados que as empresas pesquisadas alcançaram nas suas tentativas de *turnaround*. As empresas apresentadas nos casos deste trabalho indicam aspectos relacionados à negação e inércia da tomada de decisão nas organizações.

Schwarz, G., Yang, K., Chou, C. et al. (2020). A classification of structural inertia: Variations in structural response. *Asia Pacific Journal Management*, 37, 33–63. https://doi.org/10.1007/s10490-018-9588-6.

Os autores argumentam que empresas estruturalmente inertes sofrem riscos de falha em face das mudanças ambientais. A inércia torna difícil acompanhar a velocidade de tais mudanças. Os autores indicam que tipos de inércia estrutural permitem diferentes respostas aos riscos de falha direcionados pela pressão de choque ambiental e falta de recursos, o que pode, por sua vez, permitir o aprendizado organizacional.

Ocasio, W. (2011). Attention to Attention. *Organization Science*, 22(5), 1286–1296. http://www.jstor.org/stable/41303120.

O autor, dando continuidade ao seu artigo sobre visão baseada na atenção de 1997, apresenta os aspectos da atenção organizacional (relacionados à cegueira). O autor classifica e compara três variedades de atenção estudadas na ciência organizacional: perspectiva atencional *(top-down)*, engajamento atencional (combinando atenção e vigilância executiva *top-down* e *bottom-up*) e seleção de atenção (o resultado de processos atencionais).

Aprenda com as **FALHAS**

Capítulo 6 - Culturas de Inovação

Falchetti, D., Cattani, G., & Ferriani, S. (2021). Start with "Why," but only if you have to: The strategic framing of novel ideas across different audiences. *Strategic Management Journal*, 43(1), 130– 159. https://doi.org/10.1002/smj.3329.

Os autores argumentam que um dos desafios dos inovadores enfrentam é persuadir públicos para apoiar suas novas ideias. O artigo a partir de trabalhos de avaliação de novidades examina o impacto de estratégias de *framing* na recepção de novas ideias por públicos diferentes.

Antoncic, B., & Hisrich, R. (2003). Clarifying the intrapreneurship concept. *Journal of Small Business and Enterprise Development*, 10(1), 7-24. https://doi.org/10.1108/14626000310461187.

Os autores apresentam o conceito de intraempreendedorismo, e o definem como "intenções comportamentais e comportamentos emergentes que estão relacionados com mudanças nas formas costumeiras de ser fazer negócio em organizações existentes."

Tripsas, M. (1997). Unraveling the process of creative destruction: Complementary assets and incumbent survival in the typesetter industry. Strategic Management Journal, 18, 119-142. https://doi.org/10.1002/(SICI)1097-0266(199707)18:1+<119::AID-SMJ921>3.0.CO;2-0.

A autora apresenta o processo de destruição criativa com base no caso histórico da indústria tipográfica entre 1886 e 1990.

Capítulo 7 - A Etapa Cultural

Giorgi, S., Lockwood, C., & Glynn, M. (2015). The Many Faces of Culture: Making Sense of 30 Years of Research on Culture in Organization Studies. Academy of Management Annals, 9, 1–54. https://doi.org/10.5465/19416520.2015.1007645.

Se quiser compreender melhor a cultura nas organizações, as autoras desse artigo fizeram uma revisão sistemática de 30 anos de pesquisa sobre o tema.

Hatch, M., Schultz, M., & Skov, A.-M. (2015). Organizational Identity and Culture in the Context of Managed Change: Transformation in the Carlsberg Group, 2009–2013. *Academy of Management Discoveries*, 1, 58–90, https://doi.org/10.5465/amd.2013.0020.

Nesse artigo, as autoras apresentam o caso de mudança cultural e identidade organizacional na Carlsberg durante um período de 5 anos.

Bledow, R., Frese, M., & Mueller, V. (2011). Ambidextrous leadership for innovation: the influence of culture. In: Mobley, W.H., Li, M. and Wang, Y. (Ed.) Advances in Global Leadership (Advances in Global Leadership, Vol. 6), Emerald Group Publishing Limited, Bingley, pp. 41-69. https://doi.org/10.1108/S1535-1203(2011)0000006006.

Nesse capítulo de livro, os autores apresentam uma perspectiva de liderança para a inovação dependente do contexto.

Para Saber Mais

Capítulo 8 - Uma Estrutura para a Inovação

O'Reilly III, C., & Tushman, M. (2013). Organizational Ambidexterity: Past, Present, and Future. *Academy of Management Perspectives*, 27, 324–338, https://doi.org/10.5465/amp.2013.0025.

Os autores, a partir da perspectiva de *exploitation* e *exploration* em organizações, apresentada por March (1991), apresentam o conceito de ambidestria organizacional. Ambidestria organizacional é a capacidade de uma organização de *exploit* e *explore* — para competir em tecnologias e mercados maduros em que eficiência, controle e a melhoria incremental são valorizadas, mas também para competir em novas tecnologias e mercados em que flexibilidade, autonomia e experimentação são necessárias. Os autores avaliam a pesquisa passada e possíveis desenvolvimentos.

D'Souza, D., Sigdyal, P., & Struckell, E. (2017). Relative Ambidexterity: A Measure and a Versatile Framework. *Academy of Management Perspectives*, 31, 124–136. https://doi.org/10.5465/amp.2016.0020.

Os autores apresentam a ambidestria relativa, como escolhas feitas para estabelecer o nível adequado e desejado de ambidestria para a organização.

Capítulo 9 - Inovação como Estratégia

Os artigos propostos como leitura adicional neste capítulo provêm, a partir da leitura, uma perspectiva de como o conceito de estratégia evolui e é definido.

Nag, R., Hambrick, D., & Chen, M.-J. (2007). What is strategic management, really? Inductive derivation of a consensus definition of the field. *Strategic Management Journal*, 28, 935-955. https://doi.org/10.1002/smj.615.

Os autores apresentam a definição de estratégia, a partir do consenso no campo.

Hambrick, D., & Fredrickson, J. (2005). Are you sure you have a strategy? *Academy of Management Perspectives*, 19, 51–62, https://doi.org/10.5465/ame.2005.19417907.

Os autores apresentam um *framework* para identificação da estratégia a partir de cinco elementos, pelas respostas a cinco questões — arenas: onde seremos ativos? Veículos: como chegaremos lá? Diferenciadores: como vamos ganhar no mercado? Encenação: o que será nossa velocidade e sequência de movimentos? Lógica econômica: como obteremos nossos retornos?

Porter, M.E. (1991), Towards a dynamic theory of strategy. *Strategic Management Journal*, 12, 95-117. https://doi.org/10.1002/smj.4250121008.

O artigo de Porter analisa o progresso do campo da estratégia no sentido de desenvolver um ambiente verdadeiramente dinâmico de teoria da estratégia. Ele separa a teoria da estratégia nas causas de desempenho superior em um determinado período de tempo (denominado problema transversal — com base no próprio trabalho dele) e o processo dinâmico por quais posições competitivas são criadas (denominado problema longitudinal).

Porter, M. (1996). What is strategy? *Harvard Business Review*, 74(6), 61–78.

Aprenda com as FALHAS

Esse é o artigo mencionado no texto. Porter argumenta que as empresas não conseguem distinguir o que é eficácia operacional e o que é estratégia. Para Porter, trata-se de escolher o que fazer e o que não fazer, principalmente quando a pressão pelo crescimento faz com que as empresas tentem ultrapassar os limites, sendo que acabam comprometendo a posição estratégica.

Eisenhardt, K., & Martin, J. (2000), Dynamic capabilities: what are they? Strategic Management Journal, 21, 1105-1121.

https://doi.org/10.1002/1097-0266(200010/11)21:10/11<1105::AID-S-MJ133>3.0.CO;2-E.

O conceito de competência central evoluiu e tem sido ligado ao de capacidades dinâmicas. Os autores apresentam as capacidades dinâmicas como um conjunto de processos específicos e identificáveis como desenvolvimento de produto, tomada de decisão estratégica e alianças estratégicas. Os autores apresentam a diferença para mercados mais ou menos dinâmicos.

Casadesus-Masanell, R., & Ricart, J. (2010). From Strategy to Business Models and onto Tactics. *Long Range Planning*, 43(2–3), 195-215. https://doi.org/10.1016/j.lrp.2010.01.004.

Os autores apresentam uma estrutura conceitual para separar e relacionar os conceitos de estratégia e modelo de negócios: um modelo de negócios é um reflexo da estratégia realizada pela empresa. Argumentam que, no entanto, os conceitos de estratégia e negócios-modelo diferem quando há contingências importantes nas quais uma estratégia bem projetada deve ser baseada. Apresentam uma distinção clara entre estratégia e táticas, possibilitadas porque estratégia e modelo de negócios são construções diferentes.

Capítulo 10 - Começar do Fracasso

Thomke, S. (2001). Enlightened experimentation. The new imperative for innovation. *Harvard Business Review*, 79(2), 66-75.

As novas tecnologias estão tornando mais fácil do que nunca conduzir experimentos complexos de forma rápida e barata. As empresas agora têm a oportunidade de levar a inovação a um outro nível se repensarem seus experimentos desde o início.

Schilling, J., & Kluge, A. (2009), Barriers to organizational learning: An integration of theory and research. *International Journal of Management Reviews*, 11, 337-360. https://doi.org/10.1111/j.1468-2370.2008.00242.x.

Os autores descrevem e explicam os impedimentos para aprendizagem organizacional (LO).

Notas

Palavras dos autores

[1] Torres, A., Serra, F., Ferreira, M., & Menezes, E. (2011). The decline of large Brazilian companies. *Corporate ownership and control*, 8(4), 214-224.

[2] Teixeira, J., Serra, F., Pinto, R. & Salles, L. (2020). Resource orchestration in a context of organizational decline. *Management Research*, 18(1), 73-98. https://doi.org/10.1108/MR-JIAM-07-2018-0841.

[3] McMillan, C., & Overall, J. (2017). Crossing the Chasm and Over the Abyss: Perspectives on Organizational Failure. *Academy of Management Perspectives*, 31, 271–287. https://doi.org/10.5465/amp.2017.0018.

[4] Danneels, E., & Vestal, A. (2020). Normalizing vs. analyzing: Drawing the lessons from failure to enhance firm innovativeness. *Journal of Business Venturing*, 35(1), 105903. https://doi.org/10.1016/j.jbusvent.2018.10.001.

[5] Serra, F.; Pinto, R.; Guerrazzi, L.; Ferreira, M. (2017). Organizational Decline Research Review: Challenges and Issues for a Future Research Agenda. *BAR. Brazilian Administration Review*, 14, 1-27.

[6] https://estrategiaeorganizacoes.blogspot.com/2012/01/kodak-e-outros-declinios.html?m=0.

[7] Serra, F., & Lissoni, J. (2006). Los pilares de la estrategia y el éxito de las orgnizaciones. *Revista de Empresa*, 18, 36-48.

[8] Ferreira, M., Serra, F., & Maccari, E. (2012). When the innovator fails to capture rents from innovation. *Latin American Business Review*, 13, 199-217.

Capítulo 1 - Todos nós Precisamos Falhar

[1] https://www.youtube.com/watch?v=TaA-lYUQom0.

[2] https://www.ign.com/articles/2018/03/03/how-nintendo-won-the-market-with-the-switch.

[3] Um oceano azul é um conceito apresentado por Renée Mauborgne e W. Chan Kim no livro *Blue Ocean Strategy*. Significa a criação de uma posição de mercado distintiva e inconteste, que permite estar fora de uma concorrência direta e dificulta a imitação.

[4] https://www.theguardian.com/technology/2015/jul/13/satoru-iwata-games-nintendo-president.

[5] O negócio principal no texto é o equivalente ao core business. É a atividade principal a que a empresa se dedica, que define os mercados em que atua e é suportada pelas suas competências essenciais. Ver mais adiante sobre as novas competências essenciais.

[6] http://www.gamesindustry.biz/articles/2021-07-09-nintendos-switch-strategy-is-increasingly-handheld-focused-opinion.

[7] https://www.nintendo.co.jp/ir/pdf/2016/160518e.pdf.

[8] https://www.theguardian.com/small-business-network/2017/may/03/disruptive-business-its-not-easy-challenges-disruptor-ebookadabra-what3words-borrowmydoggy.

Aprenda com as **FALHAS**

[9] https://www.reuters.com/article/us-tesla-stock-idUSKBN1X31NG.
[10] https://hbr.org/1999/09/bringing-silicon-valley-inside.
[11] https://www.youtube.com/watch?v=nXq9NTjEdTo.
[12] https://www.bbc.com/news/business-16611040#:~:text=The%20average%20lifespan%20of%20a,than%20ever%22%2C%20he%20says.
[13] https://www.theguardian.com/lifeandstyle/2017/jun/04/how-lego-clicked-the-super-brand-that--reinvented-itself.
[14] https://hbr.org/2019/01/the-hard-truth-about-innovative-cultures.

Capítulo 2 - A Era da Inovação Extrema

[1] https://www.emmys.com/news/industry-news/friends-20th-anniversary-oral-history.
[2] https://analyzingtv.wordpress.com/2016/04/26/is-friends-successful/.
[3] https://www.vogue.com/article/seinfeld-vs-friends-streaming.
[4] Adam Grant, *Originals*: how non-conformists move the world, p. 30.
[5] http://news.gallup.com/poll/165269/worldwide-employees-engaged-work.aspx#.
[6] http://news.gallup.com/businessjournal/24472/whos-driving-innovation-your-company.aspx.
[7] Karl Poper, *All Life is Problem Solving*, p. 145.
[8] http://www.pnas.org/content/108/3/1082.abstract.
[9] Science Daily, New theory of synapse formation in the brain, October 10, 2013.
[10] https://www.fastcompany.com/40494077/4-ways-to-train-your-brain-to-be-more-open--minded?partner=feedburner&utm_source=feedburner&utm_medium=feed&utm_campaign=feedburner+fastcompany&utm_content=feedburner.
[11] Richard Dobbs, James Manyika, Jonathan Woetzel, *No Ordinary Disruption*: The Four Global Forces Breaking All the Trends, p. 33.
[12] https://www.wired.com/insights/2015/01/the-evolution-of-artificial-intelligence/.
[13] https://www.wired.com/insights/2015/01/the-evolution-of-artificial-intelligence/.
[14] https://www.nytimes.com/2017/11/10/business/alibaba-singles-day.html.
[15] http://www.esquire.com/entertainment/movies/a30140/minority-report-tech-is-real-now/.
[16] http://internetofthingsagenda.techtarget.com/blog/IoT-Agenda/Deep-learning-technologies-evolving-beyond-human-capacities.
[17] Yuval Noah Harari, *Homo Deus*: A Brief History of Tomorrow, p. 46.
[18] https://www.theguardian.com/science/2015/jan/18/modern-world-bad-for-brain-daniel-j-levitin--organized-mind-information-overload.
[19] Sandy Carter, *Extreme Innovation*: 3 Superpowers for Purpose and Profit.
[20] Rita Gunther McGrath, *The End of Competitive Advantage*: How to Keep Your Strategy Moving as Fast as Your Business, p. 101.
[21] Greg Satell, *Mapping Innovation*: A Playbook for Navigating a Disruptive Age, p. 20.
[22] https://www.forbes.com/forbes/2007/1112/048.html?sh=64f3f7739e4c.
[23] http://freakonomics.com/podcast/ceo-problems/.
[24] Timo O. Vuori and Quy N. Huy, Distributed Attention and Shared Emotions in the Innovation Process: How Nokia Lost the Smartphone Battle, Administrative Science Quarterly XX (2015).
[25] Salim Ismail, Michael S. Malone, and Yuri van Geest, Exponential Organizations: Why new organizations are ten times better, faster, and cheaper than yours (and what to do about it), p. 37.
[26] https://techcrunch.com/2012/12/31/nokias-long-drawn-out-decline/.
[27] https://www.foxbusiness.com/technology/craigslist-revenue-fell-analysts-ok.
[28] https://hbr.org/2014/11/bureaucracy-must-die.
[29] https://hbr.org/2014/11/bureaucracy-must-die.
[30] https://www.strategy-business.com/article/00239?gko=ede47.
[31] Henry Mintzberg and Quy Nguyen Huy, The Rhythm of Change MIT Sloan Management Review, Summer 2003.
[32] Available at https://sloanreview.mit.edu/article/the-rhythm-of-change/

Notas

33 Ibid.
34 http://www.jimcollins.com/article_topics/articles/a-primer-on-the-warning-signs.html#articletop.
35 http://www.bbc.com/earth/story/20160601-is-cancer-inevitable.
36 https://www.mckinsey.com/business-functions/strategy-and-corporate-finance/our-insights/the-eight-essentials-of-innovation.
37 https://hbr.org/2010/04/column-why-businesses-dont-experiment.
38 http://www.businessinsider.com/seven-secrets-that-led-to-huffington-posts-315000000-success-2011-2#what-is-your-recipe-for-success-6.
39 https://mitsloan.mit.edu/teaching-resources-library/robin-chase-zipcar-and-inconvenient-discovery.
40 Greg Satell, Mapping Innovation: A Playbook for Navigating a Disruptive Age, p. 146.

Capítulo 3 - O Dilema Organizacional

1 http://www.nytimes.com/2004/04/19/business/infighting-left-sony-behind-apple-digital-music-can-it-come-back-teaching-old.html.
2 *Downloaded* - Napster Documentary on Sean Parker & Sean Fanning.
3 https://www.prophet.com/thinking/2011/03/12-why-wasnt-the-ipod-a-sony-brand/.
4 https://www.macworld.com/article/1163181/consumer-electronics/the-birth-of-the-ipod.html.
5 Clayton Christensen, *The Innovator's Dilemma*: The Revolutionary Book That Will Change the Way You Do Business, p.4.
6 http://fortune.com/ikea-world-domination/.
7 http://www.bbc.com/news/business-24641936.
8 https://techcrunch.com/2017/09/28/ikea-buys-taskrabbit/.
9 https://www.hollywoodreporter.com/business/digital/vice-media-new-funding-shane-smith-control-1235005758/.
10 https://www.competeprosper.ca/uploads/ICAP_WP15_Final.pdf.
11 https://hbr.org/1999/09/bringing-silicon-valley-inside.
12 https://www.pwc.com/gx/en/ceo-survey/2016/landing-page/pwc-19th-annual-global-ceo-survey.pdf.
13 Ibid.
14 Maxwell Wessel, Why Big Companies Can't Innovate, Harvard Business Review, September 2012.
15 https://hbr.org/1998/05/evolution-and-revolution-as-organizations-grow.
16 http://www.circopedia.org/SHORT_HISTORY_OF_THE_CIRCUS.
17 https://www.forbes.com/sites/maddieberg/2019/08/13/guy-laliberte-cirque-du-soleil-py1-lune-rouge/?sh=3ca5bff65fdc.
18 https://www.thestar.com/business/2015/04/20/cirque-du-soleil-sold-to-us-private-equity-firm.html.
19 https://www.investopedia.com/articles/personal-finance/111015/story-uber.asp.
20 Podcast: How I Build This, with Guy Raz, available at https://www.npr.org/podcasts/510313/how-i-built-this.
21 https://hbr.org/2014/12/the-discipline-of-business-experimentation.

Capítulo 4 - O Mito do Fracasso

1 http://www.telegraph.co.uk/technology/amazon/11801515/Amazon-timeline-from-internet-bookshop-to-the-worlds-biggest-online-retailer.html.
2 https://www.seattletimes.com/nation-world/behind-amazons-success-is-an-extreme-tolerance-for-failure/.
3 https://www.sec.gov/Archives/edgar/data/1018724/000119312514137753/d702518dex991.htm.
4 http://www.businessinsider.com/tesla-the-origin-story-2014-10.
5 VANCE, Ashlee. Elon Musk: Tesla, SpaceX, and the Quest for a Fantastic Future. Ecco, 2017.

Aprenda com as FALHAS

[6] http://uk.businessinsider.com/morgan-stanley-tesla-multiply-stock-worlds-most-important-car--company-2015-3.

[7] https://www.cnbc.com/2014/04/01/how-elon-musk-really-feels-about-tesla.html.

[8] https://www.cbsnews.com/news/tesla-and-spacex-elon-musks-industrial-empire/.

[9] https://hbr.org/2011/04/strategies-for-learning-from-failure.

[10] https://www.fastcompany.com/1337464/innovation-and-failure.

[11] Joan Schneider and Julie Hall, Harvard Business Review, Why Most Product Launches Fail, April 2011 Issue.

[12] *Oxford Dictionary*, p. 473.

[13] http://www.nytimes.com/2012/10/27/health/fda-finds-unsanitary-conditions-at-new-england--compounding-center.html.

[14] https://www.recode.net/2017/3/2/14792636/amazon-aws-internet-outage-cause-human-error-in-correct-command.

[15] https://en.wikipedia.org/wiki/Selective_retention.

[16] https://www.cnbc.com/2017/08/07/how-overcoming-the-fear-of-failure-helped-steve-jobs-and--bill-gates.html.

[17] Charles P. Lazarus, founder of Toys R Us, available at https://www.youtube.com/watch?v=J-G2W0F_rdvA.

[18] Dave Brandon, CEO of Toys "R" Us, discusses challenges in toyland with Dean M. Eric Johnson, available at https://www.youtube.com/watch?v=Z5MGbfHEtf0.

[19] https://www.salesforce.com/content/blogs/us/en/2017/08/salesforce-forbes-most-innovative-2017.html.

[20] http://www.quickenloans.com/press-room/2006/08/21/cio-magazine-names-quicken-loans-list--innovative-technology-companies/.

[21] Marty Linsky, Leadership Ability – You Either Have It or You Don't, by Harvard Management Update, FEBRUARY 29, 2008.

[22] http://time.com/3206754/publication-bias-null-results/.

[23] https://www.mckinsey.com/industries/high-tech/our-insights/grow-fast-or-die-slow.

[24] Ram Charan and Larry Bossidy, *Execution*: The Discipline of Getting Things Done, p.102.

[25] https://www.theguardian.com/technology/2014/jun/28/silicon-valley-startup-failure-culture--success-myth.

[26] All the quotes related to Troy Carter are from the Podcast "How I Built This", produced by Guy Raz, available at https://www.npr.org/podcasts/510313/how-i-built-this.

Capítulo 5 - O que faz um Fracasso Ruim

[1] http://www.latimes.com/sports/nfl/la-sp-how-falcons-lost-20170205-story.html.

[2] Ibid.

[3] Ibid.

[4] http://www.businessinsider.com/blockbuster-ceo-passed-up-chance-to-buy-netflix-for-50-million-2015-7.

[5] http://www.nytimes.com/2008/05/02/technology/02kodak.html.

[6] https://www.wsj.com/articles/behind-the-rise-and-fall-of-blackberry-1432311912.

[7] http://web.archive.org/web/20070114215511/http://blogs.motorola.com/author/padmasree-warrior/.

[8] https://www.theguardian.com/business/2015/jul/21/navigating-decline-what-happened-to-tomtom-satnav.

[9] https://www.bloomberg.com/news/articles/2007-10-01/nokia-to-pay-8-dot-1-billion-for-navteqbusinessweek-business-news-stock-market-and-financial-advice.

[10] http://www.zdnet.com/article/change-management-denial-and-the-fear-of-failure/.

[11] http://www.zdnet.com/article/change-management-denial-and-the-fear-of-failure/.

[12] https://hbswk.hbs.edu/item/is-denial-endemic-to-management.

[13] http://sloanreview.mit.edu/article/the-critical-difference-between-complex-and-complicated/.

Notas

[14] https://www.newstatesman.com/ideas/2011/08/wilful-blindness-essay-news.

[15] http://www.businessinsider.com/bosses-mocked-new-technologyand-got-it-wrong-2017-6/#jaguars-research-head-on-self-driving-cars-6.

[16] https://www.fastcompany.com/3000559/why-inertia-kills-companies.

[17] Ibid.

[18] Michael T. Hannan, Laszlo Polos, Glenn R. Carroll, Structural Inertia and Organizational Change Revisited II: Complexity, Opacity, and Change, Stanford University, research Papers Series, April 29, 2002.

[19] Adam Grant, *Originals*: how non-conformists move the world.

[20] Scott A. Reid, A Self-Categorization Explanation for the Hostile Media Effect, Journal of Communication 62 (2012) 381–399.

[21] http://business.financialpost.com/executive/leadership/how-to-improve-board-diversity-without--resorting-to-quotas-and-tokenism.

[22] https://www.mckinsey.com/business-functions/organization/our-insights/is-there-a-payoff-from--top-team-diversity.

[23] Ross Baird, *The Innovation Blind Spot*: Why We Back the Wrong Ideas – and What to Do About It, p.24.

[24] http://money.cnn.com/1998/06/18/deals/infoseek/.

[25] Juliano Lissoni and Mauricio Fernandes Pereira, AOL Time Warner: choque no estrategico y cultural, *Revista de Empresa*, Julio – Agosto – Septiembre 2005, p. 94.

[26] https://www.forbes.com/2000/12/01/1201infoseek.html#4e9750f878c7.

[27] https://www.theguardian.com/business/2008/sep/05/google.google.

[28] https://www.forbes.com/100-greatest-business-minds/person/michael-eisner.

[29] Ross Baird, *The Innovation Blind Spot*: Why We Back the Wrong Ideas–and What to Do About It, p. 14.

[30] Gerd Gigerenzer and Reinhard Selten, *Bounded Rationality*: The Adaptive Toolbox, p. 16.

[31] Ross Baird, *The Innovation Blind Spot*: Why We Back the Wrong Ideas–and What to Do About It, p. 15.

[32] http://www.nytimes.com/2008/05/02/technology/02kodak.html.

[33] Richard Dobbs, James Manyika, Jonathan Woetzel, *No Ordinary Disruption*: No Ordinary Disruption: The Four Global Forces Breaking All the Trends, p. I.

[34] Jim Collins and Jerry Porras, *Build to Last*: Successful Habits of Visionary Companies, p. 74.

[35] https://guide.michelin.com/br/pt_BR.

[36] https://www.forbes.com/2009/01/28/long-lived-companies-leadership_0128_sustainability.html#777c1eed240d.

[37] http://www.industryweek.com/innovation/michelin-talks-mobility-innovation-edge.

[38] https://www.natgeotv.com/ca/shows/subject/science.

[39] https://medium.com/@thisissethsblog/stop-stealing-dreams-4116c7dbff7b.

[40] https://seths.blog/wp-content/uploads/2019/05/stop-stealing-dreams6print.pdf.

Capítulo 6 - Culturas de Inovação

[1] https://www.aboutamazon.com/news/retail/introducing-the-first-amazon-fresh-grocery-store https://www.c2montreal.com/post/whats-so-unique-about-c2/.

[2] https://www.bcg.com/publications/2021/most-innovative-companies-overview https://www.mckinsey.com/industries/financial-services/our-insights/the-age-of-innovation.

[3] https://www.cnbc.com/2017/10/26/aws-earnings-and-revenue-q3-2017.html.

[4] https://www.aboutamazon.com/news/retail/introducing-the-first-amazon-fresh-grocery-store.

[5] Tailor, W. C.; LaBarre, P. How Pixar add a new school of thought to Disney. *The New York Times*, January 29, 2006.

[6] http://www.telegraph.co.uk/film/what-to-watch/pixar-history-good-dinosaur-toy-story/.

[7] Ibid.

[8] http://money.cnn.com/2009/08/31/news/companies/disney_marvel/.

Aprenda com as FALHAS

9 https://www.usatoday.com/story/money/business/2012/10/30/disney-star-wars-lucasfilm/1669739/.

10 https://www.nytimes.com/2018/04/29/movies/avengers-infinity-war-biggest-global-opening-ever.html.

11 https://www.mckinsey.com/business-functions/strategy-and-corporate-finance/our-insights/creating-an-innovation-culture.

12 http://www.businessinsider.com/tony-hsieh-how-i-made-my-millions-2010-10.

13 https://www.forbes.com/2009/07/22/amazon-buys-zappos-markets-equities-online-retailing.html#7822a63a4dc8.

14 https://techcrunch.com/2009/07/22/amazon-buys-zappos/.

15 https://www.zapposinsights.com/about/zappos-insights-story#:~:text=Zappos%20Insights%20was%20born%20in,companies%20should%20be%20like%20Zappos.

16 https://www.mckinsey.com/business-functions/organization/our-insights/safe-enough-to-try-an-interview-with-zappos-ceo-tony-hsieh.

17 Ibid.

18 https://www.mindmatters.net/.

19 https://www.theguardian.com/technology/2015/mar/06/myspace-what-went-wrong-sean-percival-spotify.

20 https://www.theguardian.com/technology/2015/mar/06/myspace-what-went-wrong-sean-percival-spotify.

21 https://hbr.org/2015/05/the-new-rules-for-growing-outside-your-core-business.

22 https://www.wired.com/2014/06/gopro/.

23 Salim Ismail, Michael S. Malone, and Yuri van Geest, *Exponential Organizations*: Why new organizations are ten times better, faster, and cheaper than yours (and what to do about it), p. 196.

24 https://www.inc.com/magazine/201802/tom-foster/gopro-camera-drone-challenges.html?cid=search.

25 https://en.wikipedia.org/wiki/Starbucks.

26 Guy Raz, How I Built This, Starbucks, available at https://www.npr.org/podcasts/510313/how-i-built-this.

27 https://www.bcg.com/publications/2021/most-innovative-companies-overview.

28 https://na.eventscloud.com/file_uploads/b68f1c1a213f1eebb8f6c42d5ce3ae64_EY-Igniting-innovation-How-hot-companies-fuel-growth-from-within.pdf.

29 https://www.linkedin.com/pulse/20140224234637-204068115-best-advice-protect-the-downside/.

30 https://www.strategy-business.com/article/13416?gko=19354.

31 https://www.virgin.com/richard-branson/ingraining-entrepreneurship-within-our-culture.

32 https://www.virgin.com/richard-branson/pace-innovation.

33 Raymond E. Miles and Charles C. Snow, *Organizational Strategy, Structure and Process*, p. 19,

Capítulo 7 - A Etapa Cultural

1 John P. Kotter and James L. Heskett, *Corporate Culture and Performance*, 1992.

2 https://www.mckinsey.com/business-functions/digital-mckinsey/our-insights/culture-for-a-digital-age.

3 http://uk.businessinsider.com/adobe-headquarters-office-tour-2017-5/#adobe-first-moved-its-headquarters-to-downtown-san-jose-california-in-1994-1.

4 http://fortune.com/2016/04/05/adobe-innovation-risk-failure/.

5 https://www.fastcompany.com/3067491/why-adobe-is-one-of-the-most-innovative-companies-of-2017.

6 http://knowledge.wharton.upenn.edu/article/adobe-co-founder-john-warnock-on-the-competitive-advantages-of-aesthetics-and-the-right-technology/.

7 http://fortune.com/2016/04/05/adobe-innovation-risk-failure/.

8 Greg Satell, *Mapping Innovation*: A Playbook for Navigating a Disruptive Age, p. 36.

Notas

9 http://www.businessinsider.com/how-netflix-invented-binge-watching-2016-6.

10 https://hbr.org/2017/06/changing-company-culture-requires-a-movement-not-a-mandate.

11 Juliano Lissoni and Mauricio Fernandes Pereira, AOL Time Warner: choque no estrategico y cultural, Revista de Empresa, Julio – Agosto – Septiembre 2005, p. 94.

12 BRADLEY, Stephen P., SULLIVAN, Erin E. AOL Time Warner, Inc.: the convergence of the "old" and "new" economies? Harvard Business School. September 3, 2004, p.2.

13 UNDERWOOD, Ryan. Merger meltdown. Fast Company – web exclusives, June 2002. Avaliable in www.fastcompany.com. Access in: october 2, 2004.

14 KLEIN, Karen E. Being small was an advantage. Businessweek online. August 6, 2003. Available in www.businessweek.com. Access in: october 2, 2004, p. 91.

15 América Online, Time Warner Press Release, January 10, 2000, available at http://www.timewarner.com/newsroom/press-releases/2000/01/10/america-online-and-time-warner-will-merge-to-create-world-s-first.

16 STOCKTON, Hilary. AOL Time Warner. Graduate School of Business Stanford University. February 2000.

17 KLEIN, Alec. *Stealing Time*: Steve Case, Jerry Levin, and the Collapse of AOL Time Warner. New York: Simon & Schuster, 2003, p. 55.

18 Ibid, p. 225.

19 KLEIN, Alec. *Stealing Time*: Steve Case, Jerry Levin, and the Collapse of AOL Time Warner. New York: Simon & Schuster, 2003, p. 228.

20 SWISHER, Kara and DICKEY, Lisa. There must be a pony in here: the AOL Time Warner debacle and the quest for the digital future. In___ Fast Company, 2004.

21 https://www.futuristgerd.com/2016/03/inside-the-artificial-intelligence-revolution-a-special-report-pt-1/.

22 https://www.gartner.com/newsroom/id/3528217.

23 https://www.technologyreview.com/s/427787/are-smart-phones-spreading-faster-than-any-technology-in-human-history/.

24 https://www.gartner.com/newsroom/id/3528217.

25 https://www.forbes.com/sites/ronashkenas/2015/08/21/to-create-an-innovation-company-focus-on-culture-instead-of-cash/#40ad9cdd2de3.

26 http://www.valvesoftware.com/company/.

27 http://www.pcgamer.com/valve-explains-how-csgo-became-the-second-most-played-game-on-steam/.

28 https://www.fastcompany.com/3041648/the-worlds-top-10-most-innovative-companies-of-2015-in-gaming.

29 https://www.youtube.com/watch?v=YpaNnX_9Q5s.

30 Salim Ismail, Michael S. Malone, and Yuri van Geest, *Exponential Organizations*: Why new organizations are ten times better, faster, and cheaper than yours (and what to do about it), p. 107.

31 http://www.businessinsider.com/valve-gabe-newell-vr-failure-2017-2.

32 John P. Kotter and James L. Heskett, *Corporate Culture and Performance*, 1992.

33 https://sloanreview.mit.edu/article/unleashing-organizational-energy/.

34 https://www.virgin.com/entrepreneur/how-virgin-has-innovated-across-industries.

35 Gary Hamel, Bringing Silicon Valley Inside, *Harvard Business Review*, September – October 1999.

36 Actor Don Cheadle had developed a Miles Davis biopic with another of Davis' sons, Erin. Available at Netflix.

37 https://hbr.org/1994/01/the-fall-and-rise-of-strategic-planning.

38 https://www.rollingstone.com/music/news/miles-davis-the-man-who-changed-music-19911114.

39 BERENDT, J. E. *O Jazz*: do rag ao rock. São Paulo: Perspectiva, 1975.

40 http://www.dw.com/en/how-miles-davis-remade-jazz-over-and-over-again/a-35903203.

41 https://www.theguardian.com/music/series/50-great-jazz-moments.

42 https://www.rollingstone.com/music/news/miles-davis-the-man-who-changed-music-19911114.

43 https://mic.com/articles/105136/miles-davis-did-more-for-modern-music-than-you-probably-ever-thought.

Aprenda com as FALHAS

[44] http://www.dw.com/en/how-miles-davis-remade-jazz-over-and-over-again/a-35903203.
[45] https://mic.com/articles/105136/miles-davis-did-more-for-modern-music-than-you-probably-ever-thought.
[46] Ibid.
[47] https://www.theguardian.com/music/series/50-great-jazz-moments.
[48] Jim Collins and Jerry Porras, *Build to Last*: Successful Habits of Visionary Companies, p. 319.
[49] Jim Collins and Jerry Porras, *Build to Last*: Successful Habits of Visionary Companies, p. 319.
[50] https://blogs.cisco.com/digital/agile-failing-fast-and-our-early-work-with-vr-in-technical-learning.
[51] https://blogs.cisco.com/digital/agile-failing-fast-and-our-early-work-with-vr-in-technical-learning.
[52] http://customerthink.com/secrets_of_success_how_cisco_outlasted_its_competitors/.
[53] https://www.strategy-business.com/article/15617?gko=3ec0c.
[54] Ibid.
[55] http://www.businessinsider.com/the-innovation-model-behind-ciscos-success-2010-12.
[56] Simon Sinek, *Start with Why*, p. 12
[57] https://hbr.org/2018/01/how-and-where-diversity-drives-financial-performance.

Capítulo 8 - Uma Estrutura para a Inovação

[1] https://www.nytimes.com/2021/04/28/business/apple-profit-earnings-iphone.html http://knowledge.wharton.upenn.edu/article/how-a-brazilian-media-company-managed-its-digital-transformation/.
[2] https://tcrn.ch/3uHWqRi. https://hbr.org/2004/04/the-ambidextrous-organization.
[3] https://www.nytimes.com/2021/04/28/business/apple-profit-earnings-iphone.html.
[4] https://skift.com/2021/01/28/airbnb-experiences-is-still-a-conundrum-with-strategy-lapses/ https://s2.q4cdn.com/299287126/files/doc_financials/annual/2015-Letter-to-Shareholders.PDF.
[5] http://www.telegraph.co.uk/technology/mobile-phones/7750578/BlackBerry-vs-Apple-Which-is-better-for-business-users.html.
[6] https://www.bloomberg.com/news/articles/2016-09-28/blackberry-stops-making-smartphones-to-focus-on-software-service.
[7] Gresov, C. (1984). Designing Organizations to Innovate and Implement: Using Two Dilemmas to Create a Solution. *Columbia Journal of World Business 3* (Spring): 63-67.
[8] https://www.fastcompany.com/most-innovative-companies/2017.
[9] https://www.fastcompany.com/703052/worlds-most-innovative-companies.
[10] https://x.company/.
[11] https://hbr.org/1990/05/the-core-competence-of-the-corporation.
[12] https://hbr.org/1990/05/the-core-competence-of-the-corporation, p.3.
[13] https://hbr.org/2015/05/the-new-rules-for-growing-outside-your-core-business.
[14] http://www.telegraph.co.uk/on-demand/2016/11/21/how-netflix-changed-the-way-we-watch/.
[15] https://techcrunch.com/2017/09/18/netflix-and-hbo-cleaned-up-at-last-nights-prime-time-emmys/.
[16] https://www.newsweek.com/squid-game-netflix-changed-tv-forever-1640433.
[17] https://tcrn.ch/3uHWqRi.
[18] Eric Ries, *The Startup Way*, p. 225.
[19] https://www.theguardian.com/technology/2016/nov/17/airbnb-launch-new-trips-service-los-angeles-protests.
[20] https://skift.com/2021/01/28/airbnb-experiences-is-still-a-conundrum-with-strategy-lapses/.
[21] https://www.yumpu.com/en/document/view/13211805/pwc-google-the-startup-economy-2013.
[22] https://www.gemconsortium.org/.
[23] https://www.washingtonpost.com/business/on-small-business/who-actually-creates-jobs-start-ups-small-businesses-or-big-corporations/2013/04/24/d373ef08-ac2b-11e2-a8b9-2a63d75b5459_story.html?utm_term=.8ad77f7eaead.

Notas

24 https://techcrunch.com/2016/08/31/how-the-startup-economy-is-replacing-the-traditional-resume.

25 Salim Ismail, Michael S. Malone, and Yuri van Geest, *Exponential Organizations*: Why new organizations are ten times better, faster, and cheaper than yours (and what to do about it), p. 61.

Capítulo 9 - Inovação como Estratégia

1 https://www.forbes.com/sites/jonathanponciano/2022/05/12/the-worlds-largest-technology-companies-in-2022-apple-still-dominates-as-brutal-market-selloff-wipes-trillions-in-market-value/?sh=1ef0c1dd3448 https://hbr.org/1989/11/the-origin-of-strategy.

2 https://www.globenewswire.com/en/news-release/2022/06/06/2456862/0/en/The-Global-Esports-Market-is-expected-to-reach-a-value-of-USD-2-8-Billion-by-2028-at-a-CAGR-of--14-50-2022-2028-SkyQuest-Technology.html https://hbr.org/1996/11/what-is-strategy.

3 https://www.forbes.com/sites/johnkoetsier/2020/02/28/there-are-now-89-million-mobile-apps-and-china-is-40-of-mobile-app-spending/?sh=6475865521dd   https://hbr.org/1987/07/crafting-strategy.

4 https://www.immersiv.io/blog/gen-z-sports-media-innovation/Eric Ries, *The Startup Way*, p. 217.

5 https://thefrontierpost.com/esports-gaining-popularity-in-generation-z/https://www.bcg.com/publications/collections/most-innovative-companies-2018.aspx.

6 https://www.forbes.com/sites/jonathanponciano/2022/05/12/the-worlds-largest-technology-companies-in-2022-apple-still-dominates-as-brutal-market-selloff-wipes-trillions-in-market-value/?sh=1ef0c1dd3448.

7 https://www.fastcompany.com/3029119/tencent-the-secretive-chinese-tech-giant-that-can-rival-facebook-a.

8 Ibid.

9 https://web.archive.org/web/20111113230733/http://www.businessweek.com/magazine/tencent-march-of-the-penguins-08042011_page_5.html.

10 https://www.techinasia.com/tencent-gaming-world.

11 https://www.bloomberg.com/news/articles/2017-06-01/china-just-became-the-games-industry-capital-of-the-world.

12 https://www.networkworld.com/article/2891297/cloud-computing/the-myth-about-how-amazon-s-web-service-started-just-won-t-die.html.

13 https://www.fastcompany.com/40515740/having-a-heart-attack-this-ai-helps-emergency-dispatchers-find-out.

14 https://hbr.org/2004/04/the-ambidextrous-organization.

15 https://www.globenewswire.com/en/news-release/2022/06/06/2456862/0/en/The-Global-Esports-Market-is-expected-to-reach-a-value-of-USD-2-8-Billion-by-2028-at-a-CAGR-of--14-50-2022-2028-SkyQuest-Technology.html

16 Salim Ismail, Michael S. Malone, and Yuri van Geest, *Exponential Organizations*: Why new organizations are ten times better, faster, and cheaper than yours (and what to do about it).

17 https://www.forbes.com/sites/johnkoetsier/2020/02/28/there-are-now-89-million-mobile-apps-and-china-is-40-of-mobile-app-spending/?sh=6475865521dd.

18 S. Sherman. "Andy Grove: How Intel Makes Spending Pay Off". *Fortune*, February 22, 1993, p. 58.

19 https://www.forbes.com/sites/johnkoetsier/2020/02/28/there-are-now-89-million-mobile-apps-and-china-is-40-of-mobile-app-spending/?sh=6475865521dd.

20 https://www.fastcompany.com/44499/how-intel-puts-innovation-inside.

21 https://www.cnbc.com/2015/04/27/intel-ceo-to-cramer-we-are-an-innovation-engine.html.

22 https://www.fastcompany.com/44499/how-intel-puts-innovation-inside.

23 John Gaudiosi (http://www.alistdaily.com/author/john-2/) | June 21, 2017.

24 https://www.immersiv.io/blog/gen-z-sports-media-innovation/

25 https://thefrontierpost.com/esports-gaining-popularity-in-generation-z/

26 https://www.fastcompany.com/4039428/now-you-can-watch-live-major-league-baseball-games-in-vr.

27 https://www.fastcompany.com/40454262/fiat-chrysler-will-get-intel-inside-its-autonomous-cars.

Aprenda com as FALHAS

28 https://techcrunch.com/2017/03/13/reports-intel-buying-mobileye-for-up-to-16b-to-expand-in--self-driving-tech/.

29 https://techcrunch.com/2017/03/13/reports-intel-buying-mobileye-for-up-to-16b-to-expand-in--self-driving-tech/.

30 https://www.intel.com/content/www/us/en/corporate-responsibility/our-values.html.

31 http://fortune.com/2015/09/21/cineplex-buys-worldgaming/.

32 https://knowledge.insead.edu/strategy/corporate-strategy-decision-making-demystified-4723.

Capítulo 10 - Começar do Fracasso

1 https://hbr.org/2010/03/are-you-squandering-your-intel.html.

2 Jim Collins and Jerry Porras, *Build to Last*: Successful Habits of Visionary Companies.

3 https://www.3m.com/3M/en_US/company-us/about-3m/.

4 Ibid.

5 http://fortune.com/2016/04/05/adobe-innovation-risk-failure/.

6 Sim B. Sitkin, *Learning through failure*: the strategy of small losses, Research on Organizational Behaviour, Vol. 14, p. 231-266.

7 Peter Senge - http://infed.org/mobi/peter-senge-and-the-learning-organization/.

8 Salim Ismail, Michael S. Malone, and Yuri van Geest, *Exponential Organizations*: Why new organizations are ten times better, faster, and cheaper than yours (and what to do about it), p. 96.

9 https://quatrorodas.abril.com.br/noticias/ranking-revela-as-marcas-de-carro-mais-fortes-e-valiosas-do-mundo/.

10 https://www.fastcompany.com/58345/no-satisfaction-toyota.

11 Eric Ries, *The Lean Startup*, p. 116.

12 Jim Collins and Jerry Porras, *Build to Last*: Successful Habits of Visionary Companies.

13 Eric Ries, *The Startup Way*, p. 344.

Índice

Símbolos

3M, 82, 223–225

A

Adobe, xiv, 148–151, 224–225, 235

Airbnb, 6, 9, 37, 99, 126, 195–196, 201, 230, 240

Alibaba, 23, 95, 152, 208

Amazon, xiii–xiv, xxi, 10, 23, 54, 65, 71–72, 75–76, 82, 95, 101, 125, 129–131, 143, 145, 154, 164, 184, 189, 192–193, 201–203, 208–209, 236

Amazon Echo, 25, 160

Amazon Prime, 193

Amazon Web Services, 126, 201, 207, 209, 236, 240

Kindle, 201

ambidestria, 11, 182, 194, 202, 217, 226

abordagem ambidestra, 174

ambidestria organizacional, 249

estrutura ambidestra, 201, 234

organização ambidestra, 136, 177, 184, 188, 195, 229

anticorpos corporativos, 20, 64, 150, 174, 177, 180, 222

anticorpos culturais, 222

AOL, 54, 107, 155–160

Apple, xiii–xiv, 5, 8, 27, 47, 70, 79, 82, 95, 100–101, 145, 152, 154, 185, 203, 208, 213–215

Apple Music, 47

iPhone, 8, 22–23, 25, 27–28, 40, 79, 95–96, 98, 137, 185, 192, 213–215

iPod, 43, 46, 95, 127

iPod Nano, 100

iTunes, 29, 46, 185

Macintosh, 79, 127

arrogância, xi, 38

B

big data, 124–126

Blackberry, 8, 40, 95–96, 98, 161, 185, 192

Blockbuster, xii–xiii, 8, 40, 51, 94–96, 98, 110, 153–154, 192

burocracia, xi, 8, 16, 21, 135–136, 197, 224

crise burocrática, 58

C

C2, xiv, 119–121

cadeia de valor, 50

capacidade de inovação, 19

cegueira racional, 102–106

Cineplex, 217

Cirque du Soleil, 60, 65, 67

Cisco, xi, 54, 173–174, 203

complacência, xii, 31, 34–35, 94, 102, 112, 238, 241

falta de complacência, 228

core business, xiv, 5, 10, 29, 39, 63, 86, 114, 136, 183, 187, 192, 251

core business x diversificação, 13

Corti, 207–208

Covid-19, xviii, 61

Craigslist, 32

crescimento sustentado, 29

cultura, xviii–xx, 100

cultura aberta, 111

cultura da culpa, 19, 132

cultura da experimentação, xxi, 38

cultura da holocracia, 131

cultura de aprendizagem, 128

cultura de confiança, 130

cultura de empreendedorismo, 222

cultura de empreendedorismo e inovação, 240

cultura de engajamento, 19, 34

cultura de experimentação, 143, 170, 172, 174

cultura de inovação, xviii, 132, 177, 241

cultura de riscos, xiv, 231

cultura experimental, 71

cultura inovadora, 120

cultura organizacional, xv–xvii, xx, 9, 14, 20, 30–31, 55, 83, 111, 145, 147, 149, 151, 161, 165

culturas bilaterais, 180

culturas de experimentaçã, 95

cultura tolerante ao fracasso, 72, 222

cultura tolerante ao risco, xiv, 12

subcultura, 177

curto prazo, xvi–xviii, 7, 186, 189

D

dano autoinfligido, x, xvi

DEC, 95, 100, 112

declínio organizacional, xvi

design thinking, 11, 222

destruição criativa, 122

dilema da inovação, 28, 218, 236, 239

passos para evitar o, 231

dilema do inovador, x, 10, 47, 56, 72, 245

Índice

Disney, 82, 106, 121, 126, 128–129

disrupção, xiii, 6, 26, 37, 96, 125, 192, 217, 239

diversificação, xv, 12, 136

DreamWorks, 127

E

eBay, 72–73

e.Bricks, 182–183, 208

e-commerce, xiii, 52, 71, 81, 110, 131, 141, 194, 204

empreendedorismo, 54, 58, 84, 141, 222–224, 238

empreendedorismo arraigado, 143

energia organizacional, 165

entropia, 28, 69, 77

era da inovação, 22

e se, x, xii, xv–xvi, 21, 38, 52, 57, 72, 89, 101, 117, 122, 141–142, 171, 211, 240

e-sports, 210–212, 215–217

estabilidade, 27

estratégia, 21, 35

estratégia de Crafting, 200

estratégia desconectada, 201

estratégia emergente, 21, 39, 244

experimentação, xiii–xv, xviii–xix, xxi, 3, 5, 10, 12–14, 16, 37–42, 55, 66, 99, 101, 104, 121, 124–126, 130, 136, 139, 176, 189, 202, 219, 235, 239

experimentação estratégica, 245

experimentação x suposição, 114

F

Facebook, 23, 25, 87, 121, 135

falhas, 39

falhas catastróficas, xvii

falhas inteligentes, 67, 136, 170, 198

fracasso, xiv, 55, 69, 98, 130, 136, 222

fracasso inteligente, 225, 233

fracasso obrigatório, 85

fracasso organizacional, 247

liderança tolerante ao, 14

tolerância ao fracasso, 66

Friends, 17–18, 21, 154

G

gatilho, 99

GE, xviii, 14, 208, 223–225

Google, xiii–xiv, 10, 23, 25, 40, 49, 70, 82, 95, 103, 107–108, 114, 130, 164, 189, 192, 203

Google AdWords, 108

Google Autocomplete, 190

Google Drive, 206

Google Earth, 190

Google Home, 25

Google Maps, 28

Google Schaft, 22

Google Ventures, 197

Google X, 189

Waze, 23, 28, 58, 95, 97

GoPro, 37, 137, 230

Grupo RBS, xiv, 171, 181, 187–188, 208

Wine.com, 183

H

Hulu, 193

I

IBM, 10, 16, 41, 197

IBM Watson, 208

ideias disruptivas, 232

Ikea, 49

inércia, 247

inércia estrutural, 100–102

InfoSeek, 40, 106, 106–108, 121

inovação, xii, xviii–xx, 8–9, 16, 28, 34–35, 39, 154, 179, 232, 234

inovação disruptiva, xiii, 234, 245

inovação extrema, 20, 26, 29

inovar ou morrer, 77, 121, 133, 162, 202, 236

proficiência em inovação, 26

Intel, 5, 10, 210, 214–216, 218

inteligência artificial, 25, 126, 160–162

Inverno de I.A., 22

Internet das Coisas, 116, 122

J

jogo da culpa, 76

Johnson & Johnson, 225

K

Kodak, xii, xvii–xviii, 7, 94, 96, 110, 192

L

LEGO, 10, 13, 130

Future Lab, 11

Lei Moore, 214

liberdade para inventar, xiv

longo prazo, x, 34, 39, 165, 171, 186, 194, 217, 223, 227

Lyft, xiii, 6, 23, 62, 65, 89, 207

M

marketing, xii

marketing influenciador, 134

mentalidade de silo, 45, 148–149, 240

Michelin, 112–114, 203

Microsoft, xviii, 2, 8, 23, 27, 82, 126, 130, 163–164, 194, 208

Minority Report, 24–26

miopia, 176, 241

miopia em marketing, xx, 29, 218–219

Mobileye, 5–6, 216–218

Motorola, 96, 98, 100

mudança

cultural, 224

de mentalidade, 175

dramática, 36, 245

no ambiente, 13–14

Índice

orgânica, 245

resistência à, xvii, 35, 100, 150, 187–188

sísmica, 45

sistemática, 245

MySpace, 87, 134–135

N

Napster, 40, 45–46, 65, 94, 148

Navteq, 28, 33, 97, 162

negação, 7, 95–99, 237–238, 247

Netflix, 8, 18, 24, 40, 51, 65, 94–96, 98, 110, 126, 143, 153–154, 160, 192–193

Nintendo, 1–5, 10, 13

Game Boy, 4

GameCube, 4

Nintendo 64, 2, 4

Nintendo DS Dual Screen, 1

Super Smash Bros., 3

Switch, 5

Wii, 2, 25

Nokia, 8, 27–29, 33, 40, 65, 95, 97, 145, 162, 189

O

oceano azul, 4, 244

onda de destruição criativa, x, 6, 8, 10–11, 23, 35, 101, 121–123

P

pandemia, xviii, 61

PayPal, 72

persistência, 18–20, 35, 38

Pixar, 126, 128–130, 143

ponto cego, 41, 65, 89, 105

Primeira Lei de Newton, x, 30, 37, 238

Princípio 70/20/10, 189

Projeto Branca de Neve, 195, 201, 240

R

Regras da transformação, 13–15

S

Santo Graal, xiii–xv, 6–7, 13

Seinfeld, 18, 21, 154

Sony, 2, 40, 43, 94–95, 148

Discman, 48

PlayStation, 2

Walkman, 43, 47–48

Southwest Airlines, xviii, 240

SpaceX, 76–77

Spotify, 6, 47, 89, 135

Starbucks, xiv, 139, 143

suposições x hipóteses, 12, 231

T

TaskRabbit, 50–51

Technicolor, 122–124

TEC, 123

tempestade global, 22–24

Tencent, 5, 23, 203–207, 209, 236

tendências, ix–xi, 11, 71

tentativa e erro, 121

Tesla, 6, 74–76, 79, 95

Time Warner, 107, 155, 157–160

TIVO, 193

TomTom, 97

Toyota, 228

Toys "R" Us, xii–xiii, 80–82, 94, 110–111, 154, 240, 254

Babies "R" Us, 81, 111

transformação, 19–20

abertura para, 41

cultural, 147, 176–177, 183–184, 202

fluxo de, 75

líderes de, x, 239

Regras, 13–15

Twitter, 22

U

Uber, 6, 23, 37, 55, 58, 62–63, 89, 99

V

Vale do Silício, xi, 7, 23, 54–55, 72, 85, 166, 187, 240

Valve, xiv, 121, 163–165, 188, 213, 224–225, 235

vantagem competitiva, x, xix, 27, 70, 125–127

variáveis externas, 70

Vice Media, 51

Virgin Group, 142–143, 145–146

Virgin Records, 29

W

Walmart, 23, 81

Waze, 162

Y

YouTube, xiii, 24, 87–88

Z

Zappos, 130, 132, 235

Zipcar, 40, 54, 62

zona de conforto, 106, 150, 241

Projetos corporativos e edições personalizadas
dentro da sua estratégia de negócio. Já pensou nisso?

Coordenação de Eventos
Viviane Paiva
viviane@altabooks.com.br

Contato Comercial
vendas.corporativas@altabooks.com.br

A Alta Books tem criado experiências incríveis no meio corporativo. Com a crescente implementação da educação corporativa nas empresas, o livro entra como uma importante fonte de conhecimento. Com atendimento personalizado, conseguimos identificar as principais necessidades, e criar uma seleção de livros que podem ser utilizados de diversas maneiras, como por exemplo, para fortalecer relacionamento com suas equipes/ seus clientes. Você já utilizou o livro para alguma ação estratégica na sua empresa?

Entre em contato com nosso time para entender melhor as possibilidades de personalização e incentivo ao desenvolvimento pessoal e profissional.

PUBLIQUE SEU LIVRO

Publique seu livro com a Alta Books. Para mais informações envie um e-mail para: autoria@altabooks.com.br

 /altabooks   /alta-books   /altabooks   /altabooks

CONHEÇA OUTROS LIVROS DA **ALTA BOOKS**

Todas as imagens são meramente ilustrativas.

 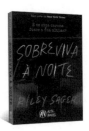

Este livro foi impresso nas oficinas gráficas da Editora Vozes Ltda.,
Rua Frei Luís, 100 – Petrópolis, RJ.